U0669000

巴代法水

湘西苗族
民间传统文化丛书
【第二辑】

石寿贵◎编

中南大学出版社
www.csupress.com.cn

出版说明

罗康隆

少数民族文化是中华民族宝贵的文化遗产，是中华文化的重要组成部分，是各民族在几千年历史发展进程中创造的重要文明成果，具有丰富的内涵。搜集、整理、出版少数民族文化丛书，不仅可以为学术研究提供真实可靠的文献资料，同时对继承和发扬各民族的优秀传统文化，振奋民族精神，增强民族团结，促进各民族的发展繁荣，意义深远。随着全球化趋势的加强和现代化进程的加快，我国的文化生态发生了巨大变化，非物质文化遗产受到越来越大的冲击。一些文化遗产正在不断消失，许多传统技艺濒临消亡，大量有历史、文化价值的珍贵实物与资料遭到毁弃或流失境外。加强我国非物质文化遗产的保护已经刻不容缓。

苗族是中华民族大家庭中较古老的民族之一，是一个历史悠久且文化内涵独特的民族，也是一个久经磨难的民族。纵观其发展历史，是一个不断迁徙与适应新环境的历史发展过程，也是一个不断改变旧生活环境、适应新生活环境的发展历程。迁徙与适应是苗族命运的历史发展主线，也是造就苗族独特传统文化与坚韧民族精神的起源。由于苗族没有自己独立的文字，其千百年来的历史和精神都是通过苗族文化得以代代相传的。苗族传统文化在发展的过程中经历的巨大的历史社会变迁，在一定程度上影响了苗族传统文化原生态保存，这也就使对苗族传统文化的抢救成了一个迫切问题。在实际情况中，其文化特色也是十分丰富生动的。一方面，苗族人民的口头文学是极其发达的，比如内容繁多的传说与民族古歌，是苗族人民世世代代的生存、奋斗、探索的总结，更是苗族人民生活的百科全书。苗族的大量民间传说也是苗族民间文学的重要组成部分，它所蕴含的理论价值体系是深深植入苗族社会的生产、生活中的。另一方面，苗族文化中的象形符号文化也是极其发达的，这些符号成功地传递了苗族文化的信息，从而形成了苗族文化体系的又一特点。苗族人民的生活实践也是苗族传统文化产生的又一来源，形成了一整套的文化生成与执行系统，使苗族人民的文化认同感和族群意识凸显。传统文化存在的意义是一种文化多元性与文化生态多样性的有机结合，对苗族文化的保护，首先就要涉及对苗族民间传统文化的保护。

《湘西苗族民间传统文化丛书》立足苗族东部方言区，从该方言区苗族民间传统文化的原生性出发，聚焦该方言区苗族的独特文化符号，忠实地记录了该方言区苗族的文化事实，着力呈现该方言区苗族的生态、生计与生命形态，揭示出该方言区苗族的生态空间、生产空间、生活空间与苗族文化的相互作用关系。

本套丛书的出版将会对湘西苗族民间传统文化艺术的抢救和保护工作提供指导，也会为民间传统文化艺术的学术理论研究提供有益的帮助，促进民间艺术传习进入学术体系，朝着高等研究体系群整合研究方向发展；其出版将会成为铸牢中华民族共同体意识的文化互鉴素材，成为我国乡村振兴在湘西地区落实的文化素材，成为人类学、民族学、社会学、民俗学等学科在湘西地区的研究素材，成为我国非物质文化遗产——苗族巴代文化遗产保护的宝库。

（作者系吉首大学历史与文化学院院长、湖南省苗学学会第四届会长）

《湘西苗族民间传统文化丛书》
编 委 会

总　序

刘昌刚

　　苗族是一个古老的民族，也是一个世界性的民族。据 2010 年第六次全国人口普查统计，我国苗族有 940 余万人，主要分布在贵州、湖南、云南、四川、广西、湖北、重庆、海南等省区市；国外苗族约有 300 万人，主要分布于越南、老挝、泰国、缅甸、美国、法国、澳大利亚等国家。

一

　　《苗族通史》导论记载：苗族，自古以来，无论是在文臣武将、史官学子的奏章、军录和史、志、考中，还是在游侠商贾、墨客骚人的纪行、见闻和辞、赋、诗里，都被当成一个神秘的"族群"，或贬或褒。在中国历史的悠悠长河中，苗族似一江春水时涨时落，如梦幻仙境时隐时现，整个苗疆，就像一本无字文书，天机不泄。在苗族人生活的大花园中，有着宛如仙境的武陵山、缙云山、梵净山、织金洞、九龙洞以及花果山水帘洞似的黄果树大瀑布等天工杰作；在苗族的民间故事里，有着极古老的蝴蝶妈妈、枫树娘娘、竹筒兄弟、花莲姐妹等类似阿凡提的美丽传说；在苗族的族群里，嫡传着槃瓠（即盘瓠）后世、三苗五族、夜郎子民、楚国臣工；在苗族的习尚中，保留着八卦占卜、易经卜算、古傩祭祀、老君法令和至今仍盛行着的苗父医方、道陵巫术、三峰苗拳……在这个盛产文化精英的民族中，走出了蓝玉、沐英、王宪章等声震全国的名将，还诞生了熊希龄、滕代远、沈从文等政治家、文学家、教育家。闻一多在《伏羲考》一文中认为延维或委蛇指伏羲，是南方苗之神。远古时期居住在东南方的人统称为夷，伏羲是古代夷部落的大首领。苗族人民中确实流传着伏羲和女娲的传说，清初陆次云的《峒溪纤志》载："苗人腊祭曰报草。祭用巫，设女娲、伏羲位。"历史学家芮逸夫在《人类学集刊》上发表的《苗族洪水故事与伏羲、女娲的传说》中说："现代的人类学者经过实地考察，才得到这是苗族传说。据此，苗族全出于伏羲、女娲。他们本为兄妹，遭遇洪水，人烟断绝，仅此二人存。他们在盘古的撮合下，结为夫妇，绵延人类。"闻一多还写过《东皇太一考》，经他考证，苗族里的伏羲就是《九歌》里的东皇太一。

《中国通史》（范文澜著，人民出版社 1981 年版第 1 册第 19 页）载："黄帝族与炎帝族，又与夷族、黎族、苗族的一部分逐渐融合，形成春秋时期称为华族、汉以后称为汉族的初步基础。"远古时代就居住在中国南方的苗、黎、瑶等族，都有传说和神话，可是很少见于记载。一般说来，南方各族中的神话人物是"槃瓠"。三国时徐整作《三五历纪》吸收"槃瓠"入汉族神话，"槃瓠"衍变成开天辟地的盘古氏。

在历史上，苗族为了实现民族平等，屡战屡败，但又屡败屡战，从不屈服。苗族有着悠久、灿烂的文化，为中华文化的形成和发展做出了巨大贡献，在不同的历史阶段，涌现出了许多可歌可泣的英雄人物。

苗族不愧为中华民族中的一个伟大民族，苗族文化是苗族几千年的历史积淀，其丰厚的文化底蕴成就了今天这部灿烂辉煌的历史巨著。苗族确实是一个灾难深重的民族，却又是一个勤劳、善良、富有开拓性与创造性的伟大民族。苗族还是一个世界性的民族，不断开拓和创造着新的历史文化。

历史上公认的是，九黎之苗时期的五大发明是苗族对中国文化的原创性贡献。盛襄子在其《湖南苗史述略·三苗考》中论述道："此族（苗族）为中国之古土著民族，曾建国曰三苗。对于中国文化之贡献约有五端：发明农业，奠定中国基础，一也；神道设教，维系中国人心，二也；观察星象，开辟文化园地，三也；制作兵器，汉人用以征伐，四也；订定刑罚，以辅先王礼制，五也。"

苗族历史可以分为五个时期：先民聚落期（原始社会时期）、拓土立国期（九黎时期至公元前 223 年楚国灭亡）、苗疆分理期（公元前 223 年楚国灭亡至 1873 年咸同起义失败）、民主革命期（1873 年咸同起义失败到 1949 年中华人民共和国成立）、民族区域自治期（1949 年中华人民共和国成立至今）。相应地，苗族历史文化大致也可以分为五个时期，且各个时期具有不尽相同的文化特征：第一期以先民聚落期为界，巫山人进化成为现代智人，形成的是原始文化，即高庙文明初期；第二期以九黎、三苗、楚国为标志，属于苗族拓土立国期，形成的是以高庙文明为代表的灿烂辉煌的苗族原典文化；第三期是以苗文化为母本，充分吸收了诸夏文化，特别是儒学思想形成高庙苗族文化；第四期是苗族历史上的民主革命期（1872年咸同起义失败到1949年中华人民共和国成立），形成了以苗族文化为母本，吸收了电学、光学、化学、哲学等基本内容的东土苗汉文化与西洋文化于一体的近现代苗族文化；第五期是苗族进入民族区域自治期（1949年中华人民共和国成立至今），此期形成的是以苗族文化为母本，进一步融合传统文化、西方文化、当代中国先进文化的当代苗族文化。

二

苗族是我国一个古老的人口众多的民族，又是一个世界性的民族。她以其悠久的历史和深厚的文化而著称于世，传承着历史文化、民族精神。由田兵主编的《苗族古歌》，马学良、今旦译注的《苗族史诗》，龙炳文整理译注的《苗族古老话》，是苗族古代的编年史和苗族百科全书，也是苗族最主要的哲学文献。

距今7800—5300年的高庙文明所包含的不仅是一个高庙文化遗址，其同类文化遍布亚洲大陆，其中期虽在建筑、文学和科技等方面不及苏美尔文明辉煌，却比苏美尔文明早2300年，初期文明程度更高，后期又不像苏美尔文明那样中断，是世界上唯一一直绵延不断、发展至今，并最终创造出辉煌华夏文明的人类文明。在高庙文化区域的常德安乡县汤家岗遗址出土有蚩尤出生档案记录盘。

苗族人民口耳相传的"苗族古歌"记载了祖先"蝴蝶妈妈"及蚩尤的出生：蝴蝶妈妈是从枫木心中变出来的。蝴蝶妈妈一生下来就要吃鱼，鱼在哪里？鱼在继尾池。继尾古塘里，鱼儿多着呢！草帽般大的瓢虫，仓柱般粗的泥鳅，穿枋般大的鲤鱼。这里的鱼给她吃，她好喜欢。一次和水上的泡沫"游方"（恋爱）怀孕后生下了12个蛋。后经鹤宇鸟（有的也写成鸡宇鸟）悉心孵养，12年后，生出了雷公、龙、虎、蛇、牛和苗族的祖先姜央（一说是龙、虎、水牛、蛇、蜈蚣、雷和姜央）等12个兄弟。

《山海经·卷十五·大荒南经》中也记载了蚩尤与枫树以及蝴蝶妈妈的不解之缘："有宋山者，有赤蛇，名曰育蛇。有木生山上，名曰枫木。枫木，蚩尤所弃其桎梏，是为枫木。有人方齿虎尾，名曰祖状之尸。"姜央是苗族祖先，蝴蝶自然是苗族始祖了。

澳大利亚人类学家格迪斯说过："世界上有两个苦难深重而又顽强不屈的民族，他们就是中国的苗族和分散在世界各地的犹太民族。"诚如所言，苗族是一个灾难深重而又自强不息的民族。唯其灾难深重，才能在磨砺中锤炼筋骨，迸发出民族自强不屈的魂灵，撰写出民族文化的鸿篇巨制。近年来，随着国家民族政策的逐步完善，对寄寓在民族学大范畴下的民族历史文化研究逐步深入，苗族作为我国少数民族百花园中的重要一支，其悠远、丰厚的历史足迹与文化遗址逐渐为世人所知。

苗族口耳相传的古歌记载，苗族祖先曾经以树叶为衣、以岩洞或树巢为家、以女性为首领。从当前一些苗族地区的亲属称谓制度中，也可以看出苗族从母权制到父权制、从血缘婚到对偶婚的演变痕迹。诸如此类的种种佐证材料，无不证明着苗族的悠远历史。苗族祖先凭借优越的地理条件，辛勤开拓，先后发明了冶金术和刑罚，他们团结征伐，雄踞东方，强大的部落联盟在史书上被冠以"九黎"之称。苗族历史上闪耀夺目的九黎部落首领是战神蚩尤，他依靠坚兵利甲，纵横南北，威震天下。但是，蚩尤与同时代的炎黄部落逐鹿中原时战败，从此开启了漫长的迁徙逆旅。

总体来看，苗族的迁徙经历了从南到北、从北到南、从东到西、从大江大河到小江小河，乃至栖居于深山老林的迁徙轨迹。五千年前，战败的蚩尤部落大部分南渡黄河，聚集江淮，留下先祖渡"浑水河"的传说。这一支经过休养生息的苗族先人汇聚江淮，披荆斩棘，很快就一扫先祖战败的屈辱和阴霾，组建了强大的三苗集团。然而，历史的车轮总是周而复始的，他们最终还是不敌中原部落的左右夹攻，他们中的一部分到达西北并随即南下，进入川、滇、黔边区。三苗主干则被流放崇山，进入鄱阳湖、洞庭湖腹地，秦汉以来不属王化的南蛮主支蔚然成势。夏商春秋战国乃至秦汉以降的历代正史典籍，充斥着云、贵、湘地南蛮不服王化的"斑斑劣迹"。这群发端于蚩尤的苗族后裔，作为中国少数民族的重要代表，深入武陵山脉心脏，抱团行进，男耕女织，互为凭借，势力强大，他们被封建统治阶级称为武陵蛮。据史料记载，东汉以来对武陵蛮的刀兵相加不可胜数，双方各有死伤。自晋至明，苗族在湖北、河南、陕西、云南、江西、湖南、广西、贵州等地辗转往复，与封建统治者进行了长期艰苦卓绝的不屈斗争。清朝及民国，苗族驻扎在云南的一支因战火而大量迁徙至滇西边境和东南亚诸国，进而散发至欧洲、北美、澳大利亚。

苗族遂成为一个世界性的民族！

三

苗族同胞在与封建统治者长期的争夺征战中，不断被压缩生存空间，又不断拓展生存空间，从而形成了其民族极为独特的迁徙文化现象。苗族历史上没有文字，却保存有大量的神话传说，他们有感于迁徙繁衍途中的沧桑征程，对天地宇宙产生了原始朴素的哲理认知。每迁徙一地，他们都结合当地实际，丰富、完善本民族文化内涵，从而形成了系列以"蝴蝶""盘瓠""水牛""枫树"为表象的原始图腾文化。苗族虽然没有文字，却有丰富的口传文化，这些口传文化经后人整理，散见于贵州、湖南等地流传的《苗族古歌》《苗族古老话》《苗族史诗》等典籍，它们承载着苗族后人对祖先口耳相传的族源、英雄、历史、文化的再现使命。

苗族迁徙的历程是艰辛、苦难的，迁徙途中的光怪陆离却是迷人的。他们善于从迁徙途中寻求生命意义，又从苦难中构建人伦规范，他们赋予迁徙以非同一般的意义。他们充分利用身体、语言、穿戴、图画、建筑等媒介，表达对天地宇宙的认识、对生命意义的理解、对人伦道德的阐述、对生活艺术的想象。于是，基于迁徙现象而产生的苗族文化便变得异常丰富。苗族将天地宇宙挑绣在服饰上，得出了天圆地方的朴素见解；将历史文化唱进歌声里，延续了民族文化一以贯之的坚韧品性；将跋涉足迹画在了岩壁上，应对苦难能始终奋勇不屈。其丰富的内涵、奇特的形式、隐忍的表达，成为这个民族独特的魅力，成为这个民族极具异禀的审美旨趣。从这个层面扩而大之，苗族的历史文化，便具备了一种神秘文化的潜在魅力与内涵支撑。苗族神秘文化最为典型的表现是巴代文化现象。从隐藏的文化内涵因子分析来看，巴代文化实则是苗族生存发展、生产生活、伦理道德、物质精神等文化现象的活态传承。

苗族丰富的民族传奇经历造就了其深厚的历史文化，但其不羁的民族精神又使得这个民族成为封建统治者征伐打压的对象。甚至可以说，一部封建史，就是一部苗族的压迫屈辱史。封建统治者压迫苗族同胞惯用的手段，一是征战屠杀，二是愚昧民众，历经千年演绎，苗族同胞之于本民族历史、祖先伟大事功，慢慢忽略，甚至抹杀性遗忘。

一个伟大民族的悲哀莫过于此！

四

历经苦难，走向辉煌。中华人民共和国成立后，得益于党的民族政策，苗族与全国其他少数民族一样，依托民族区域自治法，组建了系列具有本民族特色的少数民族自治机构，千百年被压在社会底层的苗族同胞，翻身当家做主人，他们重新直面苗族的历史文化，系统挖掘、整理、提升本民族历史文化，切实找到了民族的历史价值和民族文化自信。贵州和湖南湘西武陵山区一带，自古就是封建统治阶级口中的"武陵蛮"的核心区域。这一块曾经被统治阶级视为不毛之地的蛮荒地区，如今得到了国家的高度重视，中央整合武陵山片区4省市71个县市，实施了武陵山片区扶贫攻坚战略。作为国家区域大扶贫战略中的重要组成部分，武陵山区苗族同胞的脱贫发展牵动着党中央、国务院关注的目光。武陵山区苗族同胞感恩党中央，激发内生动力，与党中央同步共振，掀起了一场轰轰烈烈的脱贫攻坚世纪大战。

苗族是湘西土家族苗族自治州两大主体民族之一，要推进湘西发展，当前基础性的工作就是要完成两大主体民族脱贫攻坚重点工作，自然，苗族承担的历史使命责无旁贷。在这样的语境下，推进湘西发展、推进苗族聚集区同胞脱贫致富，就是要充分用好、用活苗族深厚的历史文化资源，以挖掘、提升民族文化资源品质，提升民族文化自信心；要全面整合苗族民族文化资源精华，去芜存菁，把文化资源转化为现实生产力，服务于我州经济社会的发展。

正是贯彻这样的理念，湘西土家族苗族自治州立足少数民族自治地区的民族资源特色禀赋，提出了生态立州、文化强州的发展理念，围绕生态牌、文化牌打出了"全域旅游示范区建设""国内外知名生态文化公园"系列组合拳，民族文化旅游业蓬勃发展，民族地区脱贫攻坚工作突飞猛进。在具体操作层面，州委、州政府提出了以"土家探源""神秘苗乡"为载体、深入推进我州文化旅游产业发展的口号，重点挖掘和研究红色文化、巫傩文化、苗疆文化、土司文化。基于此，州政协按照服务州委、州政府中心工作和民生热点难点的履职要求，组织相关专家学者，联合相关出版机构，在申报重点课题的基础上，深度挖掘苗族历史文化，按课题整理、出版苗族历史文化丛书。

人类具有社会属性，所以才会对神话故事、掌故、文物和文献进行著录和收传。以民族出版社出版、吴荣臻主编的五卷本《苗族通史》和贵州民族出版社出版的《苗族古歌》系列著作为标志，苗学研究进入了一个新的历史时期。

湘西土家族苗族自治州政协组织牵头的《湘西苗族民间传统文化丛书》记载了苗疆文化的主要内容，是苗族文化研究的重要成果。它不但整理译注了浩如烟海的有关苗疆的历史文献，出版了史料文献丛书，还记录整理了苗族人民口传心录的苗族古歌系列、巴代文化系列等珍贵资料，并展示了当代文化研究成果。

　　党的十八大以来，以习近平同志为核心的党中央，以"一带一路"倡议为抓手，不断推进人类命运共同体建设，以实现中华民族伟大复兴的中国梦为目标，不断推进理论自信、道路自信、制度自信和文化自信。没有包括苗族文化在内的各个少数民族文化的复兴，也不会有完全的中华民族伟大复兴。

　　因此，从苗族历史文化中探寻苗族原典文化，发现新智慧、拓展新路径，从而提升民族文化自信力，服务湘西生态文化公园建设，推进精准扶贫、精准脱贫，实现乡村振兴，进而实现湘西现代化建设目标，善莫大焉！

　　此为序！

2018 年 9 月 5 日

专家序一

掀起湘西苗族巴代文化的神秘面纱

汤建军

2017 年 9 月 7 日，根据中共湖南省委安排，我在中共湘西州委做了题为"砥砺奋进的五年"的形势报告。会后，在湘西州社科联谭必四主席的陪同下，考察了一直想去的花垣县双龙镇十八洞村。出于对民族文化的好奇，考察完十八洞村后，我根据中共湖南省委网信办在花垣县挂职锻炼的范东华同志的热诚推荐，专程拜访了苗族巴代文化奇人石寿贵老先生，参观其私家苗族巴代文化陈列基地。石寿贵先生何许人也？花垣县双龙镇洞冲村人。他是本家祖传苗师"巴代雄"第 32 代掌坛师、客师"巴代扎"第 11 代掌坛师、民间正一道第 18 代掌坛师。石老先生还是湘西州第一批命名的"非物质文化遗产（以下简称'非遗'）保护"名录"苗老司"代表性传承人、湖南省第四批"非遗"名录"苗族巴代"代表性传承人、吉首大学客座教授、中国民俗学会蚩尤文化研究基地蚩尤文化研究会副会长、巴代文化学会会长。他长期从事巴代文化、道坛丧葬文化、民间习俗礼仪文化等苗族文化的挖掘搜集、整编译注及研究传承工作。一直以来，他和家人，动用全家之财力、物力和人力，经过近 50 年的全身心投入，在本家积累 32 代祖传资料的基础上，又走访了贵州、四川、湖北、湖南、重庆等周边 20 多个县市有名望的巴代坛班，通过本家厚实的资料库加上广泛搜集得来的资料，目前已整编译注出 7 大类 76 本

2500多万字及4000余幅仪式彩图的《巴代文化系列丛书》,且准备编入《湘西苗族民间传统文化丛书》进行出版。这7大类76本具体包括:第一类,基础篇10本;第二类,苗师科仪20本;第三类,客师科仪10本;第四类,道师科仪5本;第五类,侧记篇4本;第六类,苗族古歌14本;第七类,历代手抄本扫描13本。除了书稿资料以外,石寿贵先生还建立起了8000多分钟的仪式影像、238件套的巴代实物、1000多分钟的仪式音乐、此前他人出版的有关苗族巴代民俗的藏书200余册以及包括一整套待出版的《湘西苗族民间传统文化丛书》在内的资料档案。此前,他还主笔出版了《苗族道场科仪汇编》《苗师通书诠释》《湘西苗族古老歌话》《湘西苗族巴代古歌》四本著作。其巴代文化研究基地已建立起巴代文化的三大仪式、两大体系、八大板块、三十七种类苗族文化数据库,成为全国乃至海内外苗族巴代文化资料最齐全系统、最翔实厚重、最丰富权威的亮点单位。"苗族巴代"在2016年6月入选第四批湖南省"非遗"保护名录。2018年6月,石寿贵老先生获批为湖南省第四批非物质文化遗产保护项目"苗族巴代"代表性传承人。

走进石寿贵先生的巴代文化挖掘搜集、整编译注、研究及陈列基地,这是一栋两层楼的陈列馆,没有住人,全部都是用来作为巴代文化资料整编译注和陈列的。一楼有整编译注工作室和仪式影像投影室等,中堂为有关图片及字画陈列,文化气息扑面而来。二楼分别为巴代实物资料、文字资料陈列室和仪式腔调录音室及仪式影像资料制作室等,其中32个书柜全都装满了巴代书稿和实物,真可谓书山文海、千册万卷、博大精深、琳琅满目。

石老先生所收藏和陈列的巴代文化各种资料、物件和他本人的研究成果极大地震撼了我们一行人。我初步翻阅了石老先生提供的《湘西苗族巴代揭秘》一书初稿,感觉这些著述在中外学术界实属前所未闻、史无前例、绝无仅有。作者运用独特的理论体系资料、文字体系资料以及仪式符号体系资料等,全面揭露了湘西苗族巴代的奥秘,此书必将为研究苗族文化、苗族巴代文化学和中国民族学、民俗学、民族宗教学以及苗族地区摄影专家、民族文化爱好者提供线索、搭建平台与铺设道路。我当即与湘西州社科联谭必四主席商量,建议他协助和支持石老先生将《湘西苗族巴代揭秘》一书申报湖南省社科普及著作出版资助。经过专家的严格评选,该书终于获得了出版资助,在湖南教育出版社得到出版。因为这是一本在总体上全面客观、科学翔实、通俗形象地介绍苗族巴代及其文化的书,我相信此书一定会成为广大读者喜闻喜阅、喜欣喜爱的书,一定能给苗族历代祖先以慰藉,一定能更好地传播苗民族文化精华,一定能深入弘扬中华民族优秀传统文化。

2017年12月6日，我应邀在中南大学出版社宣讲党的十九大精神时，结合如何策划选题，重点推介了石寿贵先生的苗族巴代文化系列研究成果，希望中南大学出版社在前期积累的基础上，放大市场眼光，挖掘具有民族特色的文化遗产，积极扶持石老先生巴代文化成果的出版。这个建议得到了吴湘华社长及其专业策划团队的高度重视。2018年1月30日，国家出版基金资助项目公示，由中南大学出版社挖掘和策划的石寿贵编著的《巴代文化系列丛书》中的10本作为第一批《湘西苗族民间传统文化丛书》入选。该丛书以苗族巴代原生态的仪式脚本(包括仪式结构、仪式程序、仪式形态、仪式内容、仪式音乐、仪式气氛、仪式因果等)记录为主要内容，原原本本地记录了苗师科仪、客师科仪、道师绕棺戏科仪以及苗族古歌、巴代历代手抄本扫描等脚本资料，建立起了科仪的文字记录、图片静态记录、影像动态记录、历代手抄本文献记录、道具法器实物记录等资料数据库，是目前湘西苗族地区种类较为齐全、内容翔实、实物彩图丰富生动的原生态民间传统资料，充分体现了苗族博大精深、源远流长的文化内涵和艺术价值，对今后全方位、多视角、深层次研究苗族历史文化有着极其重要的价值和深远的意义。

从《湘西苗族民间传统文化丛书》中所介绍的内容来看，可以说，到目前为止，这套丛书是有关领域中内容最系统翔实、最丰富完整、最难能可贵的资料了。此套书籍如此广泛深入、全面系统、尽数囊括、笼统纳入，实为古今中外之罕见，堪称绝无仅有、弥足珍贵，也是有史以来对苗族巴代文化的全面归纳和科学总结。我想，这既是石老先生和他的祖上及其家眷以及政界、学界、社会各界对苗族文化的热爱、执着、拼搏、奋斗、支持、帮助的结果，也体现出了石寿贵老先生对苗族文化所做出的巨大贡献。这套丛书将成为苗族传统文化保护传承、研究弘扬的新起点和里程碑。用学术化的语言来说，这300余种巴代科仪就是巴代历代以来所主持苗族的祭祀仪式、习俗仪式以及各种社会活动仪式的具体内容。但仪式所表露出来的仅仅只是表面形式而已，更重要的是包含在仪式里面的文化因子与精神特质。关于这一点，石寿贵老先生在丛书中也剖析得相当清晰，他认为巴代文化的形成是苗族文化因子的作用所致。他认为：世界上所有的民族和教派都有不同于其他民族的文化因子，比如佛家的因果轮回、慈善涅槃、佛国净土，道家的五行生克、长生久视、清静无为，儒家的忠孝仁义、三纲五常、齐家治国，以及纳西族的"东巴"、羌族的"释比"、东北民族的"萨满"、土家族的"梯玛"等，无不都是严格区别于其他民族或教派的独特文化因子。由某个民族文化因子所产生出来的文化信念，在内形成了该民族的观念、性格、素质、气节和精神，在外则形成了该民族的风格、习俗、形象、身份和标志。通过内外因素的共同作用，形成支撑该民族生生不息、发展壮大、繁荣富强的不竭动力。苗族巴代文化的核心理念是人类的"自我不灭"真性，在这一文化因子的影响下，形成了"自我崇拜"或"崇拜自我、维护自我、服务自我"的人类生存哲学体系。这种理论和实践体现在苗师"巴代雄"祭祀仪式的方方面面，比如上供时所说的"我吃你吃，我喝你喝"。说过之后，还得将供品一滴不漏地吃进口中，意思为我吃就是我的祖先吃，我喝就是我的祖先喝，我就是我的祖先，我的祖先就是我，祖先虽亡，但他的血液在我的身上流淌，他的基因附在我的身上，祖先的化身就是当下的我，并且一直延续到永远，这种自我真性没有被泯灭掉。同时，苗师"巴代雄"所祭祀的对象既不是木偶，也不是神像，更不是牌位，而是活人，是舅爷或德高望重的活人。这种祭祀不同于汉文化中的灵魂崇拜、鬼神崇拜或自然崇拜，而是实实在在的、活生生的自我崇拜。这就是巴代传承古代苗族主流文化（因子）的内在实质和具体内容。无怪乎如来佛祖降生时一手指天，一手指地，所说的第一句话就是："天上地下，唯我独尊。"佛祖所说的这个"我"，指的绝非本人，而是宇宙间、世界上的真性自我。

石老先生认为，从生物学的角度来说，世界上一切有生命的动植物的活动都是维护自我生存的活动，维护自我毋庸置疑。从人类学的角度来说，人类的真性自我不生不灭，世间人类自身的一切活动都是围绕有利于自我生存和发展这个主旨来开展的，背离了这个主旨的一切活动都是没有任何价值和意义的活动。从社会科学的角度来说，人类社会所有的科普项目、科学文化，都是从有利于人类自我生存和发展这个主题来展开的，如果离开了这条主线，科普也就没有了任何价值和意义。从人类生存哲学的角度来说，其主要的逻辑范畴，也是紧紧地把握人类这个大的自我群体的生存和发展目标去立论拓展的，自我生存成为最大的逻辑范畴；从民族学的角度来说，每个要维护自己生生不息、发展壮大的民族，都要有自己强势优越、高超独特、先进优秀的文化来作支撑，而要得到这种文化支撑的主体便是这个民族大的自我。

石老先生还说，从维护小的生命、个体的小自我到维护大的人类、群体的大自我，是生物世界始终都绕不开的总话题。因而，自我不灭、自我崇拜或崇拜自我、服务自我、维护自我，在历史上早就成为巴代文化的核心理念。正是苗师"巴代雄"所奉行的这个"自我不灭论"宗旨教义，所行持的"自我崇拜"的教条教法，涵盖了极具广泛意义的人类学、民族学以及哲学文化领域中的人类求生存发展、求幸福美好的理想追求。也正是这种自我真性崇拜的文化因子，才形成了我们的民族文化自信，锻造了民族的灵魂素质，成就了民族的精神气节，才能坚定民族自生自存、自立自强的信念意识，产生出民族生生不息、发展壮大的永生力量。这就充分说明，苗族的巴代文化，既不是信鬼信神的巫鬼文化，也不是重巫尚鬼的巫傩文化，而是从基因实质的文化信念到灵魂素质、意识气魄的锻造殿堂，是彻头彻尾的精神文化，这就是巴代文化和巫鬼文化、巫傩文化的本质区别所在。

乡土的草根文化是民族传统文化体系的基因库，只要正向、确切、适宜地打开这个基因库，我们就能找到民族的根和魂，感触到民族文化的神和命。巴代作为古代苗族主流文化的传承者，作为一个族群社会民众的集体意识，作为支撑古代苗族生存发展、生生不息的强大的精神支柱和崇高的文化图腾，作为苗族发展史、文明史曾经的符号，作为中华民族文化大一统中的亮丽一簇，很少被较为全面系统、正向正位地披露过。

巴代是古代苗族祭祀仪式、习俗仪式、各种社会活动仪式这三大仪式的主持者，更是苗族主流文化的传承者。因为苗族在历史上频繁迁徙、没有文字、不属王化、封闭保守等因素，再加上历史条件的限制与束缚，为了民族的生存和发展，苗族先人机灵地以巴代所主持的三大仪式为本民族的显性文化表象，来传承苗族文化的原生基因、本根元素、全准信息等这些只可意会、不可言传的隐性文化实质。又因这三大仪式的主持者叫巴代，故其所传承、主导、影响的苗族主流文化又被称为巴代文化，巴代也就自然而然地成为聚集古代苗族的哲学家、法学家、思想家、社会活动家、心理学家、医学家、史学家、语言学家、文学家、理论家、艺术家、易学家、曲艺家、音乐家、舞蹈家、农业学家等诸大家之精华于一身的上层文化人，自古以来就一直受到苗族人民的信任、崇敬和尊重。

巴代文化简单说来就是三大仪式、两大体系、八大板块和三十七种文化。其包括了苗族生存发展、生产生活、伦理道德、物质精神等从里到表、方方面面、各个领域的文化。巴代文化必定成为有效地记录与传承苗族文化的大乘载体、百科全书以及活态化石，必定成为带领苗族人民从远古一直走到近代的精神支柱和家园，必定成为苗族文化的根、魂、神、质、形、命的基因实质，必定成为具有苗族代表性的文化符号与文化品牌，必定成为苗族优秀的传统文化、神秘湘西的基本要素。

石老先生委托我为他的丛书写篇序言，因为我的专业不是民族学研究，不能从专业角度给予中肯评价，为读者做好向导，所以我很为难，但又不好拒绝石老先生。工作之余,我花了很多时间认真学习他的相关著述,总感觉高手在民间,这些文字是历代苗族文化精华之沉淀,文字之中透着苗族人的独特智慧,浸润着石老先生及历代巴代们的心血智慧,更体现出了石老先生及其家人一生为传承苗族文化所承载的常人难以想象的、难以忍受的艰辛、曲折、困苦、执着和担当。

这次参观虽然不到两个小时,却发现了苗族巴代文化的正宗传人。遇见石老先生,我感觉自己十分幸运,亦深感自己有责任、有义务为湘西苗族巴代文化及其传人积极推荐,努力让深藏民间的优秀民族文化遗产能够公开出版。石老先生的心愿已了,感恩与我们一样有这种情结的评审专家和出版单位对《湘西苗族民间传统文化丛书》的厚爱和支持。我相信,大家努力促成这些书籍公开出版,必将揭开湘西苗族巴代文化的神秘面纱,必将开启苗族巴代文化保护传承、研究弘扬、推介宣传的热潮,也必将引发湘西苗族巴代文化旅游的高潮。

略表数言,抛砖引玉,是为序。

（作者系湖南省社会科学院党组成员、副院长,湖南省省情研究会会长、研究员）

专家序二

罗康隆

　　我来湘西 20 年,不论是在学校,还是在村落,听到当地苗语最多的就是"巴代"(分"巴代雄"与"巴代扎")。起初,我也不懂巴代的系统内涵,只知道巴代是湘西苗族的"祭师",但经过 20 年来循序渐进的认识与理解,我深知,湘西苗族的"巴代",并非用"祭师"一词就可以简单替代。

　　说实在的,我是通过《湘西苗族调查报告》和《湘西苗族实地调查报告》这两本书来了解湘西的巴代文化的。1933 年 5 月,国立中央研究院的凌纯声、芮逸夫来湘西苗区调查,三个月后凌纯声、芮逸夫离开湘西,形成了《湘西苗族调查报告》(2003 年 12 月由民族出版社出版)。该书聚焦于对湘西苗族文化的展示,通过实地摄影、图画素描、民间文物搜集,甚至影片拍摄,加上文字资料的说明等,再现了当时湘西苗族社会文化的真实图景,其中包含了不少关于湘西苗族巴代的资料。

　　当时,湘西乾州人石启贵担任该调查组的顾问,协助凌纯声、芮逸夫在苗区展开调查。凌纯声、芮逸夫离开湘西时邀请石启贵代为继续调查,并请国立中央研究院聘石启贵为湘西苗族补充调查员,从此,石启贵正式走上了苗族研究工作的道路。经过多年的走访调查,石启贵于 1940 年完成了《湘西苗族实地调查报告》(2008 年由湖南人民出版社出版)。在该书第十章"宗教信仰"中,他用了 11 节篇幅来介绍湘西苗族的民间信仰。2009 年由中央民族大学"985 工程"中国少数民族非物质文化研究与保护中心与台湾"中央研究院"历史语言研究所联合整理,在民族出版社出版了《民国时期湘南苗族调查实录(1 ~ 8 卷)(套装全 10 册)》,包括民国习俗卷、椎猪卷、文学卷、接龙卷、祭日月神卷、祭祀神辞汉译卷、还傩愿卷、椎牛卷(上)、椎牛卷(中)、椎牛卷（下）。由是，人们对湘西苗族"巴代"有了更加系统的了解。

我作为苗族的一员，虽然不说苗语了，但对苗族文化仍然充满着热情与期待。在我主持学校民族学学科建设之初，就将苗族文化列为重点调查与研究领域，利用课余时间行走在湘西的腊尔山区苗族地区，对苗族文化展开调查，主编了《五溪文化研究》丛书和《文化与田野》人类学图文系列丛书。在此期间结识了不少巴代，其中就有花垣县董马库的石寿贵。此后，我几次到石寿贵家中拜访，得知他不仅从事巴代活动，而且还长期整理湘西苗族的巴代资料，对湘西苗族巴代有着系统的了解和较深的理解。

我被石寿贵收集巴代资料的精神所感动，决定在民族学学科建设中与他建立学术合作关系，首先给他配备了一台台式电脑和一台摄像机，可以用来改变以往纯手写的不便，更可以将巴代的活动以图片与影视的方式记录下来。此后，我也多次邀请他到吉首大学进行学术交流。在台湾"中央研究院"康豹教授主持的"深耕计划"中，石寿贵更是积极主动，多次对他所理解的"巴代"进行阐释。他认为湘西苗族的巴代是一种文化，巴代是古代苗族祭祀仪式、习俗仪式、各种社会活动仪式这三大仪式的主持者，是苗族文化的传承载体之一，是湘西苗族"百科全书"的构造者。

巴代文化成为苗族文化的根、魂、神、质、形、命的基因实质。这部《湘西苗族民间传统文化丛书》含 7 大类 76 本 2500 多万字及 4000 余幅仪式彩图，还有 8000 多分钟仪式影像、238 件套巴代实物、1000 多分钟仪式音乐等，形成了巴代文化资料数据库。这些资料弥足珍贵，以苗族巴代仪式结构、仪式程序、仪式形态、仪式内容、仪式音乐、仪式气氛、仪式因果为主要内容进行记录。这是作者在本家 32 代祖传所积累丰厚资料的基础上，通过近 50 年对贵州、四川、湖南、湖北、重庆等省市周边有名望的巴代坛班走访交流，行程达 10 万多公里，耗资 40 余万元，竭尽全家之精力、人力、财力、物力，对巴代文化资料进行挖掘、搜集与整理所形成的资料汇编。

这些资料的样本存于吉首大学历史与文化学院民间文献室，我安排人员对这批资料进行了扫描，准备在 2015 年整理出版，并召开过几次有关出版事宜的会议，但由于种种原因未能出版。今天，它将由中南大学出版社申请到的国家出版基金资助出版，也算是了结了我多年来的一个心愿，这是苗族文化史上的一件大好事。这将促进苗族传统文化的保护，极大地促进民族精神的传承和发扬，有助于加强、保护与弘扬传统文化，对落实党和国家加强文化大发展战略有着特殊的使命与价值。

（作者系吉首大学历史与文化学院院长、湖南省苗学学会第四届会长）

概　述

　　《湘西苗族民间传统文化丛书》以苗族巴代原生态的仪式脚本(包括仪式结构、仪式程序、仪式形态、仪式内容、仪式音乐、仪式气氛、仪式因果等)记录为主要内容,原原本本地记录了苗师科仪、客师科仪、道师绕棺戏科仪以及苗族古歌、巴代历代手抄本扫描等脚本资料,建立起了科仪文字记录、图片静态记录、影像动态记录、历代手抄本文献记录、道具法器实物记录等资料数据库,为抢救、保护、传承、研究这些濒临灭绝的苗族传统文化打牢了基础,搭建了平台,提供了必需的条件。

　　巴代是古代苗族祭祀仪式、习俗仪式、各种社会活动仪式这三大仪式的主持者,也是苗族主流文化的传承载体之一。古代苗族在涿鹿之战后因为频繁迁徙、分散各地、没有文字、不属王化、封闭保守等因素,形成了具有显性文化表象和隐性文化实质这二元文化的特殊架构。基于历史条件的限制与束缚,为了民族的生存和发展,苗族先人机灵地以巴代所主持的三大仪式为本民族的显性文化表象,来传承苗族文化的原生基因、本根元素、全准信息等这些只可意会、不可言传的隐性文化实质。因为三大仪式的主持者叫巴代,故其所传承、主导、影响的苗族主流文化又被称为巴代文化,巴代也就自然而然地成为聚集古代苗族的哲学家、史学家、宗教家等诸大家之精华于一身的上层文化人,自古以来就一直受到苗族人民的信任、崇敬和尊重。

　　巴代文化简单说来就是三大仪式、两大体系、八大板块和三十七种文化。其包括了苗族生存发展、生产生活、伦理道德、物质精神等从里到表、方方面面各个领域的文化。巴代文化必定成为有效地记录与传承苗族文化的大乘载体、百科全书以及活态化石，必定成为带领苗族人民从远古一直走到近代的精神支柱和家园，必定成为苗族文化的根、魂、神、质、形、命的基因实质，必定成为具有苗族代表性的文化符号与文化品牌，必定成为苗族优秀的传统文化之一、神秘湘西的基本要素。

苗族的巴代文化与纳西族的东巴文化、羌族的释比文化、东北民族的萨满文化、汉族的儒家文化、藏族的甘朱尔等一样，是中华文明五千年的文化成分和民族文化大花园中的亮丽一簇，是苗族文化的本源井和柱标石。巴代文化的定位是苗族文化的全面归纳、科学总结与文明升华。

近代以来，由于种种原因，巴代文化濒临灭绝。为了抢救这种苗族传统文化，笔者在本家 32 代祖传所积累丰厚资料的基础上，又通过近 50 年以来对贵州、四川、湖南、湖北、重庆等省市周边有名望的巴代坛班走访交流，行程 10 多万公里，耗资 40 余万元，竭尽全家之精力、人力、财力、物力，全身心投入巴代文化资料的挖掘、搜集、整编译注、保护传承工作中，到目前已形成了 7 大类 76 本 2500 多万字及 4000 余幅仪式彩图的《湘西苗族民间传统文化丛书》(以下简称《丛书》)有待出版，建立起了《丛书》以及 8000 多分钟的仪式影像、238 件套的巴代实物、1000 多分钟的仪式音乐等巴代文化资料数据库。该《丛书》已成为当今海内外唯一的苗族巴代文化资源库。

7 大类 76 本 2500 多万字及 4000 余幅仪式彩图的《丛书》在学术界也称得上是鸿篇巨制了。为了使读者能够在大体上了解这套《丛书》的基本内容，在此以概述的形式来逐集进行简介是很有必要的。

这套洋洋大观的《丛书》，是一个严谨而完整的不可分割的体系，按内容属性可分为 7 大类型。因整套《丛书》的出版分批进行，在出版过程中根据实际情况对《丛书》结构做了适当调整，调整后的内容具体如下：

第一类：基础篇。分别是：《许愿标志》《手诀》《巴代法水》《巴代道具法器》《文疏表章》《纸扎纸剪》《巴代音乐》《巴代仪式图片汇编》《湘西苗族民间传统文化丛书通读本》等。

第二类：苗师科仪。分别是：《接龙》(第一、二册)，《汉译苗师通鉴》(第一、二、三册)，《苗师通鉴》(第一、二、三、四、五、六、七、八册)，《苗师"不青"敬日月车祖神科仪》(第一、二、三册)，《敬家祖》《敬雷神》《吃猪》《土昂找新亡》。

第三类：客师科仪。分别是：《客师科仪》(第一、二、三、四、五、六、七、八、九、十册)。

第四类：道师科仪。分别是：《道师科仪》(第一、二、三、四、五册)。

第五类：侧记篇之守护者。

第六类：苗族古歌。分别是：《古杂歌》，《古礼歌》，《古阴歌》，《古灰歌》，《古仪歌》，《古玩歌》，《古堂歌》，《古红歌》，《古蓝歌》，《古白歌》，《古人歌》，《汉译苗族古歌》(第一、二册)。

第七类：历代手抄本扫描。

本套《丛书》的出版将为抢救、保护、传承、研究这些濒临灭绝的苗族传统文化打牢基础、搭建平台和提供必需的条件；为研究苗族文化，特别是研究苗族巴代文化学、民族学、民俗学、民族宗教学等，以及这些学科的完善和建设做出贡献；为研究、关注苗族文化的专家学者以及来苗族地区的摄影者提供线索与方便。《丛书》的出版，将有力地填补苗族巴代文化学领域里的空缺和促进苗族传统文明、文化体系的完整，使苗族巴代文化成为中华民族文化大花园中的亮丽一簇。

石寿贵
2020 年秋于中国苗族巴代文化研究中心

目 录

二、苗师神咒 ··· 333

第一章 巴代法水

概述

法水是法坛巴代在祭祀仪式中用以加持法力，在平日里给人驱邪、治疗身心疾病的一种法物。一碗普通、平常的清水，通过巴代用有关法语诀咒加持之后，即能从心理上产生出一种特殊的功效与作用。比如通过法语诀咒加持过的清水，吞下此水后传说中能化掉卡在喉咙中的骨头或鱼刺；可帮助吞下尖锐坚硬的竹签；用此水漱口能吃火籽而不伤口舌；用此水打湿手之后能端起烧得通红的铁犁铧口而不伤手；用此水打湿脚后能光着脚板踩踏多块烧得通红的金属而不伤脚；让病人吃下所化之水后能治好肚痛等疾病；突然晕倒甚至猝死，用化过之水去喷可救活、好转；被毒蛇咬伤用此水治疗可得痊愈；等等。就是这样一碗普通平常的清水，通过巴代施以诀咒加持、比画叨念之后，即可发生神奇之功效。这等事情从古流传至今，在苗族人民的日常生活中屡见不鲜。

对于法水的实质与功用，细究起来，有一条是值得我们思考的，那就是它反映了人们求生存、求发展、求幸福美好的一种思维，一种寄托与期盼的强烈心态。在过去那种科技不发达，特别是医疗卫生条件与意识相对落后，生活环境凶险恶劣的情况之下，人们一旦有了病痛，在经过药草医治却不见效果的痛苦中，便想到了神药两解的做法，企图服用利用神秘的咒语诀法所造化出来的神水疗病；尤其是一些突发性的疾病，一时又找不到什么对症之药，这清水便显得容易获得，极为方便了。这样不用花钱、不用费力，只要叨念几句简单的话语就行了，同时，其所起到的心理效果也较明显，那么人们何乐而不为呢？其实，水本是清凉之物，有净化之功用，伤口遇水则收缩止血，细菌遇水则消失散毒，昏迷喷水则醒脑清神。本来水的作用本身就大，何况还有诀咒加持、高度意念、诚心信仰、专注依赖等这些心理因素的作用，这进一步加强了法水的效果。因此，苗族先民多用法水驱病疗疾，便成了情理之中的事情。

本章所载的巴代法水共117碗，其中客师111碗，苗师6碗。这些法水诀咒在过去都是秘不外传的，如"六耳不传"（现场若有3个人即6只耳朵就不传）等，但如今世道变化，若再不整理就会灭绝、彻底失传了。

巴代法水在民间还有很多，因各地各坛、各师各教等缘故，不尽相同，本册所载的仅仅只是一些有代表性的一部分而已，但在内容及功用而言，则基本上都已覆盖。

巴代法水是巴代这个特殊群体中的专利，其他人不得模仿使用，据传没有巴代特殊身份的人使用会产生很大的危害。

1. 请圣水

伏以——
何人在先？安偶祖师先来。
何人先到？安偶祖师先到。
奉请——
东方青帝青龙，青龙行水。
南方赤帝赤龙，赤龙行水。
西方白帝白龙，白龙行水。
北方黑帝黑龙，黑龙行水。
中央黄帝黄龙，黄龙行水。
行水不是非凡行水，行水早出朦胧山，夜出发兵洞。发兵去请，发马去问。发兵三年不归，四年不回。男人撞着求雨童子，天上雷公轰轰，地下细雨蒙蒙。
田中圣水，养谷养米圣水，弟子不当用处。
路中圣水，洗脚洗草鞋圣水，弟子不当用处。
塘中圣水，养鹅养鸭圣水，弟子不当用处。

弟子当用五龙井中圣水，瓢中
舀来倒在桶中，桶中挑来倒在缸中。
左手拿得有牌，右手拿得有印。圣
水灵灵，画符一道。

2. 请五龙圣水

奉请东方青帝青龙王，青帝龙
王出海江，青帝龙王来涌水，龙王
涌水洒坛场。洒净坛场无污秽，坛
场清净发豪光。急急如律令。

奉请南方赤帝赤龙王，赤帝龙
王出海江，赤帝龙王来涌水，龙王
涌水洒坛场。洒净坛场无污秽，坛
场清净发豪光。急急如律令。

图1-1　水碗图

奉请西方白帝白龙王，白帝龙王出海江，白帝龙王来涌水，龙王涌水洒
坛场。洒净坛场无污秽，坛场清净发豪光。急急如律令。

奉请北方黑帝黑龙王，黑帝龙王出海江，黑帝龙王来涌水，龙王涌水洒
坛场。洒净坛场无污秽，坛场清净发豪光。急急如律令。

奉请中央黄帝黄龙王，黄帝龙王出海江，黄帝龙王来涌水，龙王涌水洒
坛场。洒净坛场无污秽，坛场清净发豪光。急急如律令。

说明：此为洒净祭祀场所用的法水。届时边念法语边用令牌蘸取碗中之
水浇坛洒五方，每方颜色为东方青、南方赤、西方白、北方黑、中央黄。

3. 洒净水

杨柳枝头甘露水，能令一滴遍十方，
腥膻污秽悉消除，洒此坛场悉清净。

4. 造五龙圣水

造东方青帝青龙，头戴九霄云雾，脚踩凡间路中，一年春冬四季背水加在碗中。

造南方赤帝赤龙，头戴九霄云雾，脚踩凡间路中，一年春冬四季背水加在碗中。

造西方白帝白龙，头戴九霄云雾，脚踩凡间路中，一年春冬四季背水加在碗中。

造北方黑帝黑龙，头戴九霄云雾，脚踩凡间路中，一年春冬四季背水加在碗中。

造中央黄帝黄龙，头戴九霄云雾，脚踩凡间路中，一年春冬四季背水加在碗中。

五龙背水加碗中，圣水周年满咚咚。

五龙落在碗中心，和我弟子一家人。

圣水大堂龙绞边，保佑弟子发万年。

5. 安井水

安金井水，安银井水，安五龙圣水。

6. 护坛水

道法不同多，南水灌北河，总是此一字，降尽世间魔。

7. 紫微吉祥水

伏以——

角亢氐房心尾箕，斗牛女虚危室壁，奎娄胃昴毕觜参，井鬼柳星张翼轸。

斗、错、权、衡、毕、伏、标。

图1-2 "剑诀"画水图

8. 压邪水

一桌乾坤大，横担日月长。波浪天地盖，邪神不敢当。压邪祖师降来临。

9. 化堂水

祖师造下五龙圣水，本师化下五龙圣水，弟子造化五龙圣水。东方造起东洋大海，南方造起南洋大海，西方造起西洋大海，北方造起北洋大海，中央造起五湖四海。波浪登天，波涛登地，人来不敢当，鬼来不敢对，四方屋下，化为水绕烂塘，风吹不动，雨打不开，急令急验。

10. 造殿水

祖师造化五龙圣水，本师造化五龙圣水，弟子造化五龙圣水。

一变祖师与我敕变圣水过香。二变本师与我敕变圣水过香。三变三元祖师与我敕变圣水过香。圣水不敕不灵，敕了便灵，变敕为验。

前门变作后门，后门变作前门，前门隔了千条河，后门隔了万条江，隔山无路，隔水无船，人看不知，鬼看不见，山汪汪，水汪汪，鬼汪汪。

11. 解秽水一

奉请金鸡太罗，金鸡太奇，天上有秽天师解，地下有秽地师解，各人有秽各人解，各鬼有秽替我解。师刀马鞭，号角牌印，锣鼓旗号，衣冠等件，怕是碰着斋宫堂中，糯宫堂内，杀牛有请，杀马有用。弟子接的五龙圣水，上山解得良好，下水解得明明。解得为洁为净，解得为净为洁，解得齐齐细细，解得明明白白。放下五阴倒地，五马奔槽。

12. 解秽水二

天地自然，秽气分散，洞中玄虚，晃朗太元，八方威神，使我自然，灵宝符命，普告九天。乾罗答那，洞罡太玄，斩妖伏邪，杀鬼万千。中山神咒，元始玉文，持诵一遍，却病延年。按行五岳，八海知闻，魔王束手，侍卫我轩。凶秽消散，道气长存。急急如律令。

13. 净坛水

杨枝净水，遍洒三千，信空八德利人天，福寿广增延。灭罪消愆，火焰化红莲。

清凉地菩萨摩诃莎，化洁化净化清凉。

14. 保坛水一

五方兴浪五色云，坛场锣鼓响沉沉。
雷公雷母护我身，听见霹雳不见身。

15. 保坛水二

祖师造出五龙圣水，弟子手拿五龙圣水：化天罩罩堂、地罩罩殿，红罩罩堂、黑罩罩殿，立河让堂、立海让殿。何神不准进堂，别鬼不要进殿。

16. 杀火水

一喷千层波，二喷万层浪，三喷长江水，四喷大海洋。壬癸大海水，火灾速退藏，火灾速退藏。吾奉壬癸坎水大将军敕令。

17. 倒火场水

请来坛中无别事，要来杀镇水灾星，专杀南方丙丁火、天火地火、阴火阳火不翻身。天火杀归天堂去，地火杀归地府门，天火不准发，地火不许登，吾奉壬癸坎水大将军急急如律令。

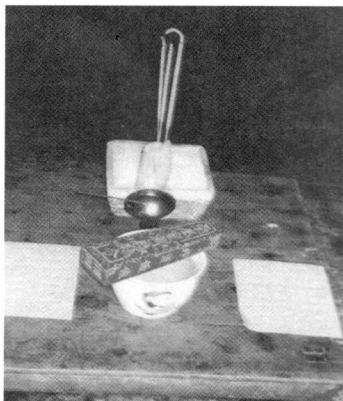

图 1-3　压在水碗上的令牌

18. 龙堂水

安龙王州水，安龙王县水，安龙王堂水，安龙王殿水。安五江河水，安五江海水，安五湖泊水，安五海洋水。奉请五方五位，龙公龙母，龙娘龙爷，龙子龙孙，坐堂坐殿，保佑户主，千年大发，万代大旺。

19. 藏身水一

莲花宝柱，莲花宝诀，三十六道正法，七十二道真诀，收我行兵弟子、正魂本命、三魂七魄，藏在五龙洞前、圣水洞后，五龙洞左、圣水洞右，人看不知，鬼看不见，吉祥如意，健康安泰，增福增寿，大吉大利。

20. 藏身水二

化绘我身，变伶我身，我身度做青帝青龙，跳下东河东海去藏身，人看不见，鬼看不明。（五方如此，只需改变龙的颜色和河海的方向即可。）五龙圣水碗，化为五湖四海龙王宫殿，深无底，宽天边，人来找我找不到，鬼要看我看不见，波浪天地盖我身，坐中央。

21. 结婚收煞水

伏以——弟子手拿金河银河，手拿金海银海。一化成河，二化成海，三化成琉璃，四化诸神恶煞，五化天煞归天、地煞归地。年煞月煞、日煞时煞、一百二十凶神恶煞通通避退。要收千人口说、万人口讲，是非口嘴，吵事郎子，闹事郎君。要收迫肠郎子，肤肚郎君，药公药母，药子药孙。要收一切凶神恶煞，天火地火，五瘟时气。一概收在金河银河，金海银海。风平浪静，大吉大利。

22. 赶猖压煞水

凡书符者，叩齿三通，含净水一口，向东日出东方，山脉起火，火烩脉意之光，作怪妖怪化为吉祥，立真破纸[1]，妖为一金刚降伏，外音门下，本音门下，连亲门下。五音七姓男女伤亡，压在阴水地头。天无忌，地无忌，年无忌，月无忌，日无忌，时无忌，一年春冬季大吉大利。

注：破纸，术语，破邪。

23. 堂霉水

堂霉水、堂霉水，一倒出去，千年万代转不回。水堂霉、堂霉水，一倒出碗，千年万代回不得。人来有路，鬼来无路，人来有门，鬼来无门。塞了鬼门，闭了鬼路，阴阳告别。

24. 桃叶水

祖师造化桃叶水，本师造化桃叶水，弟子造化桃叶水。解凶煞除邪气，净荤腥，消垢秽。一点桃叶水，腥膻邪气尽除去。

25. 菖蒲水

借太上老君遵华金，遵华银，遵华保谷保来，保魂保身保长命，信人手触死尸，手摸亡人，洗了菖蒲圣水之后，播种种生，栽禾禾旺，栽秧秧长，百无禁忌，大吉大利。

26. 出门保安水

此水此水，祖师化为波涛之水，波浪登天，波浪登地。弟子出门，跳上千层波、万层浪，千层波涌连天，万层浪涌连地，人看不知，鬼看不见。人汪汪，鬼汪汪，八面山河也汪汪。

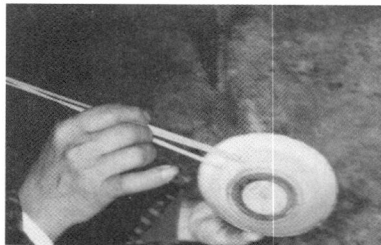

图1-4　以三炷燃香画水图

27. 洗度水

祖师敕下洗度水，本师敕下解秽水，弟子手把解秽水，洗了千年的污垢，解了万代的冤孽，洗垢除秽，解冤消孽，洗脱凡尘，受度入教，增福延寿，福慧齐增，吉康安泰，大吉大利。

28. 进门化堂水

伏以——

大门变作吞鬼口，小门变作吞鬼牙，吞了鬼门不敢入门(喷水一口，即打开大门两扇)。大柱头变为大将军，小柱头变为小将军，邪鬼邪神不敢进(朝左右柱头各喷水一口)，这方这方什么方向，这方这方东方一向，东方化起千层浪，信士户主，防身保命，人看不知，鬼看不见，人人清吉，个个平安。(朝东方喷水一口，五方亦同，之后下接)：天无忌、地无忌、年无忌、月无忌、日无忌、时无忌，一年春冬四季百无禁忌，大吉大利。

29. 解阴火水一

奉请第一第二仙女娘，第三第四仙女娘。急急请你下坛场，下坛不为别一事，要来跟你借令霜。雪雪要加令，令令要加霜。要令满堂吊辉吊挂、千千黄箔、万万细纸，阴火熄灭，阳火不生。吾奉仙女道主急急如律令。

30. 解阴火水二

西弥山前去请雪，西弥山后去请霜。奉请雪山，奉请雪山龙树王，雪一姑娘、雪二姑娘，急急请你下坛场，下坛不为别种事，奉请你来结令霜。一更下令露，二更下雪霜，三更下大雪，四更雪上又加霜，五更金鸡来报晓，满堂浸在雪中央。吾奉龙树王菩萨急急如律令。

31. 封丧水一

奉请雪山龙树王，急急请你下坛场。请你下坛无别事，请你下坛下雪霜。一更树木响叮当，二更月头下白霜，三更金鸡来报晓，四更月头下雪霜。奉请王雪王姊妹，王雪姊妹下郎场。请你下场无别事，请你下雪山。东方化过河，南方化过海，西方化过河，北方化过海，中央化过黄河海。亡人收去雪冷藏。用这五个字，一、二、三、四、五，金木水火土。角亢氐房心尾箕，斗牛女虚危室壁，奎娄胃昴毕觜参，井鬼柳星张翼轸，亡人收去雪冷藏，元亨利贞。

32. 封丧水二

奉请白鹤仙师，化符咒水仙师，六龙点穴仙师。左青龙右白虎，前朱雀后玄武。江南传度刘吉学，入口传度向明远，梁之亮，龙法用，请在香烟之中。奉请黑天黑地神祇，奉请都天大王法师，奉请玉皇大帝是吾师，五海龙王是吾兄。五海龙王吐水，飞沙走石客情，南斗六星，北斗七星。吾奉太上老君急急如律令。

33. 封丧水三

抬眼看青天——

奉请白鹤仙师，化符咒水仙师，六龙点穴仙师。左青龙右白虎，前朱雀后玄武。奉请江南传度刘吉学，入口传度向明远，梁之亮，龙法用，请在香烟之中。奉请黑天黑地神祇。奉请都天大王法师。奉请玉皇大帝是吾师，五海龙王是吾兄。五海龙王吐水，飞砂走石客情。南斗六星，北斗七星。吾奉九天玄女道主敕令急急如律令。

34. 封丧水四

祖师领受刀头酒礼，与吾弟子在某氏门中，封起死者亡人，不许臭前臭后，不许臭左臭右，臭上十重云头、九霄云雾。

板木化为鲜井，亡人化为鲜鱼，鲜鱼和鲜井，鲜井和鲜鱼。弟子封起死者亡人不许有臭有味，不许臭前臭后、臭左臭右，送过九霄云头、十重云雾。下起铜宝盖、铁宝盖，盖起臭味不许发作。

35. 治昏倒水

定一脚，喊一声，喊到上元大将军。上元将军本姓唐，按字抄了李国王，脚踏推车八百轨，如在老君桌内房。招得龙，伏得虎，斩得羊毛灭邪精。二月新载买活羊，一刀砍断送长江。退不退？将军等你来下地。走不走？将军等你来上手。如今不退等好些。百鸟退，退美人。

踏一脚，喊一声，喊到中元大将军。中元将军本姓葛，鼻子出烟口出火。子在天堂都未宫，脚踏推车八百轨，如在老君桌内房。老君殿前十军厂，受走一张文武箭，受起天上镇邪精。招得龙，伏得虎，斩得羊毛灭邪精。二月新载买活羊，一刀砍断送长江。退不退？将军等你来下地。走不走？将军等你来上手。如今不退等好些，开鬼肠，砍鬼肚，剖了鬼肠吃鬼心。

动一脚，喊一声，喊到下元大将军。下元将军本姓陈，把断黄河水倒分，脚踏推车八百轨，如在老君桌内房。老君殿前十军厂，受走一张文武箭，受起天上镇邪精。招得龙，伏得虎，斩得羊毛灭邪精。二月新载买活羊，一刀砍断送长江，退不退？将军等你来下地。走不走？将军等你来上手。如今不退等好些。大的拿来吃半边，小的拿来刮吊钱。个个有网赶快走，不走打乱你的网。（此句密念）

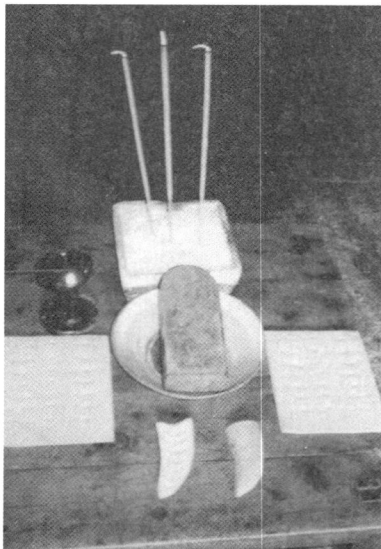

图1-5　画水坛的摆设

36. 治突然倒死水

奉传祖师石法高、石法旺。弟子左手化念刀，右手化银枪。太上老君坐中央，太上老君留我称王。奉法师父杨明光，龙来龙退爪，虎来虎退皮，百鸟青山退毛衣，打邪邪退，打鬼鬼退。若还不退，弟子化五百满雷打退。金刀齐齐，指山山倒，指水水崩。吾奉太上老君急急如律令。

37. 急救倒死水

左手下金刀，右手下银枪，金刀斩凶神，银枪斩恶煞，不化是水，化了是药。龙在青山龙退爪，虎在青山虎退皮，百鸟山中平元退。有鬼退鬼，无鬼退病。吾奉太上老君急急如律令。

38. 急救晕死喷药水

奉请苟太吾松，再理，苟大拔牙，九岩，巴二，苟太明奉明王，苟刻永善，千位药王，万个药匠，顺前顺后，顺左顺右。弟子起手送成法成诀，动脚要送成罡成步。天药出在天堂，地药出在地堂。我取不得，阴传阴教师父代我取得。我找不到，阳传阳教师父帮我找到。祖师带起千千兵马，本师带起万万兵将。碰到马头，要砍马头。碰上马尾，要砍马尾。赶上马脚，要砍马脚。师父顺前顺后，顺左顺右。它讲它的口大，我的口比它更大。它讲它的牙长，我的牙比它更长。它会吃人，我会吃鬼，不吃病人正魂，本命，三魂七魄。要吃马扎马口、马肠马肚。吾奉太上老君急急如律令。

39. 一六水

天一生水，地六成之，水能解煞，凶煞退走。水能荡秽，净洁无垢，经水洗除，灾祸干休。

天一生水，地六以成，用来解煞，凶煞退尽。用来荡秽，垢除无存。经水洗除，灾祸干分。

40. 治小儿夜哭水一

斗牛宫中为七星，（写奉请敕令在水碗上，点七下后念）手指朱笔下压煞。（边点边念）

五色祥云游在此，点散小儿夜哭神。此水不是做凡水，摸着小儿病脱体。

吾奉太上老君急急如律令。

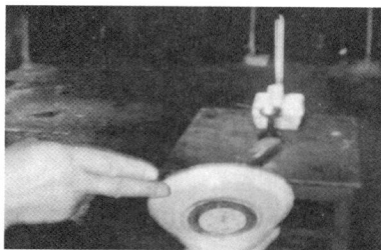

图 1-6　二指诀画小图

41．治小儿夜哭水二

壬癸水中一朵云，盖住小儿得太平。壬癸水中一团雾，盖住小儿就不哭。有鬼水打退，有煞水解尽。无鬼无煞，吉利安宁。

42．治小儿惊吓水

唵嘛呢叭咪吽。（三次）

43．治小儿疳积水

此水溶，此水化，此水一化成水獭。此水一过肚肠里，疾病消融就得退，肚大退消，肚胀退缩，黄皮刮瘦，不再复作。好了就脱，好了就脱。

44. 治草鬼水

左手拿龙头，右手拿龙尾。左脚踩龙头，右脚踩龙尾。奉请太上老君造下五龙圣水，龙王龙莲造下五龙圣水，弟子手拿五龙圣水化作七十二样药，能治七十二样病。有草鬼婆，能打草鬼病，阴间草药，阳间草鬼。草鬼公公，草鬼婆婆。头上赶身下，身下赶脚下，一消二散。大金刀，造下五龙圣水。小金刀，造下五龙圣水。第三金刀，造下五龙圣水。吾奉太上老君急急如律令。（三次）

45. 杀疮水

化大金刀，斩毒疮毒疱。化小金刀，杀毒疮毒疱。第三金刀，砍毒疮毒疱。铜叉铁叉，铜钩铁钩，钩铜疮铁疤。抬眼看青天，师父在眼前，闭眼看左右，师父在身后，太上老君顺前于后，顺左于右。令人造孺笑呵呵，我请别鬼收邪魔。无话而可求，手长而捉鹅，龙来龙退爪，虎来虎退皮，山中百鸟脱毛衣，有鬼鬼退，天鬼鬼退，病巴要退，令令要散。若是不退，我带阴药来压，不准发热作弄，天消地散。吾奉太上老君急急如律令。

46. 杀毒疮水

雨字在头上，斩字在中央，左加三点水，耳字脚下藏。造化清凉水，斩煞除祸殃，除去天毒地痛，疮毒疱痛。化消化散，化解化退。

47. 治昏头水

天灵灵，地灵灵，药灵灵，水灵灵。想到师父的艺法，一想就灵。天不昏，地不昏，头不昏，眼不昏。想到师父的艺法，一想就清醒。此水治下头不昏，此水治下眼不昏。

48. 治牙痛水一

牙痛虫，牙痛鬼，用水一化就退去。左边金刀斩，右边银刀杀，斩杀断除风火虫牙。一吞此水，永不复发。吾奉太上老君急急如律令。

49. 治牙痛水二

一杀牙中火，二杀牙中虫，杀火杀虫在牙根，杀火杀虫在牙中。一杀不准起，二杀不准登，三杀牙中火，四杀牙中虫，火不起，虫不动，天火天虫得安宁。吾奉太上老君急急如律令。牙病牙痛断除根（三声）

图 1-7　香米水碗图

50. 治伤水

抬眼看青天，师父在眼前。师父在左在右，在前在后。行兵弟子，左讲左灵，右讲右顺。一二三、一二三，不怕破皮做两块。皮破做两块，师父斗得来。吾奉太上老君急急如律令。

51．斗骨水

奉请师父吴法高、吴成王、秧法明、石法高。顺前顺后，随左随右。抬眼看青天，师父在眼前。低头看地边，师父在身边。皮破皮上生，肉烂肉相合，筋断筋相连，骨断骨相斗。（三次）吾奉太上老君急急如律令。

52．用土止血水

抬眼看青天，师父在眼前。低头看地边，师父在身边。早用早灵，夜用夜灵，一想就灵，一用就灵。一二三四五，金木水火土。不用神仙话，就用点点土。吾奉太上老君急急如律令。

53．用上止血水

抬眼看青天，师父在眼前。香烟轻轻，师父上身。香烟袅袅，五雷在手。敕天天开，敕地地裂。敕人人皆九死，敕鬼鬼不回头。上点血不动，中点血不流，下点断路，九师皆一词。吾奉太上老君急急如律令。

54．止血水一

抬眼看青天，师父在身边。两根指头插到碗，两根指头插到水。一想就灵，一想就应，太上老君急急如律令。左手揩右手揩，左手退右手退，左手退了右手封。左手揩了变成山，右手揩了变成岩，小人拱到中岩山，大人拱到万岩山。跟前跟后，跟左跟右。天上看，地上看，想到师父的艺法，一想就灵。

55．止血水二

一封九龙头，二封这伤血不流，封到九龙大海口。（三次）

56．止血水三

道法不用多，南井灌北河，共是一个字，降尽邪妖魔。斗错权衡毕伏标。雨字在头上，王字在两旁，井字在中央，了字脚下藏。手拿千斤之水，一注痛来二注凉。吾奉太上老君急急如律令。

57．止血水四

动一脚，喊一声，喊得师父吴化星。隔山喊三里，隔水喊水文。大金刀挡到大洪沙，小金刀挡到小洪沙，挡了长江水不流。脚踩龙头，挡血不流，脚踏龙腰，挡血不飘。子儿子儿，化在烂泥之田。儿童儿相连，总师教家四处钩，弟子教我走四方。

58．止血水五

一二三四五，金木水火土，生得皮和口，内血不许动，外血不许流。内血不要出，外血若流，弟子左脚盘沙来塞海，右脚盘沙塞海门。塞断黄河三江口，把断黄河水不流。左手左止血，右手右止血，若还不止血，用下金狮猫儿诀。吾奉太上老君急急如律令。

59．止血水六

奉请师父吴法高，吴法香，秧法明。顺前顺后，顺左顺右。抬眼看青天，师父在眼前。低头看地边，师父在身边。（以下一口气念完四句话，后喷水一口，共三次，血即止。）皮破皮上生，肉烂肉相合，筋断筋相连，骨断骨相斗。吾奉太上老君急急如律令。

60．止血水七

抬眼看青天，师父在眼前。（以下一口气念完。可加点泥土或木粉，被何物所伤便可用该物治伤。）一二三四五，金木水火土，不用神仙话，就用点点土。吾奉太上老君急急如律令。

61．止血水八

抬眼看青天，师父在眼前。香烟轻轻，师父上身。香烟奉奉，五雷在手中。制天天开，制地地裂，制人人皆九死，制鬼鬼不回头。上点血不动，中点血不流，下点断血路，九师皆一词。吾奉太上老君急急如律令。

62．隔山治伤水

隔山按山，隔水按水，画鬼胆，砍在鬼山。老龙身到龙深滩。请得木山里老格，不怕杂木并远鬼。左手化天雷，右手化地雷，化起五百蛮雷。吾奉太上老君急急如律令。

63. 封禁水

奉请师父龙法灵，施法雷，随前随后，随左随右。做了要准，讲了要灵，就做就准，就讲就灵。一封九龙头，二封一碗水不流，三封九龙大海口，封到九龙大海口，九龙大口水不流。

64. 化喉刺水

月出四处起，彻尽肮脏鬼，愿吾变喉身，正正吃水。叫变就变，若有不变，弟子化起六月太阳晒变。叫融就融，若有不融，弟子化起六月太阳变融。叫变就变，若有不变，弟子化起五百满雷打变。叫融就融，若有不融，弟子化起五百满雷打融。抬头望四方，九龙下天堂，龙来龙脱爪，虎来虎脱皮，山中百鸟脱毛衣。步步成罡，动手成法。

65. 化卡喉水

奉请师父石法顺、施老二，说了就准，讲了就灵。吞骨化，仙骨化，九龙下海落深潭(九次)拖九笔，念九字。吾奉太上老君急急如律令救。

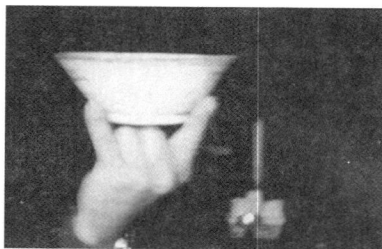

图 1-8　三指托水碗图

66. 落池水一

奉请茅山李老君，千里来龙一口吞，奉请老君取师令、字大做江化为尘。吾奉太上老君急急如律令。（三次）

67. 落池水二

千个滩，万个滩，青龙涌水上青天。弟子早罩早落，夜罩夜落，若还不落，弟子用水一口吞落。吾奉太上老君急急如律令救。

68. 鸬鹚水

天上金鸡叫，地下子鸡啼，此水吞下去，铁也变成泥。吾奉太上老君急急如律令。

69. 吞竹签水

师父请——太阳出来照四方，照在神鬼亮堂堂。铜变化为水，铁变化为汤。若还有差错，神鬼来先当。吾奉太上老君急急如律令救。

70. 九龙化刺水

奉请师父洪月九，化水落卡喉。化过疼、化骨疼，九龙下海如水分。吹过山，化过丹，九龙下海入神潭。一二三四五，六七八九十，九龙下海入神潭。吾奉太上老君急急如律令。

71. 化骨刺水

奉请诸位师尊，头顶衣服金冠，身穿五色绿毛衣。弟子官兵来到此，急急引兵到来临，白日官兵天堂去，黑夜官兵地府门。江边一池水，海里一条龙。甚精吃甚物，吞进清般骨。此水化为长江之水，喉咙化为万丈深潭，此碗化为东洋大海，此卡化为鹅毛一片。吾奉太上老君急急如律令救。

72. 武师水

抬眼看青天，师父在身边。低头看地边，师父在眼前。奉请师父陈友莲、陈梁彭，跟前跟后，跟左跟右。弟子一心想师父，艺法就灵。打一百，寄一百，寄在云南交趾国，打一千，寄一千，寄在云南大路边。铁棒化为灯草，钢刀化为鸡毛。吾奉太上老君急急如律令。

73. 隔邪水一

借我利子三斗三升，贯阴通众，贯阳通众。开炮打来天地响，邪神恶魔无处藏。大岩岩炸破，打木木断卡，打起穷鬼恶神，九等邪师，十等邪法。

此水隔去，不许来前来后，不许来左来右。吾奉太上老君急急如律令。

74. 隔邪水二

伏以，令牌一下，霹雳一声，惊得邪鬼邪神躲纷纷。祖师敕我法水，隔去邪魔妖孽，弟子化起五百蛮雷在水中，化起五海龙王在水中，龙雷虎将成英雄，龙雷虎将显神通。打起邪神永无踪，打起邪鬼永无踪。吾奉太上老君急急如律令。

75. 五雷水

奉请东方青帝五百蛮雷，南方赤帝五百蛮雷，西方白帝五百蛮雷，北方黑帝五百蛮雷，中央黄帝五百蛮雷。五百蛮雷在五方，与我弟子去坛场，弟子今日神通显，武术威名震四方。人见人服我，鬼见鬼灭亡，邪鬼邪神走慌张，邪魔妖鬼尽躲藏。吾奉太上老君急急如律令。

图1-9 香米金牌中的水碗

76. 雷公水一

我变我身，我身变作一根针。我身变小成一坨，我身变成岩，我身变成一把伞。你要拷我拷不得，你要看我看不见。奉请师父杨文良、杨五良，奉请五百蛮雷大道，奉请五百蛮雷大神，五百蛮雷护在我身，五百蛮雷帮我去打，五百蛮雷帮我去炸。一打岩就破，一炸岩就开，炸成雾糊脑浆红，毛血吃毛血，天发归天，地发归地，大吉大利。

77．雷公水二

抬眼看青天，师父在身边。奉请师父陈友连、陈梁彭，跟前跟后，跟左跟右。打一百，记一百，寄在云南交趾国。打一千，记一千，寄在云南大路边。铁棒化为灯草，钢刀化为鸡毛。吾奉太上老君急急如律令。

78．雷公水三

借我利子三斗三升，贯阴通众，贯阳通众，开炮打来天地响，邪神邪鬼无处藏。打岩岩炸破，打木木断开。打起穷鬼恶鬼，九等邪师，十等邪法。不许来前来后，不许来左来右。

吾奉太上老君急急如律令。

79．解危水

弟子抬眼看青天，师父在眼前；低头看地边，师父在身边。弟子今日有危难，师父保在我身边。奉请铜头将军，铁头将军，钢骨仙师，铁骨仙人，斠骨仙师，换骨仙人，请到弟子身前身后，身左身右。弟子有灾解灾，有难解难。人来追我挖去双目，马来追我断其双足。棍来打我化为灯草，刀来砍我化为鸡毛。人来打我轻四两，弟子大人重千斤。吾奉太上老君急急如律令。

80. 武师练功水

弟子一观祖师，二观本师，三观宗本师。弟子化吾身，变吾身，吾身化变祖师为正神。头顶三层铁圆钟，身穿三层铁皮衣，脚穿三层铁草鞋。十分心肝，化为铜肠铁肝。铜皮身上包三卷，铁皮身上包三层。层层是铁，层层是钢。化在水碗内，吞下铁心肠。弟子何处去藏身，祖师肚内去藏身，日在祖师肚内坐，夜在祖师肚内存。千棍打来我不动，万棍打来我不行。打一百，寄一百，寄在云南交趾国。打一千，寄一千，寄在五湖并四海。砍一斧，寄一斧，寄在三十三天云之外。一寄一千里，二寄两千里，三寄三千八百里，弟子身上化为井水一团，铁山一块，任君打，任君磨，铁山祖师入黄河。风来风去，雨来雨去，不见祖师入黄河。

81. 观音神咒水

此水本是非凡水，我佛如来降下莲池水，观音老母降下甘露水，祖师菩萨降下华佗水。托天大神，老祖大神，苗金圣神，选龙三神，降下四大灵水，诸位祖师下神水。祖师封，本师封，观音老母亲口封，封断刀口永无踪，封了人血血不流，封了黄河水倒流。封了大红山、小红山，封了皮破皮相接，封了骨断骨相连。若还不相接，观音老母亲口说。任君打，任君磨。打一千，寄一千，寄在深潭鲤鱼边。抬头看青天，观音老母在身边。弟子请来无别事，请你造下圣水一碗。不怕人有三百无名肿毒，不怕鬼有七十二样风光。不怕刀枪并斧砍，不怕虎咬并蛇伤。有痛住痛，有肿住肿。何神来住痛？诸佛菩萨来住痛。何人来住肿？观音老母来住肿。有火火退凉，雪山老君，雪山童子，一姑二姑三姑娘，弟子请你下坛场。热处退凉，肿处退消，痛处退散。此水能治百病，能治百伤，接筋骨，开肚肠，应口应心应手，想梦来临。我佛如来降莲池。（三次）

82. 莲池水

此水此水，非凡之水，我佛如来降下华佗水，观音老母降下莲池水，祖师降下灵水。传水祖师陈法道，毛法海，伍信松，龙廷九，大水井师父龙文昌。不怕无名肿毒，不怕鬼有七十二样风光。有痛住痛，有肿住肿。何人来住痛？观音老母来住痛。何人来住肿？观音老母来住肿。雪山太子，雪山老君，一姑娘，二姑娘，急急传你下坛场。此水解治百病，能治百伤。砍肚肠，接筋骨，应心应口，在弟子想梦来灵。我佛如来降莲池。（三次）

83. 雪山治伤水

奉请师父石保喜、石天生、石把二。破骨见风相开，破皮见风相连。断筋流血相开，眼前就要相连。风吹雪海飘飘，下起五尺令水，羊子不能发热作弄，化为地狱。太上老君坐中央，雪山姊妹下浓霜。吾奉太上老君急急如律令。

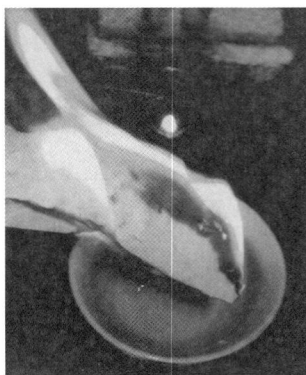

图1-10 烧纸符入水碗图

84. 雪山水一

奉请雪山一姑二姑三姑娘，奉请雪山太子，雪山龙树王。弟子请你下坛场。一更下大雪，二更下大霜，三更下令露，四更下浓霜，五更金鸡来报晓，山中树木响叮当。龙来龙退爪，虎来虎退皮。山中百鸟退毛衣，树木村中退了皮。热处退凉，肿处退消，痛处退散。若还不退，请动五百满雷大退。西弥山前去观雪，西眉山后去观霜。观得千年存雪子，观得万年存雪霜。六月六日下大雪，七月七日来浓霜。冻死千年无道鬼，冻死万年作祸殃。公公如雪，婆婆如霜。吾奉太上老君急急如律令。

85. 雪山水二

奉请第一第二王母娘娘，第三第四王母娘娘，急急请你下坛场，下坛不为别何事，请你下来传令霜，雪雪要加令，令令要加霜。要令左手右手，左手变作左铁夹，右手变作右铁夹。犁口变作大雪大令，金令银令。吾奉太上老君急急如律令。

86. 雪山水三

奉请第一第二仙姑娘，第三第四仙姑娘，急急请你下坛场。下坛不为别的事，要来跟你借令霜。一更下大雪，二更下大霜，三更雪加令，四更令加霜。要令左口右口，左手右手，左手变作左铁夹，右手变作右铁夹，犁口变作大雪大令，弟子手端，不能伤人。吾奉太上老君急急如律令。

87. 雪山水四

奉请雪山大王，雪山二王，奉请雪山龙树王，头戴雪山帽，身穿雪山衣，脚踏雪山鞋，口用雪山水。一更化令露，二更化令霜，三更下大雪，四更下大霜。令令要加雪，雪雪要加霜。左手变作左铁夹，右手变作右铁夹，要令弟子金口银口，犁口变作金雪银雪。吾奉太上老君急急如律令。

88. 吃火子水

奉请雪山，奉请雪山龙树王。雪山一姑娘，雪山二姑娘，急急请你下凡阳。请你下凡无别事，要来请你下雪霜，左边下令霜，右边下令霜，雪雪要加令，令令要加霜。口夹化为铜夹铁夹，口令化为铜令铁令，火子变作鲤鱼身，犁口变作水骑獭。吾奉太上老君急急如律令。

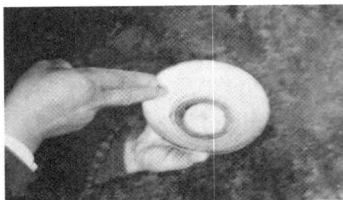

图1-11　二指剑诀画水图

89. 泥山水

奉请师父龙法灵，施法雷，石法高，随前随后，随左随右，早讲早灵，夜讲夜灵。手指变作铜夹铁夹，手令变作铜令铁令，手板变做铜板铁板。一二三四五，金木水火土，不用神仙话，就用地下一点土。吾奉太上老君急急如律令。

90. 催胎水一

请师——尖倒尖，弟子化为鼓圆边。鼓圆边，弟子化为核桃边。核桃边，弟子化为王茂田。王茂田，弟子化为鲤鱼下九滩。鲤鱼下九滩，弟子化为泥鳅一般，奉请木师苏师，传法龙师父，石师父。吾奉太上老君急急如律令。

图1-12 烧纸符在水碗中

91. 催胎水二

十二砾铁，砾铁隔五湖四海，河口吞弓，铁脚铁手，深水拖船。吾奉太上老君急急如律令。

92. 催胎水三

胎儿动，胎门开。龙洞口，龙洞开。化为龙子下大海，龙儿下海滑深潭，滑出口，滑出来，化为鲤鱼下九滩。吾奉保生娘娘如律令。（三次）

93. 催胎水四

请得湖南师父来，师父名叫张向才，催得五马龙凤开，是男是女早下来，一不准伤肝，二不准伤肺。吾奉太上老君急急如律令。

94. 补治小孩夜哭水一

天圆地方，律令九章，镇压邪魔，要保儿郎。父母化为长江水，儿子变做鲤鱼郎。我来我是布先生，不准家鬼弄家人。弟子化起阴水烧邪魔，邪神邪鬼逃纷纷。哭神哭鬼快快退，五雷打下不翻身。有堂归堂，有殿归殿，无堂无殿，各自逃散。吾奉太上老君急急如律令救。

95. 补治小孩夜哭水二

奉请观音菩萨，送子娘娘：唵嘛呢叭咪吽，隔去一切凶神恶煞。

96. 治肚痛水一

抬眼看青天，师父在眼前。抬眼看地边，师父在身边。早喊早来，夜喊夜到。太上老君急急如律令。一罩龙来龙退爪，二罩虎来虎退皮，百鸟青山谢毛衣。石老四，要造天药造地药，要造一十二碗药。吃了无灾无难，无痛无病。

97. 治肚痛水二

十字中间一个王，一个口字在中央，口字脚下添一字，三个了字脚下藏。水带一碗清凉水，痛处退了热处凉。要退就退，若还不退，请去五百满雷打退。要散就散，若还不散，请去五百满雷打散。吾奉太上老君急急如律令救。

图 1-13　右手执金牌画小符

98．治肚痛水三

弟子化山成山，化水成水，化合化会在中央。人坐人万岁，鬼坐鬼灭亡，太上老君坐中堂。一请三色，二请三弟，三请九龙洞水。请到弟子面前，开火来分散，开一火拿土补，二火拿水补，三火拿人补，吾奉太上老君急急如律令。七仙姊妹同到，弟子拿金刀画，银刀斩，铜锤打，铁锤敲。隔山教，隔山灵。隔水教，隔水灵。左边化金刀，右边化银枪，太上老君坐中堂。龙来龙退爪，虎来虎退皮。急退急退，晴天霹雳打退。吾奉太上老君急急如律令。

99．治肚痛水四

一六之水，壬癸子亥，隔除邪气，恢头复面，无痛无病，无灾无难。吾奉太上老君急急如律令。

100. 治肚痛水五

抬眼看青天，师父在眼前。低头看地面，师父在身边。东方一大海，海上九条牛，九牛十八变，五雷坐当头。左边化金刀，右边化银枪。金刀化来斩，银枪化来杀。龙来龙退爪，虎来虎脱皮，百鸟青山谢毛衣。头痛头要好，肚痛肚要消，脚痛脚要退。肿处肿要消，痛处痛要散，疼处要退好，热处要退凉。太上老君立四方，太上老君坐中堂。前头造金刀，后头造银枪，五百蛮雷打下地，邪魔小鬼走慌张。有鬼退鬼，有病退病，要送病人的安宁。吾奉太上老君急急如律令敕。

101. 牛娘水

此针此针，非凡之针。奉请王母娘娘做媒人。针穿线，线穿针，穿去穿来穿成一对鸳鸯。此郎化为大河水，此姐化为鲤鱼娘。此郎化为青青草，此姐化为老牛娘。鱼离不得水，姐离不得郎，时时刻刻挂心肠。吾奉太上老君急急如律令。

图1-14　烧化在小碗中的纸灰

102. 和合水一

新郎新娘，化为一对鸳鸯。新娘化为深潭大海，新郎化为鲤鱼郎。鱼儿离不开水，姐离不开郎，新郎不离新娘，新娘不离新郎，好上加好万年长。早生麒麟贵子，富贵金玉满堂。

103. 和合水二

天合地合，阴合阳合，天地合和，阴阳合和。男合女合，夫合妻合，男女合和，夫妻合和。郎合姐合，柔合钢合，郎姐合和，柔钢合和。合者不过三，和者不过三，恩者大如天，爱者大如天。夫妻恩爱大团圆，郎姐恩爱大团圆。

104. 封刀口自砍不伤水

奉请师父下凡间——黄鱼坐在九龙潭，正初十五下凡来。封刀张四姐，闭刀李四娘。石上牵牛无脚印，水上拖刀也无踪。砍在哪里都不伤，砍在哪里都不痛。吾奉太上老君急急如律令敕。

105. 封刀口水一

太阳出来一点红，手执金鞭倒骑龙。一口喝断长江水，弟子结脉血不出，封上刀口不伤人。吾奉太上老君急急如律令。

106. 封刀水二

奉请封刀仙师、闭刀仙人，封上刀口不伤人。封刀张四姐，闭刀李四娘。石上牵牛无脚印，水上拖刀也无踪。痛在哪里哪里痛，疼在哪里哪里疼。

107. 刀伤止血水

奉请师父在起弟子身前身后、身左身右，传度师父降来临。筋断筋相合，皮破皮相穿，骨断骨相连，肉断肉相接。止了穴道血不流，止了河水水倒流。有肿止肿，有痛止痛。吾奉太上老君急急如律令救。

108. 上刀梯封刀水

奉请祖师：张法先、张法坤、张法贵、张法受、张法正、张法远、张法高、向法武、张法灵、龙法高、龙法全、施法全、石法灵、石法明、石法高、石法旺、石法高、龙法灵，在身前身后、身左身右，与吾弟子，正法用灵，正诀用顺。化山成山，化水成水，与吾弟子，动脚成诀，起手成法。与吾弟子，封刀三十六把。奉请太上老君水，张赵二郎水，圣水三郎水，三元法主水，三桥王母水，前传后教水，祖师水，本师水，一共三十六碗水，共做一碗之水，封上此刀不伤人。吾奉太上老君急急如律令救。

图1-15　盖在水碗上的纸钱和令牌

109. 上刀梯结界水

奉请天师压邪，天中二十八仙、七十二庙，庙庙神公。奉请化符压邪仙人、化符仙师，不化不成，化了就成。吾奉太上老君急急如律令敕。化起阴符一道有准、万道有灵，化符成符，化龙成龙，化虎成虎。一道化成十道，十道化成百道，百道化成千千万万道。吾奉太上老君急急如律令敕。

110. 开阴眼水

奉请天上猫莺神，眼闪阴光降来临，阴光附在阳眼内，开了阴光即见阴。一说就准，讲灵就灵，阴光仙师降来临。

111. 朦胧水

天昏朦胧，地昏朦胧，阴昏朦胧，昏昏蒙蒙，朦朦胧胧，不清不醒，不动不行。吾奉太上老君急急如律令。

112. 催眠水（苗语）

阿打吾目，	一钵水昏，
阿者吾乖。	一碗水困。
吾目扣目，	水昏闭眼，
吾乖朋乖。	水困便睡。
口目拿术，	闭眼便眠，
架格拿乖。	闭目便睡。
达奈几松，	喊也不醒，
达标几莎。	叫也不清。
求温拿皮，	上到梦乡，
求送拿细。	上达梦境。

113. 洗死尸水(苗语)

没吾留哈，	取水井中，
岔吾留夯。	找水井内。
没吾留青，	取水井泉，
岔吾留见。	找水井池。
没吾冬尼，	取水牛脚印，
岔吾冬油。	找水牛蹄印。
没吾向灵，	取水菖蒲，
岔吾向瓜。	找水桃叶。
勾茶向先，	用洗新亡，
勾标向西。	用洗新故。
求猛冬绒，	上到天堂，
求闹冬棍。	上达天殿。
茶齐尖尖，	洗得干干，
飘迷茫忙。	擦得净净。
见剖见乜，	成宗成祖，
见绒见潮。	成龙成圣。

114. 挡凶水(苗语)

喂斗得寿，	吾本弟子，
斗抓冲到相录。	左手拿得菖蒲。
剖弄告得，	我这师郎，
斗尼冲到相瓜。	右手拿得桃枝。
阿散休单达告竹鲁，	一份站到大门之前，
阿牛休送达告竹嘴。	一次站临大门之外。

相录相瓜，
要先久汲勾擦内郎归先归得，
要木久汲勾岁内郎归木归嘎。
勾擦棍猛几扛长苟，
勾岁棍达几扛长公。
照木木莲，
照梅梅豆。
照闹共闹，
照叫共叫。
棍陇哭内，
长猛哭内。
棍陇哭那，
长猛哭那，
照吾相录像瓜，
棍猛几白巴苟，
棍达吉瓦照公。
产豆几汲长苟，
吧就几汲长公。
产豆茶他，
吧就弟然。

菖蒲桃枝。
少力没有拿来隔去好气好力，
少气没有拿来挡去好子好孙。
要隔病灾不送回转，
要挡死神不送回来。
着眼眼瞎，
着脸脸破。
着脚烂脚，
着手烂手。
鬼来天涯，
回去天涯，
鬼来海角，
回去海角。
着水菖蒲桃叶，
病灾分散五路，
死神分散六道，
千年不许回转，
百岁不准回程，
千年清吉，
百岁平安。

115. 洗秽手水（苗语）

嘎棍空囊麻汝空
嘎棍得囊麻汝卡，麻汝度汝树
内浪斗抓投照内达，
斗尼投照内松。
标楼冶拿几见，
标弄冶拿几单。
照吾相录，
照吾相瓜。

借太上老君莲花金，莲花银，
莲花保命保身，保谷保米保长命。
人家左手摸着死尸，
右手摸触死人，
播谷怕也不生，
撒种怕也不长。
着了菖蒲水，
着了桃叶水。

标楼长见，   播谷也生，
标猛打豆，   播去土中，
猛单产谷产够，   去生千数千丛，
标猛浪路，   撒去土内，
猛单吧谷吧竹。   去长千百万根。

116. 治病水(苗语)

喂斗得寿，   吾本弟子，
斗抓冲到吾斩冬豆。 左手拿得凡间清水。
剖弄告得，   我这师郎，
斗尼冲到吾龙冬腊。 右手拿得凡尘清泉。
列陇勾茶，   要来清洗，
嘎休然得。   身中热疾。
列陇勾飘，   要来清除，
格弄然得。   体内冷病。
勾茶斩松产谷，   要洗灾星千种，
勾飘吧奈吧汉。   要除难星百样。
列茶芶扛纵闹纵叫，要洗送退过腿过脚，
列飘芶扛纵豆纵斗。要除退过臂过手。
汝芶猛豆，   好了病脱，
汝公猛炯，   好了病退，
茶他猛之，   清吉平安，
弟然猛半。   安康如意。

图 1-16　用金牌在水碗上画字符图

117. 洗堂水(苗语)

喂斗得寿，　　　　　　吾本弟子，
偷到吾充照几比留。　　舀得清水从源头来。
剖弄告得，　　　　　　我这师郎，
偷到吾汝照几比干。　　舀得净水从井泉来。
勾陇茶标茶斗，　　　　拿来洗屋洗宅，
勾陇茶纵茶秩。　　　　拿来洗堂洗殿。
勾茶得迷猛迷，　　　　拿洗小垢小秽，
勾茶得相猛相。　　　　拿洗大垢大秽。
茶齐光光，　　　　　　洗得洁洁，
漂明忙忙。　　　　　　漂得净净，
茶齐茶汝，　　　　　　洗洁洗好，
茶走茶半，　　　　　　洗净洗洁。

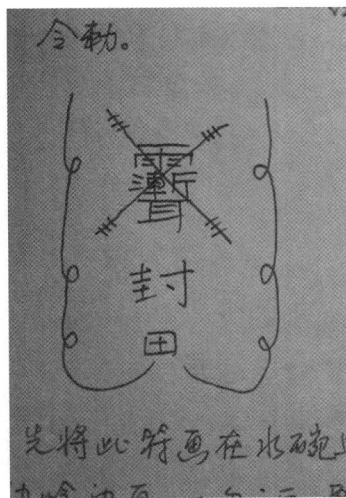

图1-17　用金牌在水碗上画的符样图

第二章　巴代神咒

概述

神咒是一种神秘的语言，主要是讲给神听的。神咒是巴代在主持祭祀仪式、习俗仪式以及各种社会活动仪式这三大仪式时所使用的一种特殊语言。这种语言浓缩了祭祀的内容，简化了程序，使祭祀的目标更加集中、明确和突出，使效果更加理想、显著。比如"藏身咒"，一开始就是"藏我身、变我身"，直接进入了主题；再通过简单的几句话，就立即点出了"人看不知，鬼看不见"这个目的；最后用"吾奉太上老君急急如律令"来收尾，进一步加深了咒语的神秘性。神咒从能听得懂的语言到不可思议的神辞，把内容和目的、理想和目标、凡世和神境有机地整合起来，从而达到了简捷完整、摄心定念之目的。

神咒是一种特殊的祭祀方式，一般都用默念甚至于只用心念（观想）。这样做的目的大约有两点：其一，在于摄心定念，使心境收摄，不杂不染，不动不移，一心不乱，这就是做事成功的基础。其二，造就一种神秘气氛。只见动嘴，不知何意，加上焚香燃烛，烧化纸钱，还有锣鼓伴奏，局外之人看到之后感到神秘莫测。

咒语是各宗教共通的一种方式，佛教把咒语称为"陀罗尼"，道教称为咒语，巴代称为神咒，其实质都是一样的。神咒是用来调整心态、制造气氛、改变环境、加持仪式的一种举措。

为了达到摄心定念之目的，在具体行持时，巴代得将神咒从心底里想出来，用嘴念出来，用耳听进去，最后又装进自己的心里。如此循环，神便听到了。所谓神者，不外乎心。孔子有言："祭神在，祭神如神在。"心即神，神即心，如果无心，神将安在？因此，这种神咒既是人的一种思维方式及思想活动，又是一种语言表达，故称神咒。

千百年来，这种神咒作为巴代法坛加持仪式的一种核心骨架，一直支撑着苗族人民从生死苦难中走过来，发展壮大直到当今。而这神秘莫测的神咒一直被一层厚厚的面纱包裹着、遮盖着（神咒在过去是六耳不传、外姓不传、非亲不传、女儿不传、非特殊时段不传）。今天，为了研究、传承和保护民族民间非物质文化遗产，才破了老祖宗数千年来的大忌，而公开内部资料，虽有负先人，但鉴于历史的发展、时代的变化，若再不搜集整理，恐失散灭绝。

关于本书所搜集之神咒，我们完全保留了其原本的名称。神咒有的是从各地区各坛班搜集而来的，有的是从历代手抄本中直接摘录下来的，有的是从老巴代口中记录下来的，这就造成了有些符的画法很不统一，有些咒语同音不同字的现象，不管是哪种搜集方式，为了保持原生态的这些符号，我们还是原封不动地予以列出。有些名目相同而咒语不同的，我们用同一名称分一、二、三去逐一介绍，以免漏掉其神咒内容。还有，由于老巴代大多不识字，在传教或者抄录时多有漏误、讹化、白字、短缺、断章等情况，我们将在其后加以注释说明，或者从一些比较正宗的版本中将其相关的资料列出以供读者参考。

本书将客师神咒按章、节编排，每宗神咒都以咒语、作用、作法、编者按的顺序进行具体介绍。苗师神咒是苗师"巴代雄"在主持三大仪式中的核心内容，其特征之一便是全部用苗语念出，并且包括很多的古苗语、术语、行话等形式。为了能够在书中原原本本地记录这些原生态的文化符号，我们采用了三步骤的编排方式，即先列出神咒的汉字记音，然后录入苗文，再后便是意译，这样有利于不懂苗文的苗胞们也能读出，让不懂苗语的读者也能了解神咒的意思。因而，记载苗师神咒的体例就不同于客师体例了，望读者理解。

苗师神咒与客师神咒相比较来说就少得多了，因为苗师是以祭祖为主线的单神教，不比客师有36堂神、72庙鬼共100余堂的祭祀仪式那么多。

本章所编写整理的巴代神咒有300余宗，大体分为两大类。第一类为仪式性神咒，即穿插在巴代所主持的祭祀仪式、习俗仪式以及各种社会活动仪式这三大仪式中所持用的各种神咒，比如"化锣鼓咒""安老君殿神咒"等，因其是在三大仪式中必须应用的神咒，故名仪式性神咒。第二类为独立性神咒，也可以说是非仪式性神咒，比如"杀毒疮神咒""治肚痛神咒""止血咒"

"化刺咒""和合咒"等，因其不应用在仪式中，而是完全针对某件事而单独应用的神咒，故名独立性神咒。在本章所编写整理的300余宗巴代神咒中，全方位而系统地收载了巴代法坛的各种神咒，其内容基本上涵盖了本地苗族巴代法坛所主持的三大仪式以及日常生活中所遇所需所用的方方面面。通过认真阅读和仔细研究，从这些神咒体系中，我们可以一窥苗族先人的身影、背景和环境等这些历史与文化发展的年轮和脚印。

一、客师神咒

1. 叩师咒

[咒语]

抬眼看青天，师父在眼前。闭眼观左右，师父在前后。弟子闭眼诚心，想梦来临。叩请祖师石法高、石法旺、石法灵、石法顺、石法魁、石法通、石法胜、石法高。随前于后，随左于右。拥护弟子，加持主教。早讲早灵，夜讲夜顺。百做百顺，百用百灵。天无忌，地无忌，年无忌，月无忌，日无忌，时无忌，百无禁忌。一年春冬四季，大吉大利。吾奉太上老君急急如律令。

[作用]

此为客师"巴代扎"所用的一种神咒诀法之母咒。凡是要念咒用诀之前，必先观想自己传教祖师的形象，除去一切杂念，专心于一处，默念此咒，叩师加持，则其以下所念的咒语才能灵验。

[作法]

在念秘咒之前，先捏祖师诀（参阅"手诀"部分）于胸前，念"抬眼看青天"句时，抬头看天一眼。念"闭眼观左右"时，低头看左右及地面一眼，之后专心一意地一口气念下去即可。

图 2-1　法坛

[编者按]

看天看地看左右的做法，是促使施法者全身心地投入仪式的一种形式与手段；捏诀观想祖师是对先人的一种尊敬和传承，这些形成了千古不变的仪轨。俗语所说的"心能转物、一切由心造"便是建立在此基础之上的。

2. 化牢咒

[咒语]

化天牢，化地井，化牢化狱，
化千丈深潭万丈古井。
化地井，化黑牢，化黑化禁，
化千丈古井万丈黑牢。
化牢化狱，化潭化井，
化千丈黑牢万丈深井。
吾奉太上老君急急如律令敕。

[作用]

此咒化地为牢，用来关押那些会用邪咒邪法、邪诀邪术来捉弄正教、扰乱破坏祭祀活动的邪师邪徒，以保证巴代主持的祭祀能够平安顺利地进行。

[作法]

念第一段四句的时候，边念边用剑诀朝地面画一个"牢"字。在最后一笔收尾后即绕"牢"字以顺时针方向绕三圈，于左下再点三点。念第二段时，画一个"井"字，同样绕画三圈，然后再点三点。念第三段时，画三个"井"字，也要绕画三圈、点三点。

[编者按]

此段神咒体现出了当事人的思想活动，其想用此法诀关押那些与其作对的人。这反映出人类的防卫意识是十分强烈的。

3. 封邪咒

[咒语]

莲花宝座，莲花宝诀。三十六道正法，七十二道正诀。不收儿魂女命，不收正魂本命，三魂七魄。

当收巧脚弄手，巧手弄匠，弹匠钩匠，剃头道士，光头和尚，游傩打卦老司，叫化讨米老司，红衣老司，黑衣道士，苗师客师，十二五等不正邪师，邪神邪法，邪师邪教，邪诀邪鬼。弟子东收五里，南收五里，西收五里，北收五里，中收五里，五五收去二十里。（注：若做大法会，则要收去二十五里及一百二十五里。）祖师收来，本师收尽，收在天牢，押在地井，收在千丈深潭，押在万丈古井。莫惊莫动，莫走莫行。

图 2-2　降魔

再来当收，天煞地煞，年煞月煞，日煞时煞，一百二十凶神恶煞，要收四方官牙，五方口嘴。千人乱说，百人乱讲。吵事郎子，闹事郎君。瘟疫时气，麻衣孝服。拍肠郎子，胀肚郎君。痼血郎子，痫痫郎君。阴包草药，阳包草便。收在天牢，押在地井，收在千丈深潭，押在万丈古井。莫惊莫动，莫走莫行。

吾奉太上老君急急如律令。

［作用］

用此咒可收去邪师邪教、邪法邪诀、邪神邪鬼，才能保证祭祀场中不出任何怪异和差错。同时，收去这些是非口舌、疾病药草，也是为了保证在法会中的所有人员能够清吉平安，不出相吵相争之事，不出疾病瘟疫祸害。

［作法］

先于地下用棍子打出一眼孔，以示牢井，然后对一张纸钱念咒施诀，念完一遍后即将纸钱揉搓成小纸团塞入土孔内，也可不用纸钱直接对孔念咒施诀的。毕后用土盖住孔。也有的用剑诀或令牌于地面画"牢井"二字，然后对其念咒施诀。当念到"东收五里"等句的时候，要按顺时针方向转一个圈。此段神咒共念三次，第二次念时则按逆时针方向转一个圈，第三次念时又按顺时针方向转一个圈。念到最后一句"太上老君急急如律令"的时候，要放阴筶于地下。

［编者按］

所谓的邪师邪教，在传统观念中多指那些用黑道巫术和草鬼婆（巫婆、蛊婆）来捉弄人者。巴代唯恐在祭祀中遭到这些邪法的破坏和捣乱。

4. 押邪咒

［咒语］

祖师收来邪师邪教，本师收来邪神邪鬼、邪诀邪法。祖师加持用诀，本师加持用法。铜绞绞在天牢，铁绞绞在地井。铜锁锁在天牢，铁锁锁在地井。铜叉叉在天牢，铁叉叉在地井。铜撑撑在天牢，铁撑撑在地井。铜钩钩在天牢，铁钩钩在地井。铜链链在天牢，铁链链在地井。下铜宝盖，铁宝盖，高上金铁银宝盖。下三十六道城铁脉，盖在天牢，压在地井，盖在千丈深潭，压在万丈古井。莫惊莫动，莫走莫行。

吾奉太上老君急急如律令。

[作用]

此咒可收邪师邪教、邪神邪鬼、邪诀邪法，关于牢井之内，使其动弹不得，就不会来破坏捣乱，这从根本上保证了法会坛场的清吉平安。

[作法]

念到锁的时候要用锁诀，念到绞的时候要用绞诀，边念咒语边用诀法，从头到尾都如此。最后用宝盖诀、篱笆诀。诀法请参阅巴代手诀内有关名目的做法。

[编者按]

特殊场合下才用押邪咒。法事圆满完成之后还要解除所押之邪才行。

5. 隔邪咒

[咒语]

祖师赐下真法，弟子念动真诀。太上老君赐下天隔地隔、阴隔阳隔、山隔水隔、河隔海隔、铜隔铁隔。不隔儿魂女命，不隔三魂七魄。当隔巧脚弄手，巧手弄匠，弹匠钩匠，剃头道士，光头和尚，游傩打卦老司，叫花讨米老司，红衣老司，黑衣道士，苗师客师，十二五等不正邪师，邪神邪法，邪师邪教，邪诀邪鬼。风大隔风，雨大隔雨，是事不许动作。弟子一步隔上一千里，二步隔上两千里，三步隔上三万八千八百八十九里。隔在一边河，安在一边海，把山为界，把水为凭。远看泰泰平洋，近看黄土神墙。有风不许乱吹，有雨不许乱淋。风吹树木莫动，百草不准抬头。

[作用]

　　凡是在祭祀场内出现异常现象，比如起大风、起阴火、杀死的猪羊畜禽行走奔跑等，便要念此隔邪咒，隔去邪神邪鬼，使场内恢复正常。

[作法]

　　当念到"一步隔上一千里"等句时，要上前一小步，连走三步。同时，一开始念时即手做隔诀，竖起右手板做向外使劲推出状，以隔挡邪法。

图2-3　巴代念咒

[编者按]

　　起风等本属于自然现象，可在祭祀场中，由于鬼神的氛围太重，便使人们将这些现象与鬼神联系起来，认为是遭到邪师捉弄了。又因为苗族人民经过八大迁徙来到南方山区之后，深山老林、沟壑洞穴的环境凶险恶劣，没少受到山妖鬼魅的侵害，产生了恐惧心理以致发展成为鬼神观念。而这种鬼神观念还比较根深蒂固。

6. 造堂咒

[咒语]

　　莲花宝座，莲花宝诀。三十六道正传，七十二道正诀。天造造堂，地造造殿，红造造堂，黑造造殿。立河让堂，立海让殿。何神不准进堂，别鬼不要进殿。吾奉太上老君急急如律令。

[作用]

用神咒造化坛场，使别神外鬼看不见场内的情况，便不会来捣乱和破坏。

[作法]

用令牌蘸取神水(净水)碗中的水，对着神坛上方、下方、左方、右方画一大圆圈，再点在自己的舌尖并对空喷去。此咒念三次、画三次并喷三次，喷时分别朝前、朝后、复朝前。

[编者按]

这里的"造"字又可念成"罩"字，一来苗区讲汉语吐音不准，容易混淆；二来两字各有含义，皆可同用于此。

7. 化殿咒

[咒语]

化天仙殿，化地仙殿，化包罗万象龙虎大仙殿。吾奉太上老君急急如律令。

[作用]

用神咒将凡尘世间的坛场造化成为仙堂仙殿，才好启请、接待各路神灵降临凡间接受供奉。

[作法]

掐剑诀沾取神水，对神坛写"仙堂仙殿"，绕此四字画一大圆圈，再点于舌尖并对空喷去。此咒念三次、画三次并喷三次，喷时分别朝前、朝后、复朝前。

水能润物，亦能淹物，此处借水为云雾来化堂殿，以为空中楼阁，可见前人设教的良苦用心。

8. 化坛咒

[咒语]

五方行兴浪五色云，地下锣鼓响沉沉，雷公雷母护我身，听见锣鼓不见身。吾奉太上老君急急如律令。

[作用]

为了在祭祀时平安无事，巴代请来水神来淹藏并变化祭祀坛场，同时又请动雷神在神坛上空及周边不断打雷放电，使别神外鬼不敢近前，让它们只听见声响，却不见踪影。

[作法]

左手掐叉诀托起神水（净水）碗于香烟上方游熏，边游边念神咒，每念完一段，即用师刀把沾水点在舌尖，使劲地顿脚后再对空喷去。此咒念三次、画三次并喷三次，喷时分别朝前、朝后、复朝前。

[编者按]

神咒、顿脚、喷水雾，这种操作，可营造出神秘气氛。

9. 灭邪咒

[咒语]

年会(汇)年，月会(汇)月，不是真传不相说，本是老仙起爷号，诸仙别鬼刺消灭。吾奉太上老君急急如律令。

图 2-4　驱邪

[作用]

此咒护卫坛场保佑平安。

[作法]

左手掐叉诀托起神水(净水)碗于香烟上方游熏，边游边念神咒，每念完一段，即用师刀把沾水点在舌尖，使劲地顿脚后再对空喷去。此咒念三次、画三次并喷三次，喷时分别朝前、朝后、复朝前。

[编者按]

此"会"字也有可能是"汇"字，待考。

10. 包魂咒

[咒语]

抬眼看青天，师父在眼前。闭眼观左右，师父在前后。

弟子闭眼诚心，想梦来临。叩请祖师石法高、石法旺、石法灵、石法顺、石法魁、石法通、石法胜、石法高。随前于后，随左于右。拥护弟子，加持主教。早讲早灵，夜讲夜顺。百做百顺，百用百灵。天无忌，地无忌，年无忌，月无忌，日无忌，时无忌，百无禁忌。一年春冬四季，大吉大利。

吾奉太上老君急急如律令。

莲花宝座，莲花宝诀。三十六道正法，七十二道正诀。要收病害良人某某某正魂本命，三魂七魄。收在十二洞前洞后，十二洞左洞右，下铜盖铁盖，高上金铁银宝盖。人看不知，鬼看不见，清吉平安，大吉大利。吾奉太上老君急急如律令。

[作用]

在每堂祈退病保安的祭祀之前，要把病人或一家人的衣服各剪下一点布头来包在一张白纸或纸钱之内，以示此人魂魄受到神灵的特别保护。

图 2-5　夹在师刀把上的包魂纸卷

把病人或一家人的衣服各剪下一点布头来放在一张白纸或纸钱之内,然后边念神咒边用顺收莲花诀(按顺时针方向旋转称为顺收)收魂于纸上,用宝盖诀将其盖住。将纸卷起呈筒状,捏紧两头,然后对准两头各吹气一口。祭祀时,此筒状的包魂纸摆于师刀把圈结合处,再用手牌压住夹紧。

[编者按]

衣服或裤子的布头代表人的生魂,这也是苗族客师"巴代扎"特有的作法,其象征意义很强。

11. 化锣鼓咒一

[咒语]

一打天地动,二打鬼神惊,三打人长寿,四打鬼神亡,五打不正邪师、魑魅魍魉。来吾鼓中绝,来吾鼓中灭。吾奉太上老君急急如律令。

[作用]

锣鼓通过此神咒造化之后,每每打动,便能产生出驱邪扶正的功效,打得正神喜欢,邪神惧怕。

[作法]

将鼓槌在鼓面上画"雨斩耳"三字,再绕字画一圆圈,边念咒边画,三次之后,画上"雷火"二字。

[编者按]

"雨斩耳"加上圆圈绕边的符式称为"紫微符"。"雷火"符式为"五雷神符"中的一种。也有画"雨渐耳"三字的,都不算错。

12. 化锣鼓咒二

[咒语]

奉请太上老君三昧真火，不烧儿魂女命、本魂本命、三魂七魄。当烧巧脚弄手、巧手弄匠、弹匠钩匠、剃头道士、光头和尚、游傩打卦、讨米叫花、红衣老司、黑衣道士、十二五等不正邪师、邪神邪法、邪诀邪鬼，烧起远远退在十方门下。吾奉太上老君急急如律令。

[作用]

同第 11 节。

[作法]

烧三张纸钱，拿着边烧向鼓面，边念神咒。念完之后，将未燃尽的纸钱从胯下扔向火炉即可。

[编者按]

传统观念认为邪神邪鬼怕火，此咒是以燃火的方式来驱除邪神邪鬼。

13. 化锣鼓咒三

[咒语]

上打鼓叮咚，下打鼓叮咚，上下齐起打，扫断邪师人。吾奉太上老君急急如律令敕。

[作用]

当祭祀场中出现了异常现象，如起狂风、出怪声、现鬼影等情形，被确认是有邪师作弄的时候，可念此神咒，以打击邪师。

[作法]

当念到"上打鼓叮咚"时，左手拿鼓槌不动，右手握拳向天上做击打状。当念到"下打鼓叮咚"时，右手握拳向地下一击。当念到第三句"上下齐起打"时，左右手分别上下同击。当念到第四句"扫断邪师人"时，以右手之拳及左手所执之槌横扫鼓面，然后猛播鼓面，表示邪师已昏倒了。

[编者按]

此法以打鼓的方式来打击邪师。可想而知，邪师用了作弄手段之后，必然会注意观察巴代祭坛的动向，而当其见此情形，心内必定害怕，便会表现出惊恐之状以至昏倒。

14. 雨渐耳咒

[神咒]

角亢氏房心尾箕，斗牛女虚危室壁，
奎娄胃昂毕觜参，井鬼柳星张翼轸。
斗、错、权、衡、毕、伏、标。
吾奉太上老君急急如律令。

[作用]

此为二十八星宿神咒。传说念此咒语可治百病，凡跌打损伤、失魂落魄、惊恐惧怕、防身保命、驱邪除灾等，念此咒均可有效。

[作法]

用剑诀画字符在伤痛处或水碗中或纸符上，念此咒即可见效。所画的符式叫"雨渐耳"，具体画法为：先在上面写"雨"字，"雨"字下面写"渐"字，渐字下面写"耳"字；再于"耳"字右竖之尾按顺时针方向，绕此三字画一圆圈；最后在这圆圈上点上七点，每点一下念一个字，分别为"斗、错、权、衡、毕、伏、标"。念咒及画符只许在一口气之内完成，由始至终都不能换气。以下凡是有"紫微符咒"的地方皆如此，不再复述。有伤口则对伤口念画，化水治病痛则对水碗念画，收惊则对小孩面额念画，都要念画三次才行。巴代每在铺坛、解煞、化水等仪式中多念此神咒、画此神符。

[编者按]

星斗咒所指的是北斗二十八星宿而言，其顺序为东、南、西、北方各七星宿，总共二十八个星宿。念此神咒，取用上天二十八星宿的灵气充入凡人病体之中，靠意念发出神功。这是世人求解脱、求痊愈的一种思维方式。

15. 雨渐斗咒

[神咒]

道法不用多，南山观北河，
斗然一个字，降尽世间魔。
吾奉太上老君急急如律令。

[作用]

此咒可镇百邪、伏百怪，尤其是夜半受到惊吓，念此神咒可以收惊，令人不受伤害。

[作法]

边念此咒边对空或水碗画字，上面画"雨"，中间画"渐"，下面画"斗"；再于"斗"字之竖尾按顺时针方向，绕此三字画一圆圈；最后于此圆圈的收尾处点上三点即可。巴代每在铺坛、解煞、化水等仪式中多念此神咒、画此神符。

[编者按]

斩煞镇邪乃是世人求幸福、避灾祸的一种行为方式。从此神咒中我们可以窥视、猜想到古代前人对人生坎坷的无奈，对借助神灵驱灾避祸的幻想。

16. 祖师神咒一

[神咒]

吾奉祖师大神通，九州八卦在当中①，
波浪层层天地盖，邪神邪鬼断行踪。
吾奉太上老君急急如律令。

注：①九州八卦在当中——有的巴代坛班读作"九宫大卦在掌中"。

[作用]

此咒可以防身保命，如在行大事、做大法会、上刀梯、度亡师打先锋、踩草立营等仪式中念此神咒可护身保命。

[作法]

在场地出现凶象或怪异之时，捏祖师诀念此神咒三遍，之后双手交叉于胸前，再将左右手之剑诀横杀出去即可。

[编者按]

每每出现一些反常现象，前人便会将其视为凶兆怪异，认为将有灾祸发生，于是便有依靠祖师的力量来保护自己的想法与做法。

17. 祖师神咒二

[神咒]

吾奉祖师大神通，飞火满天红，
般罗天地转，扫断鬼神踪。①

吾奉太上老君急急如律令。

注：①有的巴代坛班读作："普庵祖师大神通，飞火满天红，般罗生揭谛，扫断鬼神踪。"

[作用]

如果在野外凶山险水处举行仪式，念此神咒可保不起恶风险浪。

图2-6　令牌与印章

[作法]

先烧好一把香，多少不限，用剑诀将"紫微符"画在香头上，拿着这一把香走在队伍的前面，可保风平浪静。若是凶兆怪异已经发生，则用这把香分批对该处射去，即可摆平。

[编者按]

正燃的香必有火，在前人的传统观念中，妖鬼邪魔是怕火的，加上神咒加强了持咒人的意念和胆量，起到了更好的效果。

18. 金刚咒一

[神咒]

四轮四大四天王，八轮八大八金刚。
天兵天将齐拥护，神通闪闪降坛场。
日月万道毫光现，斩妖伏魔杀鬼王。
吾奉太上老君急急如律令。

[作用]

若遇恶风险浪的时候，念此神咒可以退凶。在夜深恶地有异常响动或幻影时，亦可念此神咒除邪。

[作法]

对着香米碗(上插九炷香)，边掐金刚诀边念此神咒三次。然后抓取米粒对着来风方向撒去可以退风，对着异常处撒去可以屏退凶象。

[编者按]

湘西苗族所居住的环境险恶，沟壑纵横，溶洞遍布，深山老林，人们出现幻象是常有的事。而前人巧妙地利用咒语，解除了人们的恐惧心理，竖起了一道抚慰心灵的屏障。

19. 金刚咒二

[神咒]

上天圆圆地四方，八大金刚降坛场，
七千八万神通显，八大金刚伏魔王。
天雷运动金刚，移山倒海金刚，
包天裹地金刚，镇天镇地金刚，
翻天倒地金刚，斩妖伏魔金刚，
除灾灭火金刚，扶正祛邪金刚。
日无恶灾，夜无噩梦，
官非盗散，水火灾消，
坛场清吉，人眷平安。
四大四天王，八大八金刚，
头顶火轮镇四方，
降天魔，降地魔，
斩妖怪，捉妖魔。
吾奉太上老君急急如律令。

此咒可以用来打扫凶宅、荡秽除煞等。

[作法]

在打扫屋仪式中请来祖师及金刚神之后，拍令牌，边撒五谷瓦片粒边念此咒满屋打扫。三次之后将筛盘端出送去三岔路口。

[编者按]

金刚本是佛教之护法神，这里被客师用作打扫屋、荡秽除煞的神咒，这便是历史发展过程中佛道兼习、巫道兼习、本地宗教与原始宗教不断交汇、苗族宗教与世界宗教有机交融的结果。只要是能够起到消除恐惧心理作用的，都可借鉴或者直接使用。

20. 火轮咒[①]

[神咒]

伏以——
阿弥陀佛坐中央，丈六金身放毫光。
不论邪魔并妖怪，化着消灾炽盛光。
法王出世转法轮，现出无上法王身。
霹雳震动，百邪消除。火轮金刚，势至化祚。
四大天王掌四方，八大金刚把定门。
法门自有黄金锁，金毛狮子放光明。
金銮殿上金色相，七宝结成金世尊。
须弥山上金光现，八万四千金刚身。
金刚运转金佛殿，八大金刚现金身。
看真言、念真经，念得真经十二部，
总是《华严大藏经》。
天雷运动金刚、移山倒海金刚、

翻天倒地金刚、包天裹地金刚、

镇天镇地金刚、铺天盖地金刚、

达摩老祖金刚、马祖大师金刚、

避毒金刚、火神金刚、持诵百万火首金刚。

日无恶灾，夜无噩梦。官非盗散，水火灾消。

四大天王，八大金刚，头顶火轮镇四方。

降天魔，降地魔，斩妖怪，捉妖魔。

唵敕令准提娑婆诃。

注：①火轮咒——与金刚咒大体相似，其中的《华严大藏经》是佛教有名的经典。在这里提及华严大藏经，是想借用此经的浩然正气来驱除邪鬼。

附：通用咒

邪魔妖鬼，妖魔精怪。

魑魅魍魉，凶星恶煞。

瘟疫时气，灾难祸害。

天瘟地气，天灾地难。

天煞地煞，天怪地怪。

天火地火，天殃地殃。

在屋梁上，扫屋梁上。

在屋梁下，扫屋梁下。

黑处莫躲，亮处莫藏。

驱赶出屋，扫除出门。

赶去他方，扫去别处。

千年不准进家，万代不许进户。

天条律令，斩煞除根。

吾奉太上老君急急如律令。

[作用]

此咒专供打扫屋用，特别是打扫丧家用。

[作法]

先准备好五种粮食，每种一把，如稻谷、玉米、高粱、小米、大豆等，再找一片瓦，将瓦片擂成如玉米粒般大小的颗粒，与五谷混合后搅拌均匀，用一小容器装好。再准备一火把，淋上桐油备用，同时，还得按门窗数目书写好相应的神符，以便在打扫时即时贴在门窗上方。在请师请神来后，筛茶献供，然后由一人在前端着筛盘，巴代拿着令牌和长刀念咒赶杀邪鬼，两人跟随在后，其中一人撒五谷瓦片粒，一人拿着火把和鸡在后跟随，一路沿屋打扫，贴符后关紧门窗，将邪鬼送去荒郊野外。

[编者按]

此仪式一般要五人上场才能做好，从内容到形式都要配合得十分完美，且要营造出神秘气氛。通过这种渲染，使人感觉到真的已打扫干净，换了一种居住环境。

21. 杀鬼咒

[神咒]

砍鬼头，杀鬼肚，
穿鬼心，破鬼肠，
断鬼手，斩鬼脚，
闭鬼门，塞鬼路。
人来有路，鬼来无路。
人来有门，鬼来无门。
阴归阴路，阳归阳路。
吾奉太上老君急急如律令。

[作用]

念此神咒可划界隔鬼，使鬼不敢回头、超越界线。

[作法]

将一把长刀置于门边或界线内，刀刃刀尖朝外，巴代念此咒语，拿此长刀沿着地面向外杀去，每念一句杀一刀，念八句杀八刀，苗民称其为"八大金刀杀鬼法"。

[编者按]

历代汉书史典皆言苗族"崇巫尚鬼",这是误解,苗族实际上特别憎恨鬼魅。在苗族人民的心目中,鬼是卑贱、恶劣、阴险、歹毒、祸害、灾难的化身。苗师"巴代雄"对鬼是"驱赶再驱赶,隔除再隔除",客师"巴代扎"对鬼也是斩草不留根、斩杀不留情的。

22. 大门金刀咒

[神咒]

此刀不是非凡刀,老君赐我大金刀,
赐我金刀闭鬼门,赐我金刀开财路。
开天门,闭地户,
留人门,塞鬼路。
人来有路,鬼来无路。
人来有门,鬼来无门。
阴归阴路,阳归阳路。
吾奉太上老君急急如律令。

[作用]

念此咒时用长刀对大门的上下左右做砍之状,象征留人门,断鬼路,纳吉阻祸。

[作法]

当念到"开天门"时,用长刀朝门枋上砍一刀;当念到"闭地户"时,朝门槛上砍一刀;当念到"留人门"时,朝左门框砍一刀;当念到"塞鬼路"时,朝右门框砍一刀。然后给鸡冠放血,涂鸡血沾鸡毛于门的四边。最后在门框上方贴符,以象征重重关卡阻隔鬼魅不许入门。

与第 21 节所说的苗族人民憎恨鬼魅一样，人们欲将其赶尽杀绝而后快。

23. 大门隔煞咒

[神咒]

左转天地动，右转鬼神惊。
浑身一齐转，透地镇乾坤。
鸡血落地，凶神恶煞远远退位。
吾奉太上老君急急如律令。

图 2-7　打扫屋祭坛

[作用]

用鸡毛鸡血隔煞又叫防煞，此种做法古来有之。古时人们认为凶神恶煞惧怕鸡血。

[作法]

巴代拿雄鸡站于门内，面朝门外，先将鸡沿其左腿由内向外绕一圈，念"左转天地动"；再将鸡沿其右腿由内向外绕一圈，念"右转鬼神惊"；接着将鸡绕身(腰部)一圈，念"浑身一齐转，透地镇乾坤"；最后用手掐破或用长刀割破鸡冠，放出鸡血，念"鸡血落地，凶神恶煞远远退位"。用鸡血涂于门框边，再扯几片鸡毛粘上去，意为已隔去凶神恶煞。

[编者按]

苗民用鸡隔煞。凶神恶煞为什么怕鸡血鸡毛呢？这是否与雷公神有关系呢？在中国人的传统观念中，雷公神威力极大，电闪雷鸣，惊天动地。而雷公神的形象却与鸡相似，前人是否以鸡代替雷公神也不可知。关于这个问题留给以后再来考证。

附23. 关门咒

[神咒]

化大金刀守大门，小金刀守小门，
第三金刀守住左右两边门。
立铜面将军、铁面将军，
把住大门，守住小门。
福神不要出走，恶鬼不准进门。
弟子手把关门诀，凶神恶鬼远远奔。
吾奉太上老君急急如律令。

[作用]

用此咒关住大门，等于安了门神，才能留住家中的福禄寿喜、财神吉神，同时赶走凶神恶煞，永远不许入门。

先站在门内,边念咒语,边做相关的手诀,(请参阅《手诀》有关章节)。之后走出门外,以背朝门反手将门关住,随端筛盘的香蜡师走去三岔路口送出。

[编者按]

反手关门,是一去不回头的象征,传统观念认为这是不留情面的做法。

24. 送瘟咒

[神咒]

收住天瘟地气,天灾地难。
天煞地煞、年煞月煞、日煞时煞,
一百二十凶神恶煞。
收住天殃地殃,天火地火,阴火阳火,
天怪地怪,八八六十四怪。
收住麻衣孝服,哭声喊号,
病痛瘟疫,三灾八难。
上有宽州,送去宽州,
下有宽县,送去宽县。
收去宽州大里,押去宽岗大县。
收得过门过后,送得过堂过殿。
弟子一步送去一千里,
二步送去两千里,
三步送去三万八千八百八十九里。
收去一边河,送去一边海。
把山为界,把水为凭,
远看泰泰平洋,近看黄土神墙。
有风不许乱吹,有雨不许乱淋。

风吹树木莫动，百草不准抬头。
吾奉太上老君急急如律令。

[作用]

念此神咒可将瘟疫灾难送去远处，勿使回头为害人间。

[作法]

先以逆收莲华诀边念边收，然后以送神诀分三步送去，接着以墙板诀隔挡，最后压住即可。

[编者按]

前人将灾殃兴起喻为"风吹草动"，此咒以"风吹树木莫动，百草不准抬头"的方式防止灾祸。

25. 开门咒

[神咒]

伏以——
大门变作吞鬼口，小门变作吞鬼唇，
吞了鬼神不许入门。
大柱头化为大将军，小柱头化为小将军，
守住鬼神不许入门。
（转向东方）
这方这方什么方向？
这方这方东方一向，东方涌出千层波浪。
信士户主一屋人口，一家人眷，
藏在千层波中，收在万层浪内。
人看不知，鬼看不见。
春冬四季，招财进宝。
增福延寿，大吉大利！

（转向南方。以下五方除随转向方位的动作而改动方位词外，其余皆相同）

[作用]

念此咒可变化环境诸物，阻隔恶鬼凶煞，使其不敢入宅侵扰，以求清吉平安。

[作法]

在出门送鬼之前，已将神坛上的神水碗取来摆在大门外面柱头下。从三岔路回来后，至门边先拿起神水碗，左手用叉诀托住，吸水一口，右手推开大门即对堂屋喷水，念"伏以——大门变作吞鬼口……守住鬼神不许入门"然后进入堂屋，面朝右上方（象征东方），吸水一口，踏一脚即喷水，并以右手"剑诀"指向该方，念"这方这方什么方向……大吉大利！"转朝右下方（象征南方），喷水念咒同上。以下西（左下方）、北（左上方）、中（堂屋后壁）皆用相同的咒语作法，只要念不同的方位词即可。

[编者按]

变化诸物是人们思维世界中的幻想，巴代以咒语的方式将这种想象思维传递给了户主众人，暗示或引导他们如此去想去看，他们便自然而然地"看"到了这些保护措施落实后的景象。

26. 上元将军咒

[神咒]

伏以——
上元将军本姓葛，鼻子出烟口出火，
不吃凡间的五谷，一声隔鬼到阎罗！
哼——①
上元将军降来临，五百蛮雷听号令，
天兵天将神通显，斩杀恶鬼不留情，

呸啾！

注：①哼——嚎声，用鼻音，以下同。

[作用]

念此上元将军咒能驱邪缚鬼，镇压凶神恶煞。如在打扫屋、救治一些突然倒地口吐白沫晕厥的人时，可念此咒结合喷水进行抢救。

[作法]

给病人喷药水时，先含一口药水在嘴内，走到病人身边，猛不防喷向病人，同时猛踏一脚，使病人猛惊一下，再大声念此神咒。若在喷药水时病人不惊，则要咬一下病人额头或脚趾头，让病人抖动一下才好。若是救治突然倒地晕厥的人，则先用冷水对其猛喷一口，再念此咒，病人便会慢慢地苏醒过来。若是于凶险处遇到反常异象，念此咒便可镇定自若，心神俱安。

图2-8　纸剪吊卦

[编者按]

此上元将军是否为道教之葛洪（葛仙翁），待考。"呸啾"又称为"移啾吧啾"，古书有载："移啾"为发虎狼之威，"吧啾"为兴雷霆之怒，皆有竭尽全力之意。

27. 中元将军咒

[神咒]

中元将军本姓周，十方①天下去巡游，

不吃凡间五谷米，一声隔鬼到阳州。

哼——

中元将军下凡间，四大天王神通显，

八大金刚打头阵，降妖伏魔斩凶顽。

呸啾！

注：①十方指东方、南方、西方、北方、东北方、东南方、西南方、西北方、上方、下方这十种方位。

[作用]

同第26节。若上节神咒不见效，则用此咒继续。若上节神咒见效了，则不用此咒。

[作法]

同第26节。

[编者按]

从此神咒来看，这中元将军与四大天王、八大金刚为伍，是否象征着在原始道教的基础上掺入了佛教的内容？

28. 下元将军咒

[神咒]

下元将军本姓陈，十方天下去游巡，

不吃凡间钱和米，一口吞鬼到阎君。

哼——

下元将军生得恶，声大如雷口吐火，

铜头铁面钢牙利，天条律令斩邪魔。

呸啾！

[作用]

同第 26 节。

[作法]

同第 26 节。

[编者按]

按地质年代纪元法是按从下至上、从古至今的顺序纪元的，即从古太古代到新太古代，再到元古代的古元古代、中元古代、新元古代，最后到古生代、中生代、新生代这么一个过程。可是巴代纪元却是按从上到下的顺序纪元的。究竟是按哪一种纪元，待考。

29. 造化药草咒

[神咒]

三元将军造化灵药，四员枷栲造化灵药，
五营兵马造化灵药，六丁六甲造化灵药，
七千雄兵造化灵药，八万猛将造化灵药，
七千祖师造化灵药，八万兵马造化灵药。
药公药母造化灵药，药王药将造化灵药。
灵药要灵，病要脱根，
灵药要好，病根得脱。
吾奉太上老君急急如律令。

[作用]

通过此神咒造化之后的药，可用来喷那些高烧不止、时冷时热、上呕下泻、昏迷不醒的重症病人。将药造好之后，在病人没有防备（不知情）的情况下对其突然喷去，使其惊骇颤抖一下，病情便可有所好转。

［作法］

先找好马蹄草(苗语称为"锐板豆录受""锐抓梅"，即鸭脚板草)，捣烂后放入碗中，加上清水调匀，即可用诀念咒，对药碗用咒语诀法造化。之后含一口药水，轻步走到病人身边，猛不防对其喷去，使其猝不及防地颤抖一下，病便可好转。

［编者按］

在过去缺医少药的情况下，此法使用极为普遍。对于突然昏倒、口吐白沫的病人，有的还用刀刃刮铁锅边，以刺激病人的神经，使其惊醒，这也是苗医苗药以及苗法治病的一种手段。

30. 吞鬼咒

［神咒］

吞鬼大王到坛场，专吃邪魔无处藏，
吞吃蛮强不服鬼，邪魔鬼怪见阎王。
哼——
咬鬼大将生得强，血盆大口钢牙长，
一口咬断十万鬼，邪魔妖怪都灭光。
哼——
吞鬼咬鬼生得雄，专吞邪魔的祖宗，
一口吞吃十万鬼，吞尽邪魔永无踪。
哼——
吾奉太上老君急急如律令。

［作用］

此咒可以救治危急病人。

[作法]

　　对那些突然倒地假死的人，念此神咒后，用嘴去咬病人的额头，用大拇指掐其人中及大拇指与食指的交叉部位，便可使其清醒、还阳。

[编者按]

　　额头、人中及手掌，皆是人体至关重要的穴位。由于神咒的渲染，神秘氛围加重，效果当然会更加明显。

图 2-9　胸饰

31．火神咒

[神咒]

伏以斋坛火神将，三元火部大法王，
行风走火持号令，捉拿瘟疫赴坛场，
左持白色鸡一只，右拿铁链响叮当，
走马扬鞭神鬼怕，锁拿五等不正罡，
今奉太上亲敕令，驱瘟伏魔去他乡，
三昧真火巡世界，神通闪闪发红光，
烧化瘟神不正鬼，打下十八丰都①场，
要走快走，不走火部正神动手！
要去快去，不去火部正神打退！
吾奉南方丙丁火部正神敕令。

注：①十八丰都——十八地狱。

[作用]

此咒可用于斋坛洗屋。

[作法]

在斋坛(早斋、一坛、三坛、七坛或十二坛以及三十六坛保洞斋)打扫屋时,用一破烂铁锅将粗糠炒焦,前面一人拿着火把,后面巴代用此粗糠对准火把撒去,发出一团一团的火花。在造火把时可念此神咒,在撒糠时也可念此神咒。

[编者按]

邪魔鬼怪怕火,因而人们用火去驱赶邪魔。传说焦糠撒于火是最原始的火药。

32. 赵大护法将军咒

[神咒]

伏以——
玉皇宝殿,龙虎玄坛。
统领天兵天将,皈依大道无极。
扫荡天下邪魔,扶持世间正义。
勇猛刚强,进宝招财。
皈依太上正一龙虎玄坛赵大元帅。

[作用]

赵大护法将军为法坛巴代的护法神将和招财使者。念此咒可保护仪式坛场安宁无事。

[作法]

在巡坛查哨的时候,念此神咒于旗头上,并用右手剑诀画"紫微符"在旗之四角。

[编者按]

赵大护法将军又叫赵天君,传说其为商朝大将军赵公明,死后被封为神,专司护法,又司招财,集护法神和财神于一身。

33. 王元帅神咒

[神咒]

伏以——
赫赫闪闪赤电,紫气光璘璘。
神号宣扬山岳动,神鞭舞动鬼神惊。
维护人间平安事,邪魔妖鬼化为尘。
威灵感应,正直无私,
一身正气,万道光明,
先天御前,吾奉纠罚铁面王元帅大神敕令。

[作用]

此咒可护法保安。在野外所举行的祭祀仪式中,若有狂风大作、乌天黑地等险恶现象出现,可念此咒后吹起牛角,即可退风挡浪,化险为夷。

[作法]

掐祖师诀后对险恶处念咒,然后猛踏一脚,吹"老君角"三声,即可退风平浪。

[编者按]

山风若起,本是常事,但在祭祀中尤忌,会被认为是邪神进场,凶鬼来吃人的魂魄。因此,巴代必须退风平浪才能安定人心。

34. 马元帅神咒

[神咒]

吾奉——
位归南极，号曰灵官。
手持金鞭巡世界，千万貔貅前后随。
至刚至勇，济死济生。
方方护持，处处显灵。
三五火车，吾奉太极灵官王元帅敕令。

[作用]

此为在上刀梯仪式中用在安老君殿的咒语之一，可以起到护法保平安的作用。

[作法]

在安老君殿时，于神棚前的两边柱子上各插燃香三炷，然后于各炷香处念此神咒三遍。

[编者按]

灵官本为道教的护法神，然而巴代法坛也用此神护法，可见巴代与道教之间的关系是何等的深厚。

35. 关元帅神咒

[神咒]

奉以——

玉泉山上，圣真会中。

头顶金冠威灵显，飞舞大刀世无敌，

邪魔妖鬼吓胆战，魑魅魍魉连根除。

钢心铁胆，铜头铁面。

吾奉上天武安英济关元帅敕令。

[作用]

此咒用于护法保安。

[作法]

在发生险恶现象的场合下用以挡风平浪。念咒于手板心，呼气一口，对风竖起，用力推掌，恶风自止。

[编者按]

据老祖师们说，以上四大元帅神咒属同一性质，可以单用也可以并用，遇到险恶时若用一咒不见效者，可以接用下一咒，直到四咒全用。四咒全用效果最好。

36. 净心神咒

[神咒]

太上台星，应变无停，

驱邪斩煞，保命护身。
智慧明净，心神安手，
三魂紧藏，七魄紧跟，
清静自在，与道合真。
吾奉太上老君急急如律令。

[作用]

念了净心神咒之后，可以使心
神安宁平静，心无杂念，清净无为。
这里介绍的神咒是用在书写神符之
前的收心，没有杂念时书符才灵。

[作法]

在书符之前默念此咒，至心神
平静即可。若心仍有杂念，就要再
念，直到心静为止。

图 2-10　演教旗

[编者按]

收心于一处讲得容易，做时则难，所谓心猿意马，怎么能止得住？可是
用念咒的方法来制心于一处，这也是前人修行的一种方法。

37. 净口神咒

[神咒]

丹朱口神，去秽除氛。
舌神正伦，通命养神。
罗手齿神，祛邪卫真。
喉神虎贲，气神引精。
心神丹元，令我通真。
思神练液，道气长存。

吾奉太上老君急急如律令。

[作用]

每每诵咒之前，先念净口神咒，以达到口舌洁净之功效，这样念咒才会灵验。

[作法]

静坐默念三遍，用口水吞下即可。

[编者按]

此咒虽然称为净口神咒，但其内容却提及口、舌、齿、喉、心、思等，因为这些部位都要洁净，口中所念出的神咒才会灵验奏效。

38. 净身神咒

[神咒]

太上老君，护卫身形。
弟子魂魄，五脏和平。
青龙白虎，队仗纷纭。
朱雀玄武，侍卫我真。[①]
吾奉太上老君急急如律令。

注：①青龙白虎，队仗纷纭。朱雀玄武，侍卫我真——身体的左膀右臂，顺畅不乱；前胸后背，护卫道心。意为前后左右秩序井然，顺畅不乱，共同来维护自然无为的道心真性。

[作用]

在书符前念此神咒，可使身体调和稳重，所书之符才灵。

[作法]

静坐默念观想自己的身体清净似琉璃水晶。

[编者按]

通过念咒加观想，持咒人通体明亮。传说长久修持此法，能令人有仙风道骨之体貌。

39. 敕水神咒

[神咒]

此水此水，非凡之水。
水出北方，壬癸之水。
一点在砚中，云雨须臾至。
病者服之，百患消除。
鬼魅见之，粉碎消灭。
吾奉太上老君急急如律令。

[作用]

用此咒化水磨墨，所书之符才灵。

[作法]

过去须用砚池盛水磨墨后才能用笔沾墨书符。在放水入砚时，默念此咒三遍，每念完一遍即对砚中之水吹气一口。

[编者按]

水也要通过过滤净化才算洁净，这个认知对现代人来说是无可非议的，可是在过去，人们对细菌污染不太了解，但是通过神咒对水进行加持，也算是将水净化了。

40. 敕砚神咒

[神咒]

石砚有圆有四方，金木水火土内藏。
风雨雷电齐发动，磨动霹雳电光芒。
瘟疫灾煞皆消退，邪鬼邪神皆消亡。
吾奉太上老君急急如律令。

[作用]

用此咒来对石砚净化，所书之符才灵。

[作法]

对砚池默念，念后对石砚吹气一口，然后将石砚游熏在香火之上。

[编者按]

石砚到今日已经基本不用了，但墨守成规者们仍会拿着墨瓶游熏在香火之上念咒，可见其诚惶诚恐之程度非同一般。

41. 敕笔神咒

[神咒]

笔头尖尖，形如金塔，
直上凌霄，出神入化，
神笔游动，邪魔惧怕，
若有不伏，敕令斩杀。
吾奉太上老君急急如律令。

用此咒来对笔净化，所书之符才灵。

[作法]

将笔熏在香火之上念咒。

[编者按]

传说书符之笔要用狼毫才行。

42. 敕墨神咒

[神咒]

玉帝赐灵墨，灸灸形如柱。
上列大九星，内藏真经赋。
神墨一磨动，霹雳炸纷纷，
鬼妖惊伤胆，精怪消亡形。
吾奉太上老君急急如律令。

[作用]

将墨块化为九星之柱、霹雳之威，那么用此墨所书之符是何等的威力
巨大。

[作法]

边磨墨边念此段神咒。

[编者按]

磨墨念咒既表明一种心态，又寄托一种愿望。

43. 敕纸神咒

[神咒]

玉帝有敕纸神咒,专打邪鬼灭妖魔,
若有强良不服者,斩杀押赴丰都城。
吾奉太上老君急急如律令。

[作用]

用此咒来对纸净化,所书之符才灵。

[作法]

将纸按符式裁好,游熏于香火之上念咒。

[编者按]

书符之纸多用黄色纸,但也有用红色和紫色的,有的甚至用绸布。

44. 下笔神咒

[神咒]

天圆地方,律令九章,
吾今下笔,万鬼伏藏。
吾奉太上老君急急如律令。

[作用]

下笔前和下笔时念此咒,所书之符才灵。

[作法]

对笔尖念咒一遍，然后边写边念一遍。

[编者按]

书符的神笔此时已是一杆枪了。

45. 敕符神咒

[神咒]

奉请画符仙师，敕符先人，
一道化为百道，百道化为千千万万道。
画符一道有准，万道有灵。
人往符下生，鬼往符下灭。
吾奉太上老君急急如律令。

[作用]

书好神符之后，念此咒三遍，以赋予神符灵性，这样才能达到功效。

[作法]

写好符后，拿在左手，右手掐剑诀或执令牌对符面书一"化"字，最后一笔收尾时按逆时针方向绕字画一圆圈至左下，再点上三点。

[编者按]

此为书符过程中的最后一关。

46. 挂符神咒

[神咒]

伏以——
天连地，地连天，十万山河颠倒尖，
倒挂日头倒挂月，乌云遮了半边天。
吾奉太上老君急急如律令。

[作用]

如打扫屋时，要在大门上挂符，念此神咒可加强神符的功效。

[作法]

当一人在门上挂符时，巴代面对神符，用右手掐剑诀或用师刀把对门上边书"斩煞"二字边念神咒。

[编者按]

这是使用神符的方法之一。神符有贴、带、烧、服、钉等多种使用方法，而张挂法是平常使用得最多且最普遍的方法。

47. 钉桃符咒

[神咒]

千句血经，万句本经，
抛落下地，养育群生。
吥啾！

图 2-11　神符印章

[作用]

将在桃木板上书写的神符钉于门前地面，以隔挡从门外地下侵入的煞气，不让其危害户主人眷。

[作法]

先于地面打一孔，看下面土层中是否有岩石。没有的话，将桃木符插于此孔内，助手拿着一根棒槌，巴代在一旁掐祖师诀念咒。当念到"呸啾!"的时候，巴代猛踏一脚，助手用棒槌钉桃符一下。总共要念三次，钉三下，最后一次钉至与地面平齐。

[编者按]

书符从净心、净身到最后的挂符、钉符，前后要进行十一道程序，并非人们想象的画符那么简单。

48. 化堂咒一

［神咒］

师爷——
弟子造下五龙圣水，化下五龙圣水。
一变宗师变我，二变祖师变我，
三变宗本祖师变我。
人不知，鬼不见。
前门变作后门，后门变作前门。
前门槛上千重岭，后门槛上万重山，
万万坡头，隔了江山。
隔山无路，隔水无船。
吾奉太上老君急急如律令。

［作用］

此法语可以变化祖师堂、老君殿、祭祀场地等，不让邪神野鬼看见，以保证仪式平安进行。

［作法］

左手掐叉诀托住圣水碗，右手拿令牌，边念边用令牌在圣水碗口写"冰"字，然后用令牌蘸取碗内之水，边念边对空中写"冰"字。三次即可。

［编者按］

从"冰"字上看，似乎要冻住一切。古人也懂得冰冻的作用。三次冰冻是否可以理解为冰冻三尺呢？

49. 化堂咒二

[神咒]

师爷——
东方造起平洋大海，南方造起绿洋大海，
西方造起平洋大海，北方造起绿洋大海，
中央造起五湖四海。
波浪登天，波浪登地。
四方屋下，化为水绕栏堂，铁牛万只。
风吹不动，雨打不行，火烧不燃。
吾奉太上老君急急如律令。

[作用]

同第 48 节。

[作法]

左手掐叉诀托住圣水碗，右手拿令牌，边念边用令牌在圣水碗口写"洴"字。然后用令牌蘸取碗内之水，边念边对空中写"洴"字，一共三次即可。

[编者按]

"井"字本来是没有三点水的，前人设想加了三点水之后，这井里的水不是溢出而是涌出的，其气势更大。

50. 化堂咒三

[神咒]

天地玄宗，万炁本根。
双手挽诀，证吾神通。
三殿内外，惟听吾令。
视之不见，听的不闻。
包罗天地，养育臣身。
所有动作，金光护身。
内有霹雳，雷神隐名。
洞会交彻，霞护吾身。
吾奉太上老君急急如律令。

[作用]

同第 48 节。

[作法]

左手掐叉诀托住圣水碗，右手拿令牌，边念边用令牌在圣水碗口写"溏"字。然后用令牌蘸取碗内之水，边念边对空中写"溏"字，一共三次即可。

[编者按]

此段神咒可能是从道教的"金光咒"演化而来。这种演化有三种情况：其一，抄写传承中的笔误，其中不仅把字抄错，而且语句的顺序也搞乱了。其二，是传教师父教错了，在从前的时代，苗区识字有文化的人实在是少之又少，在传教时只是口授，根本不知其字形字意，甚至于连字都念走音了，以至于后来笔录时以讹传讹，造成颠三倒四、牵强附会。其三，有意搞错，由于某些缘故，其师父有意颠倒错传，以至于学习者不得真谛。

为了便于比对，现将道教的《金光咒》摘录于下：
天地玄宗，万炁本根。

广修亿劫，证吾神通。
三界内外，惟道独尊。
体有金光，覆映吾身。
视之不见，听之不闻。
包罗天地，养育群生。
诵持万遍，身有光明。
三界侍卫，五帝司迎。
万神朝礼，役使雷霆。
鬼妖丧胆，精怪亡形。
内有霹雳，雷神隐名。
洞慧交彻，五炁腾腾。
金光速现，覆护真人。

51. 变化咒

[神咒]

师爷——
远看青山陡岭，近看人马纷纷。
内有千兵万将，外看此处沉沉。
人看英雄倒，虎见蜕皮，鹊鸟一见褪毛衣。
吾奉太上老君急急如律令。

[作用]

在大型法会中用来变化祖师堂、老君殿等祭祀场所，使仪式能顺畅无阻地进行，保证众人平安吉利。

[作法]

左手掐叉诀托住圣水碗，右手拿令牌，边念边用令牌在圣水碗口写"变"字。然后用令牌蘸取碗内之水，边念边对空中写"变"字，一共三次即可。

只要行法者心口如一，心无杂念，一心专注于神咒所暗示的内容，就一定能够得偿所愿。这就是所谓的以心转物。

52. 上刀梯压邪咒

[神咒]

> 一管天师，盘出凡九郎，
> 波浪天地盖，万事不敢当。
> 鲁班仙师一到，一正压千邪。
> 定一脚，吼一声，邪神邪鬼走纷纷。
> 吾奉太上老君急急如律令。

[作用]

请木匠制作刀梯柱时，先要烧香纸请鲁班仙师。念此咒语，可镇压邪鬼邪神不敢前来刀梯场内破坏捣乱。

[作法]

念到"定一脚"时，要用力地猛踏一脚，再右手掐剑诀或用令牌蘸取圣水，对刀梯柱书写"紫微符"（雨渐耳）。

[编者按]

上刀梯是一场多人参与并有高风险的仪式活动。如果巴代的保安措施不到位，则会出乱子。

53. 封堂咒一

[神咒]

　　师爷——
　　启教坛前，化角为号，化号为旗。
　　犬不许叫，鸡不许啼。
　　风不许吹，雨不许淋。
　　树木不许乱动，
　　百草不许抬头。
　　祖师在坛头封营，
　　本师在坛尾速整。
　　天无忌，地无忌，
　　阴无忌，阳无忌，
　　年无忌，月无忌，
　　日无忌，时无忌，
　　百无禁忌，大吉大利！
　　吾奉太上老君急急如律令。

[作用]

　　用于大型法会的启建、出旗、穿街、立营时的神咒之一，可保证仪式全过程平安无事。

图2-12　刀梯柱

[作法]

　　左手掐祖师诀于胸前，以右手掌竖于前方，每当念到"犬不许叫，鸡不许啼"时，都要用右手掌在左手上压一下，表示镇压住了。

[编者按]

　　湘西地处深山老林，环境险恶，每当人多、场面大时要注意不起恶风险浪，因此巴代会试图用诀咒封住坛场。这种一厢情愿的做法也确实能让众人将心放下。

54. 封堂咒二

[神咒]

> 师爷——
> 两边摆动，三通鸣锣战鼓，
> 起乐歌唱，一教倾声。
> 一点乾坤泰，皆表日月长，
> 波浪天地盖，万事不敢挡。
> 吾奉太上老君急急如律令。

图2-13　法鼓

[作用]

在打锣鼓之前，先要念诵此咒，以保护在场众人的吉利平安。

[作法]

边念边用鼓槌在鼓面上书一"倒叉符"，即倒写一个"叉"字，再在其交叉处横写一笔，最后于其尾叉处点上一点。

[编者按]

"倒叉符"又称为"倒乂符"，先倒写"叉"或"乂"字，再加上一横一点或两点即可。如是"叉"字则只加一点，如是"乂"字则要加两点。

55. 穿法衣咒

[神咒]

师爷——
弟子头戴金冠银帽，化为金盔银盔。
身穿红衣法袍，化为金甲银甲。
衣帽整齐，威仪堂堂。
上表天庭，下镇邪魔，
一帆风顺，大吉大利。
吾奉太上老君急急如律令。

[作用]

念此咒语，可将法衣法冠神化为盔甲，统领阴兵阴将，作法才灵。

[作法]

先把三炷香点燃，以右手持香火，左手拿衣冠，边念边用香火在衣冠上写"金盔银甲"四字，然后再书写"紫微神符"一道压于其上。

[编者按]

将冠扎红衣化为战袍盔甲，为物化形态的方式之一。

56. 化旗穿街咒

[神咒]

师爷——
弟子闭眼诚心，想梦来临。

抬眼看青天，师父在当面。

转眼观身后，师父在左右。

团住千兵，拢住万将。

弟子起手成法成诀，动脚成罡成步。

坛上统兵元帅，坛下雄兵猛将。

有粮要发军粮，有料要发马料。

发送带兵大爷，发送带马大将。

军粮马料要发足，统兵旗号要打上。

圣水藏身百变灵，发旗发号要出营。

雄兵猛将听号令，千兵万马看旗行。

吾奉太上老君急急如律令。

[作用]

穿街途中或上刀梯时，帅旗代表着巴代法坛的阴兵阴将，发粮发料之后，出旗就是出兵了。此神咒象征兵精粮足。此咒可武装巴代的头脑，使其全神贯注地投入所扮演的角色。

[作法]

当念到"发粮""发料"的时候，巴代要从神坛上的香米碗中抓出一把米来，反手撒向背后或门外，同时要用香火在旗头上书写"紫微符"一道，然后再踩着九州发旗出门。

[编者按]

咒语从心生，自口出，心口如一，这样物化神境的效果将会更好。

57. 出门立营咒

[神咒]

师爷——
弟子烧起五分真香，众位师父人等，

与吾弟子立营隔邪，藏身护己，护身保命。
东方立了青元将军，青元将军守东营，
将军收邪神不明。
铜隔铁隔，阴隔阳隔，
前隔后隔，左隔右隔。
隔去邪神邪鬼，邪师邪教，邪诀邪法。
一隔一千里，二隔两千里，
三隔三万八千八百九十里。
隔起隔去邪神邪鬼，邪师邪教，
邪诀邪法远远退位。
吾奉太上老君急急如律令。

[作用]

立营是巴代带兵马出去穿街途中的保卫措施之一。整个过程要分五处扎营，称为五营四哨，一直到街场为止。立营之目的是保证沿途平安。

图2-14　黄色帅旗

[作法]

此段神咒要分五次来念，第一次为东营青将军，第二次为南营赤将军，第三次为西营白将军，第四次为北营黑将军，第五次为中营黄将军。每到一营(处)，香蜡师摆下筛盘后于地面上烧纸奠酒，巴代头师将祖师棍插于地面上，用诀念咒立营隔邪。念到"隔"字时，要左手掐祖师诀，右手用隔诀向外推去以示隔邪。

[编者按]

演教强调的是形象。通过这种神秘的做法，才能让人们在脑海中有真实、立体的感受。

58. 隔七十二庙神咒

[神咒]

师爷——
弟子烧起五分真香，
奉请前传后教，众位宗本祖师：
龙法顺、龙法灵、龙法停、石法高、石法旺，
传度祖师石法高、石法顺、石法旺、石法高。
奉请天师压邪，天上二十八宿，
隔去七十二庙，庙庙神祇。
奉请画符压邪仙师，神符压邪仙人。
不画不成，画了就成。
不书不灵，书了就灵。
阴符一道准万道，万道神符万道灵。
画符成符，画龙成龙，画虎成虎。
神符隔去七十二庙，人看不知，鬼看不见。
一道化为百道，百道化为千千万万道。
吾奉太上老君急急如律令。

[作用]

所谓七十二庙，指盘踞在各个山头的各种山神野鬼，这些并非守山之神，而是古往今来栖居于山野的各种鬼神。传说这些鬼神共有七十二种之多。每种鬼神所居的洞穴或殿堂统称为庙，七十二种鬼神便有七十二庙。这些鬼神盘踞在荒山野岭，巴代教一概将其称为外神。这七十二种鬼神既有利人的一面，又有害人的一面。在上刀梯时，由于是在野外场地举行的仪式，因而需要用诀法

图 2-15　宗师像

咒语隔挡它们，不让其前来破坏捣乱。

[作法]

念咒作隔时，当左手掐祖师诀，右手用隔诀一推一压做隔邪之状。

[编者按]

客师巴代扎以三十六堂为正神、内神、家神，以七十二庙为外神、山神、客神以及众鬼，因此有"三十六堂神、七十二庙鬼"之说法，为多神教。

59. 安老君殿神咒一

[神咒]

师爷——
立天平金柱，立金瓦银盖，变化龙堂神不明。
立长台银凳，立官府神案。
立老君大堂，安玉皇大殿。
立三元将军，安四员枷栲。
三桥王母，三清大道。
金童玉女，大小侍卫。
宗本祖师，历代师尊。
立茶房酒店，龙凤楼阁宝殿。
老君安坐正位，仙班众列两旁。
上排上座，下排下座。
排方正坐，正排正坐。
吾奉太上老君急急如律令。

[作用]

用此咒将老君殿神化起来，从物到神都给安排座位，并赋以灵气。

[作法]

念到相关神咒时，要用相关诀法配合才行，诸如：

"立天平金柱，立金瓦银盖"用床诀、宝盖诀。

"立长台银凳，立官府神案"用椅凳诀、神案诀。

"立老君大堂，安玉皇大殿"用堂殿诀。

"立三元将军，安四员枷栲"用将军枷栲诀。

"三桥王母，三清大道"用王母诀、大道诀。

"金童玉女，大小侍卫"用金童玉女成双诀。

"宗本祖师，历代师尊"用十二宫祖师诀等。

[编者按]

老君殿是上刀梯仪式的核心部位，因而要强化安全措施才能保证平安无事。

60. 安老君殿神咒二

[神咒]

师爷——

天地自然，秽气分散。

洞内玄虚，晃朗太元。

祖师神咒，元始玉文。

吾诵一遍，祛病延年。

八方威灵，灵宝符命。

普告九天，乾罗达那。

八海知闻。敕令：

角亢氐房心尾箕，斗牛女虚危室壁，

奎娄胃昴毕觜参，井鬼柳星张翼轸。

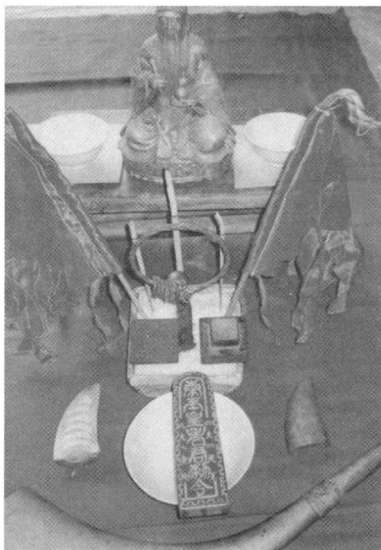

图 2-16　老君供

与吾弟子隔邪神，人来不见鬼不明。
吾奉太上老君急急如律令。
上排上座，下排下座。
排方正坐，正排正坐。

[作用]

在用神咒诀法安立老君殿之后，还要用此段神咒把殿内的秽气荡除打扫干净，同时请来天上二十八星宿照现，这样才能放心落肠。

[作法]

念此段神咒的时候，用令牌蘸取净水后，巴代法师以顺时针方向慢慢地转身，将水洒向四面八方。最后对正堂作揖行礼。

[编者按]

此段神咒如同第50节"化堂咒三"之"金光神咒"一样，也是从道教移植过来的"净天地神咒"，俗称"解秽咒"。我们也将此神咒摘录于下，以供对照参考，看是否能够从中窥探到演变过程中的某些痕迹。
天地自然，秽气分散。洞中玄虚，晃朗太元。
八方威神，使我自然。灵宝符命，普告九天。
乾罗达那，洞罡太玄。斩妖缚邪，杀鬼万千。
中山神咒，元始玉文。持诵一遍，祛病延年。
按行五岳，八海知闻。魔王束手，侍卫我轩。
凶秽消散，道炁长存。

61. 穿街咒

[神咒]

师爷——
弟子在中门首，念咒施诀。
一念百准，一用百灵。

放大金刀，放小金刀，放第三金刀。

放黄弓大弩，将军大炮。

挡住飞天龙，飞地龙。①

别神不许现面，外鬼不准进堂。

七千雄兵，八万猛将急急如律令。

注：①飞天龙，飞地龙——彩虹。传统观念认为，飞天龙、飞地龙是恶龙，这些凶神恶煞往往会借彩虹现身来吃人魂魄，与传说中的"加嘎加狞"（食人魔）相似。因此，在上刀梯时如果天空中出现彩虹，往往会被认为是妖魔出现了。

[作用]

此神咒可保穿街途中的安全。

[作法]

当巴代队伍于街场内穿街的时候，在老君殿内的坐坛师父要站在殿前，边念神咒边做出相应的诀法来配合。

[编者按]

上刀梯仪式一般要三批人共同完成，即一批人要在祖师坛值坛行法，称为掌坛师；一批人要在老君殿坐坛，称为坐坛师；一批人专门穿街并上刀梯，称为行坛师。

62. 倒地变身咒

[神咒]

弟子闭眼诚心，想梦来临。

抬眼看青天，观请师父降临来。

来到堂中来拥护，藏身变己来加持。

与我弟子藏身变己，一用百灵。

化变我身，变化我身，我身变作水牛下海去藏身。
化变我身，变化我身，我身变作黄龙下海去藏身。
变作南蛇去下山，南蛇进土去藏身。
人看不知，鬼看不明。
增福延寿，长命富贵。
吾奉太上老君急急如律令。

[作用]

巴代在穿街的时候是不能跌倒的。如果在穿街时不小心跌倒了，会被认为是将要死亡的凶兆。若不慎倒地，要马上念此咒语，即可保平安。

图2-17 神轴

[作法]

自己会念则自己念，若自己不会念则要到老君殿请坐坛师帮念。手持三炷燃香，由师父带着念三遍，作揖后将香插于老君殿的香炉上即可。

[编者按]

倒地、念咒语，是举行仪式时出现问题的一种补救方式。

63. 普唵咒

[神咒]

普唵①祖师大神通，九宫大卦在当中。
不怕恶神并恶鬼，老君到此永无踪。
急急南斗七星，北斗七星，
人清理不清，斩草不留根。
吾奉太上老君急急如律令。

注：①普唵——有的坛班作"普愿"，其为佛教的历代传人之一。

[作用]

若在穿街途中或上刀梯时出现了一些不正常的现象，如凶兆怪异，念此神咒则可解除，保护吉利平安。

[作法]

左手掐祖师诀，右手先掐剑诀，后掐隔诀和压诀对出现怪异的方向念咒施法。

[编者按]

普唵祖师本是佛教之先师，可在这里却与太上老君混为一谈。这就是客师巴代扎将本土文化与外来文化有机结合的一种体现。

64. 斩魔咒

[神咒]

八轮八大八金刚，四轮四大四天王。
铜魔王，铁魔王，斩鬼大将斩魔王。
有风不许吹，有浪不准起，
风平浪要静，万事都吉利。
吾奉太上老君急急如律令。

[作用]

同第63节。若在穿街、上刀梯或度亡师打先锋等野外施法时出现了一些不正常的现象，如凶兆怪异，念此神咒即可解除，保护吉利平安。

[作法]

左手掐祖师诀，右手掐剑诀对出现怪异的方向念咒斩杀。

[编者按]

湘西地处山区，环境凶险恶劣，先民们曾多次受到山鬼（怪异现象）的侵扰。我们可以从这些咒语的产生及运用的过程中，窥探到在科技不发达、卫生条件落后、文化水平低下的时代，苗族的生存发展是极为困难的。

65. 用鸡压煞咒

[神咒]

伏以此鸡，形如彩凤，冠似丹珠。
叫得三千玄应，啼则万里皆明。

在人间名为五德，在吾手化为灵凤。
别人拿来无用处，弟子拿来压煞鸡。
一压东方甲乙木，邪神邪鬼尽消除；
二压南方丙丁火，邪神邪鬼一齐躲；
三压西方庚辛金，邪神邪鬼一齐奔；
四压北方壬癸水，邪神邪鬼远远退；
五压中央戊己土，凶神恶煞尽消除；
六压天煞、地煞、年煞、月煞、
日煞、时煞，一百零八煞，
天煞归天，地煞归地。
鸡血落地，凶神恶煞远远退位，
鸡血落来，凶神恶煞远远退开。
吾奉太上老君急急如律令。

[作用]

上刀梯前，如果不用鸡毛鸡血压煞，恐上刀梯的时候会被割伤脚板，或者风吹柱摇、扯断拉线，出现更大的危险。如果出现差错，都会被认为是凶神恶煞在暗中捣乱的结果。因此，在上刀梯时，先要用雄鸡一只，于刀梯柱下，烧香纸叩师念咒，掐破鸡冠，放出鸡血，涂在刀梯柱上。然后扯下几片鸡毛沾在所涂之血上，这种做法叫作防煞。巴代法师认为这样做之后，凶神恶煞就不敢拢边了。

[作法]

先烧香纸，叩师念咒，掐破鸡冠，放出鸡血，涂在刀梯柱上。然后扯下几片鸡毛粘贴在所涂之血上。共念咒三遍，涂鸡血、贴鸡毛三处才行。

[编者按]

防煞的咒语，各个坛班大同小异，但作法都大体一致。当然，防煞神咒不光是在上刀梯时使用，在起工架马、破土开山、打扫屋、赶猖鬼等仪式中皆要使用，而神咒也有些差异。关于煞气，可以理解为不良因素、错误原因或恶劣条件等。从心理学的角度来说，防煞就是防止这些不好的因素、条件等的发生以及不受其侵扰。

66. 上刀梯神咒

[神咒]

弟子抬眼看青天，师父在身边。

弟子诚心观身后，师父在左右。

宗师祖师，本师仁师，

在我弟子身前身后，身左身右。

太上老君，随前于后，随左于右。

弟子起手成法成诀，动脚成罡成步。

用法得准，用诀得灵。

百做百顺，百用百灵。

弟子脚踏云梯，阳魂速下，阴魂速上。

吾奉太上老君急急如律令，

百无禁忌，大吉大利。

图2-18　刀头供粑

[作用]

在要上刀梯时，先要用桃叶热水洗净双脚，然后于刀梯柱前念此神咒，为的是能够平安地上去，平安地下来。除了不要割伤脚板之外，还不要失魂落魄。把阳魂先退下留在凡间，只带阴魂（法性、法体、法身）上去。传说刀梯顶象征着天界，如果不先把阳魂退下，带上去恐怕回不来，从而导致灾难。

[作法]

念咒时，左手要掐祖师诀，抬眼看刀梯顶，再低头看刀梯脚。念到"阳魂速下"时用双手于胸前做往下抹之状，再将双手抱于胸前。

[编者按]

有的人认为上刀梯是一种气功或杂技，实际上，上刀梯既不是气功，也不是杂技，而是一种心法的作用。关于一切由心造的原理，非常人能揣摩得透的。

67．土地神咒一

[神咒]

元始安镇，普告万灵。
岳渎真官，土地祇灵。
左社右稷，不得妄惊。
回向正道，内外澄清。
各安方位，备守坛庭。
太上有命，搜捕邪精。
护法神王，保卫诵经。
皈依大道，元亨利贞。急急如律令。

[作用]

土地是法坛巴代的护法神、使役神之一。在上刀梯的时候，念土地神咒，可把土地神招来护法，以安镇各方，护卫平安。

[作法]

在祖师坛、老君殿内都要念此神咒以招集护法。

[编者按]

传说土地神有天门土地、城隍土地、当坊土地、田园土地、桥梁土地、铁山土地、岩山土地、傩堂土地、神坛土地九种土地神，各土地神所管的地区和事务皆不同。此段神咒所说的土地是指城隍土地、当坊土地、神坛土地这三种土地神。

图 2-19　角、鞭、牌

68. 土地神咒二

[神咒]

神坛土地，神之最灵。
招之即到，请之即临。
上天下地，出幽入冥。
传奏文疏，不得留停。

有功之日，名书上请。

奉书上马，即刻飞奔。急急如律令。

[作用]

招土地之目的有二：其一，作为法坛巴代的护法神，护卫在神坛左右。其二，作为法坛巴代仪式的使役神，如传文使者，专门去天、地、水、阳这三界四地的各神圣府第传递文疏表章，因此传文使者又被称为功曹神，与当今的邮递员相似。在发文疏、发功曹的时候，要诵此咒，烧了疏文之后，才有使者前来帮去传送。

[作法]

右手拿香盘文疏，左手掐祖师诀，念此神咒。念完之后，踏着北斗罡步，把疏文送出门外烧化即可。

[编者按]

传文使者共有四类，即天界功曹、地界功曹、水界功曹、阳界功曹。天界功曹专门负责投递天府如玉皇天师之类诸神的宫殿文书；地界功曹专门负责投递地府如十殿阎王之类诸神的宫殿文书；水界功曹专门负责投递水府如四海龙王之类诸神的宫殿文书；阳界功曹专门负责投递阳府如各大山头宫观寺庙庵堂祠殿之类诸神的宫殿文书。这些皆由本境之内的九大土地神来担当责任。

69. 出门吹角封山咒

[神咒]

师爷——
弟子出门吹角，不请何神，不叫何鬼。
吹报宗本祖师、祖本仁师，
前传后教，历代祖师。
跟前跟后，跟左跟右。

弟子在这要封山岭土地，山林洞主。

鸡不要啼，犬不要叫，

有风不许乱吹，有雨不准乱淋，

风吹树木莫动，百草不准抬头。

是事不许动作，风平浪静。

吾奉太上老君急急如律令。

[作用]

凡是行锣动鼓、出旗发兵、出门去办大事，如穿街、上刀梯或度亡师打先锋等，出门时，先要以右脚踏在门槛上吹角三声，念此神咒，以报祖师神等在暗中护佑，保住队伍沿途平安。

[作法]

右脚踏在门槛上，鸣"老君角"三声，将牛角尖插于背后之领口内，然后左手掐祖师诀，右手先掐封锁诀后掐隔诀和压诀，念咒配合诀法。毕后再鸣"玉皇角"三声，走出门槛。

[编者按]

出门时所念的神咒还有好几种，这里的封山咒只是其中之一，其他神咒我们将在后面介绍。

70. 上刀梯掌祚神咒

[神咒]

师爷——

青白登仙，碗马四走。①

脚手化马，化为铜板铁板，上登云车。

弟子在中门首，烧起五分真香。

奉请——

前传后教诸位祖师：

张法先、张法正、张法清、
龙法能、龙法远、施法全、
石法灵、石法明、石法高、
石法旺、石法高、五雷祖师。
奉请——
天上二十八仙，七十二仙。
神符仙师，画符仙人。
一道化为百道，百道化为千千万万道。
化龙成龙，化虎成虎。
在场人等，千人万众，
人人清吉，个个平安。
吾奉太上老君急急如律令。

注：①青白登仙，碗马四走——有的坛班为黄旗或红旗，得看这上刀梯的帅旗的颜色而定。碗马，指神马，在举行"坐兵场"仪式时是用四个碗来当马蹄的。又，有的坛班将"碗马四走"读作"銮马驷走"。

[作用]

上刀梯本来就是一件十分冒险的事情，稍有不慎就会出大事。念此神咒为的是保住所有人员的安全。

[作法]

徒弟在上刀梯的时候，掌祚师父要在老君殿内不断地焚香烧纸，边念此神咒边手对着上刀梯的巴代放诀，边念边放，还要摇动五猖旗不断地为其鼓气。

[编者按]

这是巴代的内坛法事。举行重大法事的时候要内外配合来做，并非什么气功杂技功夫。

71. 老君殿防煞咒

[神咒]

师爷——

此鸡此鸡，非凡之鸡，王母娘娘抱此鸡。

生得脚长身大，头高尾低。

脚踏五喊[①]，头戴龙凤冠，身穿五色衣。

别人拿来无用处，弟子拿来挡凶鸡。

挡去邪师邪教，邪诀邪法远远退位。

挡去天煞、地煞、年煞、月煞、

日煞、时煞，一百零八煞。

天煞挡去归天，地煞挡去归地。

鸡血鸡毛落地，凶神恶煞远远退位。

鸡血鸡毛落来，凶神恶煞远远退开。

吾奉太上老君急急如律令。

注：①五喊——五次啼鸣之意，即一啼半夜、二啼天明、三啼中午、四啼日落、五啼报火盗，此五啼的俗语为"头更啼报火（防火灾），二更啼报贼（防盗）"，简称为"头更火二更贼"，皆指鸡若鸣叫过早，便是报火报盗的凶兆。

[作用]

用鸡在老君殿防煞，为的是保住整个场地的平安，因为老君殿是整个刀梯场的核心部位。

[作法]

先在老君殿的四根柱子脚处各烧一沓纸钱，并插上三炷香。然后于殿前焚香烧纸，念咒后掐破鸡冠，放出鸡血，涂在老君殿的四根柱子上，贴上鸡毛，又涂些鸡血在纸钱上于殿前烧化，扯些鸡毛合烧，使其烟雾弥漫开来。最后抓些香米，撒向四方。

雄鸡的血和毛怎么会有这样大的威力，能够降魔除妖呢？这个问题值得考察论证。

72. 老君殿收祚咒

[神咒]

师爷——
弟子变作五百蛮雷，变作五百黄斑饿虎。
收起弟子三十六名，千人万客，千名百位。
人人正魂本命，个个三魂七魄，
一份藏上去，二份九州藏，三份跳下五龙圣水。
圣水碗上，立化龙船一只。
弟子人等，一魂二魂，三魂七魄，七魄三魂，
藏在龙船一只。
人看不知，鬼看不见。
人看只见汪汪水，鬼看不见有龙船。
弟子要翻龙船一只，花船一帆，
人不见，鬼不见，八面山头也不见。
人汪汪，鬼汪汪，庙庙神祇也汪汪。
人不清，鬼不清，八面山头也不清。
人看不见，鬼看不明。
吾奉太上老君急急如律令。

[作用]

老君殿收祚是指师父坐在老君殿内所做的藏身法事。只有老君殿的内坛法事做得好，才能有效保证整个场地不会出现差错。

先掐莲华诀顺收，收起弟子魂魄，双手覆盖在圣水碗上。接着掐龙船诀于其上，又掐反龙船诀加在上面。最后掐宝盖诀盖上。

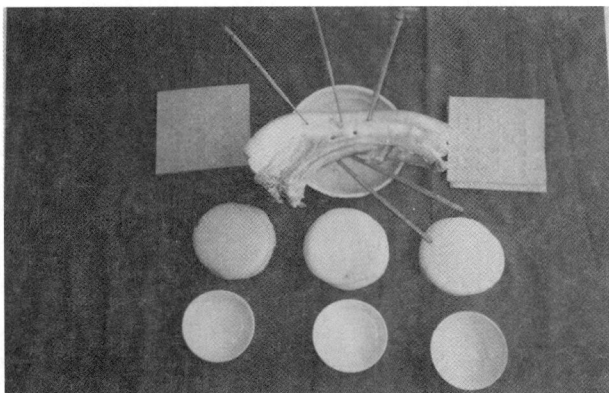

图2-20　刀头酒礼

[编者按]

藏身诀是巴代最基本的保障举措，共有三十六道（种）之多，可见苗族自涿鹿一战之后，便开始进入了漫长的大迁徙、大逃亡的历史时期。从巴代诸多的所谓藏身诀中，便可窥探到其民族的逃亡、躲藏的背景状况。

73. 老君殿立堂咒

[神咒]

师父——
东方天盖地盖，风盖雨盖，山盖水盖，
人看不知，鬼看不见。
东方交风交雨，南方交山交水，

西方交风交雨，北方交山交水，
中央交风交雨，五方堂殿交山交水。
东方幕天幕地，幕风幕雨，幕山幕水。
化为城墙铁界，铸为铜墙铁壁。
立了城墙铁界，筑了铜墙铁壁。
高山不通苍鹰老鸦，地下不通野猫野狗。
阴笤下地，吾奉太上老君急急如律令。[①]

注：①五个方位都要如此，其他各方只需换方位词和面朝该方即可。

[作用]

在老君殿念此神咒，掐相应的诀法，把整个刀梯场地盖得严严实实，山神野鬼、邪师邪教无法看到，便拢不了边，如此才能保住安全。

[作法]

念到东方时面朝右上方，南方朝右下方，西方朝左下方，北方朝左上方，中央则对正堂就行了。掐盖诀、交诀、幕诀、城墙诀，并用笤子一副。打笤时不用抛打，而是直接将其扑于地面即可。

[编者按]

传说山神野鬼、邪师邪教如果要来捣乱刀梯场地，其先要打开阴眼观察，如果看清楚了场内的设施和景象，它们才敢用邪法邪诀兴风作浪进行破坏捣乱；如果看不清楚，它们就无从下手。这种捣乱破坏又叫作斗法。

74. 老君殿安八卦咒

[神咒]

伏以——
乾宫千千将，兑宫发雄兵。
坎宫涌波浪，离宫烟火临。

震宫雷霹邪，巽宫起风云。

艮宫塞鬼路，坤宫养万民。

吾居中宫内，诸将护我身。

天不见，地不见，

人不见，鬼不见，

庙庙神祇都不见。

吾奉太上老君、八卦老祖急急如律令。

[作用]

以八卦八宫来护卫老君殿的安全，以保整个刀梯场地的平安吉利。

[作法]

边念神咒边掐八卦宫诀，脚踏罡步，并旋转身体朝向相应之方位。

[编者按]

八卦宫诀又叫八卦阵图，具体表现为由八卦符号（卦爻）和其在手掌中的宫位以及其在地面上的方位三者共同配合来施行，即脚踏该方，左手掐该宫位，右手用剑诀来画其卦爻符号。前人想用高深莫测的易学来强化场地的护卫，这也是苗汉文化有机整合的一种体现。现将其在左掌中的宫位图以收方位简单地介绍一下。

（南方）—中指上节

离

食指上节—（东南）巽 坤（西南）—无名指上节

食指中节—（东方）震 兑（西方）—无名指中节

食指下节—（东北）艮 乾（西北）—无名指下节

坎

（北方）—中指下节

其卦爻符号口诀和画法为：

乾三连（三横）。

坤六断(三横中间断)。

震仰盂(下一横,上两横断)。

艮伏碗(上一横,下两横断)。

离中稀(上下两横,中间一横断)。

坎中满(中间一横,上下两横断)。

兑上缺(上面一横断,下面两横)。

巽下断(上面两横,下面一横断)。

75. 穿街送亡师咒

[神咒]

天圆地四方,律令有九章。

念动神咒章,万鬼皆伏藏。

弟子旗上一朵云,人看不见鬼不明。

奉送亡师登仙界,入列仙班伴老君。[①]

吾奉太上老君急急如律令。

注:①伴——有的坛班作"拜",即礼拜太上老君。

[作用]

巴代过世时,有上刀梯来送其升天
的做法。在穿街时,念此神咒,以护送
巴代魂魄顺利地进入太上老君堂殿,入
列仙班。

[作法]

边念咒语边掐牛角诀撑在旗杆上,
上下反复三次,再于帅旗四角用左手掐
剑诀画"紫微符"即可。

图 2-21　师刀、牌、筶

　　已搜集的此类神咒共有三种念法,上述为第一种,第二种是"天圆地方,罗令九章。无事成章,外鬼何藏。弟子旗上一朵云,人看不见鬼不明"。第三种是"天圆地方,如律九章。我师我师,万里伏藏。弟子旗上一朵云,人看不见鬼不明。"意思是今天众多巴代都在,是否其中夹有邪师用法害人,祖师们要提防,化作帅旗上面的一朵云,不要现身,以防不测。

76. 回身咒一

[神咒]

　　秋门神,秋门神,秋门三步转三身。
　　回到法堂宝殿神,法堂宝殿镇乾坤。
　　回到长江水,转到海流井。
　　收起弟子正魂本命三魂七魄,飞身回身。
　　吾奉太上老君急急如律令。

[作用]

　　在野外进行的大型法会中,若有邪师(巫术)作弄,暗中袭营,山神野鬼便会趁机而入、破坏捣乱,如狂风大作,飞沙走石,或云雾中现鬼像,有口有齿、有鼻有眼的,张开血盆大口,张牙舞爪扑向人群。此时巴代法师就要先念此回身咒,使自己的魂魄先飞回家中的法堂宝殿保护起来,然后再念镇鬼压邪的神咒与其打斗。这回身咒就是有力的防护措施之一。念过咒语之后,心中才有底气,不会因惊吓而失魂落魄,不会招来灾祸。

[作法]

　　背朝风口,掐祖师诀,边念边顺收莲华诀藏于两边腋下即可。

[编者按]

　　山中云雾成形、起龙卷风或狂风大作,本是自然现象之一,无可惧怕,但在祭祀的前提下，人们容易将其与鬼神联想起来，加上处于深山老林、悬崖峭壁或阴森岩洞，更会加重恐惧感，被吓倒也是常事。但如今，湘西境内的一些山恶水险之地变成了旅游区，而当人们的意识观念转变了，其心态自然也就不同，没有恐惧感了。

77. 回身咒二

[神咒]

有宝无处相，养儿到蛮堂。
有出身，无出身，
跟弦一根线一根，跟弦一根转回身。
回到法堂宝殿神，法堂宝殿镇乾坤。
回到长江水，转到海流井。
收起弟子正魂本命三魂七魄，飞身回身。
平安大吉利，寿延洪福生。
吾奉太上老君急急如律令。

[作用]

同第 76 节。

[作法]

同第 76 节。

[编者按]

口念吉祥语，便生安全心。这是稳住自我情绪的做法之一。

78. 回身咒三

[神咒]

弟子变做老鸦鹰，鹰身飞天飞地转回身。
飞云飞雾转回身，飞风飞雨转回身。
回到法堂宝殿神，法堂宝殿镇乾坤。
回到长江水，转到海流井。
三十六道正法，七十二道真诀，
收起弟子正魂本命、三魂七魄，
借起金木水火土，五行遁法转回身。
急速急速，飞身回身。
吾奉太上老君急急如律令。

[作用]

同第 76 节。

[作法]

边念神咒边沿顺时针方向转身，念三次，转三圈，最后掐莲华诀藏身于两边腋下。

[编者按]

苗家人认为，事不过三，凡事以三为圆满之数。如果场地凶象不大，则可飞身一两次即可。如果来势凶猛且持久，则要飞身三次才行。

79. 封风口神咒

[神咒]

天来堂，地来起，^①
天来起，地来封。
奉请封气仙女仙娘，跟我弟子塞风挡浪。
东方立起一大岩山，竖起一大岩墙。
不许狂风来打，不准恶雨来淋。
东方安起青鹅将军，青鹅将军守东营。
吞去风来不准起，恶浪来不许临。
树木不要动，百草不许摇。
吾奉太上老君急急如律令。

（五方都如此）

注：①此句本为"天来挡，地来隔"，可能在传抄时发生笔误或在传授时出现口误。

[作用]

隔挡狂风、恶风。

图 2-22 老君坐像

[作法]

用"塞门诀"，以左手握空拳在上，以右手板挡住后面的口子，对准风口施法。

[编者按]

狂风威力大，若是龙卷风则威力更大。

80. 塞风咒

[神咒]

借起太上老君天隔地隔，阴隔阳隔，
风隔雨隔，山隔水隔，铜隔铁隔，
金隔木隔，火隔土隔。
隔去恶风乱吹，恶浪乱打。
隔去凶神恶煞，魑魅魍魉。
风大塞风，雨大塞雨，
塞风不许乱吹，塞雨不许乱淋。
塞浪不许来起，塞挡不许乱动。
隔在一边河，塞在一边海。
把山为界，以水为凭。
远看太太平洋，近看黄土神墙。
速退速退，风退雨退。
速静速静，风平浪静。
吾奉太上老君急急如律令。

[作用]

用此神咒挡塞恶风。

[作法]

先掐祖师诀念咒，接着在胸前竖起两手掌，对准风口作推出状，边念神
咒边推。

[编者按]

此咒又称为"五行隔挡咒"，以手之五指象征五行，即金、木、水、火、
土。细考起来，火恐怕是不能隔风的，不知前人是如何考虑这个问题的。

81. 吞风咒

[神咒]

师爷——
弟子请用吞鬼诀、撺鬼诀，
吞了万代的宗诀①。吞了鬼神不许入门。
吞去前门前代伤亡，后门后代伤亡，
滚坡滚岭伤亡，滚岩滚坎伤亡。
早来倒在枪头，夜来死在枪尾。
本音门下，外音门下，连亲门下，
五音七姓②男女伤亡。
吞去十方门下，唉在大吞口中。
风来不许吹，雨来不许淋。
犬来不许叫，鸡来不许啼。
是事不许动作。
吾奉太上老君急急如律令敕。

注：①万代的宗诀——宗师留
下的总诀。
②五音七姓——五种姓、七种
姓，在本地苗区指吴、龙、廖、石、
麻五姓，再加施、梁共是七姓。指
此七姓中的那些因伤而亡的人。

[作用]

隔挡因有人伤亡而起的恶风。

[作法]

掐吞鬼诀，对着风头或者门外

图 2-23 伏魔

念此咒。若是在打扫屋、打扫丧堂时，以诀咒朝向门外使用即可。

[编者按]

本地传统观念，伤亡鬼爱起风，意思为凡是因伤而亡的、破皮流血而死的，都会兴风。在特别的环境中，一旦起风，都会被认为是伤亡鬼来了。因此，在给伤亡者治丧的时候一旦有狂风，都会用此咒语来对付。

82. 牛角塞风咒

[神咒]

弟子鸣角三声，风大吞风，雨大吞雨。
吞风不准吹，吞雨不准淋。
鸣角吹到玉皇殿，太上老君发天兵。
天兵天将镇邪恶，二十八宿收风神。
塞住风口，挡住风头。
恶风塞死，恶浪塞绝。
吾奉太上老君急急如律令。

[作用]

在野外祭祀起大风时，用此咒隔挡。

[作法]

先对风口使劲吹角三声，后用牛角大口对风口处，以右手掌将牛角嘴封住抵牢，念咒后大风自消。

[编者按]

这种做法的最大作用是在告知在场的人们，巴代在用诀法和鬼打斗，不要惊恐惧怕，不会有事的。当然，山风吹起只是一时，不可能长久地吹下去，风住之后便自然地显出巴代的法力了。

83. 挡风咒

[神咒]

弟子立了一重岩山，二重岩墙。

三重岩山，四重岩墙。

五重岩山，六重岩墙。

七重岩山，八重岩墙。

九重岩山，十重岩墙。

一十一重岩山，一十二重岩墙。

一十二重岩山，一直立到半天边。

一十二重岩墙，一直立到半天上。

风大挡风，雨大挡雨。

挡风不许吹，挡雨不许淋。

吾奉太上老君急急如律令。

[作用]

退风，止住恶风。

[作法]

边念咒边用城墙诀，不断地重叠上去，高过头顶，最后朝逆时针转一圈，对风口用力发放。

[编者按]

城墙诀是巴代最常用的隔挡阻断手诀之一，有"弟子立起铜城墙、铁城墙，高上高万丈"之说法与做法。

84. 吞鬼咒

[神咒]

祖师、太上老君。
一变、二变、三变，变我弟子，
人不知，鬼不见。
脚踏法灵吃精肚，脚踩法灵吃鬼肠。
你有一张口，我有三张口，
你的口大吃人，我的口大吃精。
五百蛮雷随前后，五百霹雳在左右。
一口吃下三百鬼，一口吞下五千魔！
（做吞下状后又做吐出状）
不吐儿魂女命，正魂本命，三魂七魄。
吐去天罗王，地罗王。①
有堂吐去归堂，有殿吐去归殿。
铜绞铁绞，绞去天药兵，地药兵，
有堂绞去归堂，有殿绞去归殿。
绞去七面山头，八面山尾。
吾奉太上老君急急如律令。

注：①天罗王，地罗王——最凶狠的山林妖魔之一，又叫作"天罗爷，地罗王"或"天罗衣，地罗网"。巴代在神鬼名号中将其称为"云雄大王、马雄大将"，是因为在起恶风要吃人时会夹杂马叫声和犬吠声，乌云是其罗网，恶风是其神马。此魔灭将不得，只能由巴代与其打斗，捅破其罗网，救出生魂。病人病好过后还要用牛羊赔偿妖魔被捅破的捕人罗网。

[作用]

若是山风太大，传统观念认为是山中魔鬼（罗王）要出洞吃人了。念此咒可防止有人受惊吓而失魂落魄。

边念神咒边用吞鬼诀朝起风处吞唵，之后转向另一边用吐诀做吐出状（两大拇指弯下从诀法所围的口中向外括出去，意为吐走了）。

[编者按]

过去时代，在深山老林中生活的苗家人，由于环境恶劣，什么灾难都可能发生，他们把一些自然现象归总于山精洞魔作怪，想用这些神咒去求得平安吉利。这也是可想而知的事情。吃了还要吐出，退还人家，不欠账，不把事情做绝，说明苗家人朴素的思想风格。

85. 止风咒

[神咒]

弟子安起铜围铁围，围起弟子一魂二魂，
三魂七魄，七魄三魂，
元神本命，平安吉利。
左边安起三重山，右边安起三重岭。
前安千重山，后安万重岭。
挡去恶风野道，恶神野鬼。
风大止住恶风，雨大止住恶雨。
止风不许吹，止雨不许淋。
吾奉太上老君急急如律令。

[作用]

止风。

[作法]

同挡风诀一样。先用围诀，后用挡诀。

先保身，后去挡风，这些都是忍耐、逆来顺受的做法，而没有进攻、消灭敌方。强调自保而不去从源头上消除祸患，这就是民族封闭保守习性的体现。

86. 关风咒

［神咒］

师爷——太上老君急急如律令。
关去七千龙孔，八万风洞。[①]
封去七千龙口，八万风口。
风来不要吹，雨来不要淋。
恶风不许来吹，恶浪不许动作。
封住挡住，关住锁住。
天风天浪，地风地浪。
风平浪静，吉利平安。
吾奉太上老君急急如律令。

注：①风孔、风洞——传统观念认为，风是从洞中吹出来的，这与汉文化神话中的风袋有区别。

［作用］

用于止风退风。

［作法］

边念咒边用关门诀关住风口。

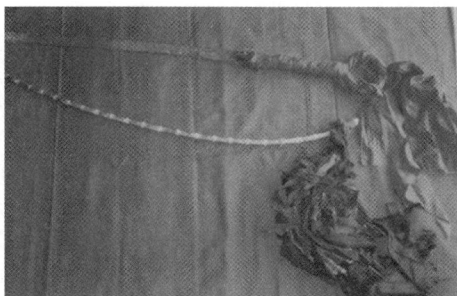

图 2-24 长刀神鞭

风是一种自然现象，在山区虽然比不上平原、沙漠或沿海一带危害大，但一旦发展到使人惧怕、感到威胁的时候，也就想将其除掉了。这可理解为一种战天斗地思想与精神的表现。

87. 角号吞风咒

[神咒]

弟子手拿铜号铁号，老君角号。
风大吞风，雨大吞雨。
吞去邪魔妖鬼，妖魔精怪。
有风不许来吹，有雨不许来淋。
吞去十方门下，急止急退。
若还不退，太上老君发雷打退。
吾奉太上老君急急如律令。

[作用]

用来止风。

[作法]

先对风口竖起手掌念咒，完后对起风处猛吹，在吹角时默念。吹三通角号之后自然消散。

[编者按]

人们认为吹风是妖魔鬼怪在作祟，可用雷将其打退，因为妖魔也怕雷打。

88. 镇风咒

[神咒]

弟子立了五台山，信宗无事件。
前做吾正气，正做鬼灭光。
弟子立了五百蛮雷在身前，千万将军在左右。
风大镇恶风，浪大镇恶浪。
恶风不准吹，恶雨不准淋。
树木莫动，百草不准抬头！
吾奉太上老君急急如律令。

[作用]

镇压恶风。

[作法]

边念边用五台山诀压之。

[编者按]

上面所介绍的十种塞风挡风神咒分别来自不同的巴代坛班，可见狂风大雨对巴代祭祀的威胁还是较大的，因为大型的祭祀活动多在山野举行，观众甚多，对于天气还是有一定要求的。古往今来，对于久雨不住，巴代可上表求晴；对于大风不止，巴代用神咒诀法将其止住。多数的大型活动都是在风和日暖的情况下进行的，很少出现恶劣天气。

89. 放阴箭咒

[神咒]

抬眼看青天，师父在眼前。

低头观地面，师父在身边。

观请师父在起身前身后，身左身右。

山中野神野鬼不正，弟子开弓放箭，造乱堂前。

吾奉太上老君急急如律令。

[作用]

如果在祭祀中出现了反常现象，比如起风，乌云黑雾一缕一缕地从山洞口飘出来，变成恶龙现面，张牙舞爪，张开大口，眼大如盆(这些现象苗语称作"休几嘎几狞能内")，意思为食人魔出洞要吃人来了。此时，巴代就要用诀法咒语和恶魔打斗。打斗的方法首先是念回身咒，将自己的魂魄性命藏好，然后再来与其打斗。放阴箭就是和恶魔打斗的方法之一。

[作法]

用箭诀对准现有恶影的天空做放箭之状。此时巴代不能心慌，要将其看成是一种自然现象，要沉着稳重，要有信心能够平安无事。

[编者按]

这是一种心法的反映，其随着幻象的产生而产生，尽量不要把幻象与鬼神联系起来。从心底里识破它，自然也就平安无事了。但在场的千人百众是如何看待的呢？若是大家都来起哄，也就只有假借神咒诀法来摆平了。

90. 神箭咒

[神咒]

祖师赐我神弓二把，神弩二副。

不打儿魂女命，不打三魂七魄。

弟子魂魄收在一十二洞前洞后，一十二洞左洞右。

神弓单打五方邪神，神弩单打邪师邪教。

单打邪神进堂，邪鬼进殿。

一箭打得纷纷乱，二箭打得乱纷纷。

大郎当，小郎当，郎郎当当望四方。

大鬼当下当头死，一箭杀死九郎当。

吾奉太上老君急急如律令。

[作用]

如果在祭祀中出现了反常现象、凶兆怪异，比如恶风顿起，飞沙走石，狂风刮断树木，乌天黑地，黑雾从山洞中飘出结成鬼头鬼面，现出长舌大齿，或张牙舞爪，大有行凶吃人之势等恶相，以及半夜三更赶杀伤亡鬼，于门外坪场打口哨哄猖鬼时，出现大如草垛的黑影。在场的陪同人员大多会吓得跑进屋内，此时巴代必须保持镇定，念动神咒与其打斗，放阴炮，打阴箭，便可把其打消打散。

[作法]

用箭诀对准现有恶影的地方做

图2-25　赶鬼

放箭之状。

[编者按]

幻象的产生是一种心境的反映，并非实体。

91. 弩箭咒

[神咒]

张公借我一把弩，李公借我一杆枪。
张公里内打跟斗，李公里内打翻天。
千斤毛铁打把弩，四斤麻索搓弩线。
手拿千斤弩一把，专打邪鬼并邪法。
一郎当，二郎当，郎郎当当望四方。[①]
邪鬼来我箭头死，一箭杀死九郎当。
专打邪神邪法，专打邪诀邪鬼。
打鬼鬼亡，打人人死。
吾奉太上老君急急如律令。

注：①郎当——神咒术语，指当事人，具体指邪师。从咒语"一郎当，二郎当，郎郎当当望四方。邪鬼来我箭头死，一箭杀死九郎当"中我们不难看出，这邪师可能有很多。

[作用]

打邪师作弄捣乱祭场。

[作法]

用弓箭诀指向该处做射杀状。

[编者按]

传说走夜路时若遇到怪影或听到怪声，也可用此法来定心护身。

92. 阴箭咒

[神咒]

老君赐我神弓二把，神箭二支。

一箭管九阳，射去邪神邪鬼走忙忙。

二箭管九阴，射去邪神邪鬼走纷纷。

吾奉太上老君急急如律令。

[作用]

专用对付邪鬼邪神，如走夜路遇见怪事幻影幻觉，可放阴箭射杀，其幻自消。

[作法]

用弓箭诀转身射杀。

[编者按]

邪鬼邪神与邪师邪教、邪诀邪法好像是一样，实质上是有区别的。邪鬼邪神是直接性的因素，而邪师邪教、邪诀邪法是间接性的因素，因为邪师邪教利用邪诀邪法驱使邪鬼邪神来进行捣乱和破坏的，即活人（邪师）利用害人的诀法咒语（邪法）来驱使邪鬼邪神（坏的鬼神）来从事害人活动的，因此，邪师（人）始终都是站在后面指挥，邪法邪诀（诀咒）在中间驱使，邪鬼邪神（凶煞）则在前面直接捣乱。用此诀射杀邪鬼邪神只是打击表面，而邪师这问题的根却没有解决，这也是一种包容忍让的心态反映。

93. 神弓咒

[神咒]

借你弓来弓千把，借你箭来箭万支。
上不打天，下不打地，
专打邪师邪教，邪诀邪法。
斩草不留根，打人不留命。
吾奉太上老君急急如律令。

[作用]

如在祭祀场内出现已被杀死并褪毛了的猪羊复活走动，或者出现阴火烧堂的现象时，用此咒来打击邪师。

[作法]

同第 92 节。

[编者按]

如果说第 92 节神咒只是解决表面现象，那么此节神咒是用来解决根本问题的，并且下手够狠，不留性命。

94. 用香根放箭咒

[神咒]

老君赐我金弓一把，银箭一支。
上不打天，下不打地，
专打邪师邪教，邪诀邪法，

射去他乡外里①，他州外县。
不准立身现形，一箭射过三十三重天。
射去红虹要对断，射去邪师要灭亡。
吾奉太上老君急急如律令。

注：①他乡外里——手抄本为"他乡万里"，苗音"外""万"同音。

[作用]

此咒指在野外举行法会时若出现彩虹，可用此诀咒射杀，以免恶龙吃人魂魄。

[作法]

把香点燃，横架于右手上。念完咒后，把香射向天空的彩虹。

[编者按]

彩虹本是一种美丽的自然天象，可是在不断迁徙逃亡的苗家人心里，却将其视为恶龙凶鬼的化身，可见在迁徙途中以及在湘西定居之后的险恶环境中的不测遭遇非同寻常。神咒中的"三十三重天"是一种观想和意念，因为在巴代的脑海里，这香之箭被射去了遥远的地方。可怜乎，在千般凶险折磨、万般灾难降临的情况下，人们形成了草木皆兵的恐惧心理，所以只有用这种万般无奈的方法来对付了。

95. 用茅草放箭咒

[神咒]

弟子借起，太上老君铜弓火箭。
一箭射过三十三重天。
专打邪师邪教，邪诀邪法。
打去马干①吃水，不准立身现形，
打去他乡外里，别州外县。

吾奉太上老君急急如律令。

注：①马干——巴代术语，又叫马雄，指盘踞在凶山恶水间的恶鬼，铭叫作"云雄大王、马雄大将"。它行凶时，在半空中驾着黑云并发出马嘶声，故称马雄。这里的"马干吃水"指彩虹，当它出现在某个山岗，其两头必然会有山井，人们称为"恶龙吃水"。

[作用]

同第 94 节。

[作法]

选在地下有较长的野草处结三个草标，苗语称为"儿熟背包走"，然后用一片又大又长的茅草叶，抽取中间的一段硬筋。以右手的食指和拇指抓住硬筋的两头，又在左手的大拇指和食指中间使劲一扯，其就像箭一样地射出去了。

[编者按]

在"抱儿嘎"即打食人魔的古老话里，曾经有过用茅草筋放箭射杀"儿嘎儿狞"（一说为"加嘎加狞"）的说法。用茅草筋当箭，如同儿戏，但在苗人的传统观念里，在那种特殊的场合下，这都是可行的。

96. 用茅草隔飞天龙咒

[神咒]

化会我身，变会我身，
我身变作南蛇蛟，茅草变作东海来塞林。①
奉请太上老君，
发大金刀隔飞天龙，发小金刀隔飞地龙。
发第三金刀，隔去飞天龙、飞地龙。
有堂隔去归堂，有殿隔去归殿。

有风不许来吹，有雨不要来淋。
风吹树木莫动，百草不准抬头。
飞天龙速退，飞地龙速退。
吾奉太上老君急急如律令。

注：①化会我身，变会我身，我身变作南蛇蛟，茅草变作东海来塞林——此段神咒中的"会"指变、化，即化变、变化。至于"东海塞林"之意，有待考究。

[作用]

隔除祭祀场中的彩虹，使其马上消散。

[作法]

巴代事先用蜜蜂蜡包在纸钱内放入香炉碗内焚烧，再加一些粗糠，此种香火称为"蜂蜡纸团糠香"，传说能够灭妖。巴代双手拿一把茅草在前，香蜡师端蜂蜡香跟随，其他巴代手拿长刀跟队，由带头的巴代念咒，一行人绕堂一圈后，彩虹即消散。

[编者按]

茅草和蜂蜡糠香是湘西苗家巴代与鬼魅打斗的一种法物（武器），其他民族没有这种做法，其历史根源有待发掘考证。

97. 阴剪咒

[神咒]

弟子借起太上老君铜剪铁剪，
一剪剪过三十三重天，剪去邪神要对断。
剪去他乡外里，剪去他州外县。
不准立身现形，一剪剪得乱纷纷。
有堂速去归堂，有殿速去归殿。

无堂无殿，赶快逃散。

吾奉太上老君急急如律令。

[作用]

传说阴剪除了可剪退飞天龙之外，还可以剪断祭祀场地中出现的怪异现象。比如空中的乌鸦或山鹰叼走祭品飞去天边，巴代放了阴剪之后祭品当即掉落。

[作法]

边念神咒边以左、右手做剪刀诀对准发生怪异的地方或物品使劲剪去。

[编者按]

大千世界，无奇不有。尽管是科技相当发达的今天，神秘世界中的很多疑团仍然没有被解开。

98. 阴刀咒

[神咒]

阴刀化为阴，口说降来临，
阴刀飞上天，斩断猪羊筋①。
吾奉太上老君急急如律令。

注：①斩断猪羊筋——有的坛班写作"斩断猪精"，有的坛班写作"斩断邪师人"。

[作用]

若在祭祀场内出现已被杀死并煺毛的猪羊突然站起来行走并咬人时，可用此神咒来镇住并使其自倒。

图 2-26　兵符布

[作法]

发现猪羊复活、行走之后，巴代找来杀猪刀，在香炉上边熏边游边念，三次后将刀从胯下向门外扔去，猪羊自倒。传说此咒还可斩杀邪师的魂魄，因为死猪死羊怪异复活，是被邪师施以邪法的结果。若真因邪师作弄而复活的话，此一刀扔去，邪师轻则患恶疮，重则吐血丧命。

[编者按]

我们对原点文化的认识至今仍然停留在思考想象的平台上，离我们所需要的结论尚远。

99. 手弹神咒一

[神咒]

左手借起太上老君铜弹子，
右手借起太上老君铁弹子。
东方立起东山，南方立起南山，

西方立起西山，北方立起北山，

中央立起五岳大山。

弟子化起一重山，二重岭，

三重坡，四重岗，

立到一十一重大坡大岭，

一十二重大山大岗。

化到十重云头，半天云雾。

化起一重岩，二重岩。

化到一十一重一十二重岩。

人看不知，鬼看不见。

奉请师父石法高、石法旺、石法全，

奉请师父请手弹。

天忙忙，地忙忙，浪浪荡荡走中央。

哪个握得浪荡①诀，一弹打死是难当。

日里穿过水牛皮，夜里穿过鬼眼睛。

打天天开，打地地裂，

打人人乱②，打鬼鬼断灭。

吾奉太上老君急急如律令。

注：①浪荡——本地方言，即慢慢地却稳准狠地打击敌方。
②打人人乱——有的坛班写作"打人人烂"。

［作用］

打邪师邪法，打凶鬼恶煞。

［作法］

凡打手弹，必先请师。立起高山陡岭、岩山岩墙来保护自己，好似打仗时的掩体工事一样。立山时，要掐山诀配合；立岩时，要掐城墙诀配合；到打手弹时，要掐手弹诀配合。手弹诀有多种，有关内容请参阅《手诀》中的章节。

［编者按］

手弹是巴代独创的一种武器。古往今来，只听说过飞刀、弹弓、炮弹或枪弹之类，对于用手发弹，不能将其理解为扔石头或扔东西。

100. 手弹神咒二

[神咒]

师父——
弟子拉起金弓银弹，
上要抵天，下要抵地，
抵天抵地，抵风抵雨。
要抵五等不正邪师，五位邪法。[①]
风不准吹，雨不准淋，邪法不许动作。
吾奉太上老君急急如律令。

注：①五等、五位——指五方五位范围之内的地方所有的邪师。

[作用]

打击邪师，制止恶风险浪。

[作法]

边念神咒边掐手弹诀，念完即对目标使劲弹出，可反复多次。

[编者按]

传统观念认为，凡是起风或出现怪异，一般都是邪师所作，因而要用诀咒打击邪师。这邪师是人人打、处处打，每坛巴代长年累月都在打，怪不得很多人都不想学那些立竿见影却害人害己的邪法，即使是极个别的人会用邪法，却是"发人不发家、发家不发人"的，这是天意。因此，到如今，邪法几乎绝迹了，当然，药功、气功、魔术、杂技、绝技不算邪法，也不是巫术。

101. 雷公弹神咒一

[神咒]

东方借起雷公铜弹子，南方借起雷母铁弹子，
西方借起雷公铜弹子，北方借起雷母铁弹子，
中央借起雷公铜弹子，雷母铁弹子。
打去五等邪师，五位邪法。
打木木皮开，打岩乱纷纷，
打鬼鬼灭亡，打人人亡命。
吾奉太上老君急急如律令。

[作用]

打击邪师邪教，制止恶风险浪。

[作法]

左手掐诀，在东方掐食指中节，在南方掐中指中节，在西方掐无名指中节，在北方掐小指中节，在中央掐中指上节。之后掐手弹诀朝外射去。

[编者按]

顾名思义，雷公弹比起手弹来要强多了。用诀咒与医生用药是一样的道理，要先弱后强，先小后大，逐步升级，以制伏邪恶。

102. 雷公弹神咒二

[神咒]

师爷——
奉请木山李老君，诸师百法镇乾坤。

前传后教护我身，在我左，在我右。

前带五百雷马，后带五百雷兵。

前带腰身，后带腰身。

一策郎当，雷公一弹打鬼王，

天上死，地下生，一人一雷打断邪魔身。

吾奉太上老君急急如律令。

[作用]

同第 101 节。

[作法]

左、右手掐手弹诀念咒后打出。

[编者按]

雷弹打邪魔，这是人们想借用雷电的威力来给自己壮胆定心，

103. 老君大炮神咒

[神咒]

左手借(烧)起太上老君铜大炮，

右手借(点)起太上老君铁大炮。

装起(点燃)火药弹子，灌在(放起)雷铜大炮。

上要抵天，下要抵地，

抵天抵地，抵风抵雨，

要抵五等不正邪师，五位邪法。

吾奉太上老君急急如律令。

[作用]

镇制邪法邪诀。

边念咒边用手弹诀打出。

[编者按]

大炮装火药弹，这是古代战争的强大武器。

104. 五雷弹神咒

[神咒]

东方借起五百蛮雷，南方借起五百蛮雷，
西方借起五百蛮雷，北方借起五百蛮雷，
中央借起五百蛮雷。
请你仙女随前后，霹雳声声打下地。
打天天开，打地地裂，
打人人死，打鬼鬼亡。
专打五等不正邪师，专打天下不正鬼神。
天上五雷打，地下五雷劈，
要退无处退，要它现原形。
吾奉太上老君急急如律令。

[作用]

若邪师作弄得太过分了，用此五雷弹
可打得他现出原形、当堂亮相并认错求饶。

[作法]

念东、南、西、北方四句时用右手掐剑
诀在四指中节写"雷"字，念到中央时则写
"五百蛮雷"。写好后吸气一口，紧握拳头，
瞪眼，对被作弄的目标猛然一击，同时猛

图 2-27　下坛

踏一脚，吼一声"轰！"即可。

此种做法连贯、紧凑，可谓十分有力。

105. 响雷声咒

［神咒］

奉请玉皇大帝尊，三清大道众高尊。
淮南老君云中现，天师天仙降祥云。
呼枪成云，撒土成兵，狂风猛雨山树崩。
观请雷在掌中应，手弹万里响雷声。
金弹不打正神鬼，单打邪魔不正神。
东南西北各部位，坎艮震巽离兑坤。
三十三天诸神将，雷霆火号下红尘。
金弹打天天也动，金弹打地地也崩。
金弹打树树根断，金弹打人人无魂。
金弹打庙庙无位，金弹打鬼化灰尘。
手弹打过千万里，一弹打去如雷声。
吾奉太上老君急急如律令敕。

［作用］

传说练好此咒后，所打出去的手弹可有响声，同时能够打击邪神邪鬼。

［作法］

每次练时都要念三遍，要练 7 个月的初一日、9 个月的十五日。练满功之后，打出去的手弹就有响声了。

［编者按］

资料提供者说，这是祖师石法香所传的八宝金弹，练前先要叩请石法香祖师加持才灵。

106. 雷祖弹神咒

[神咒]

> 谦请当年雷祖神，中天雷神显威灵。
> 春夏秋冬四季响，雷州雷县雷子孙。
> 上受天师真敕令，秋冬二季响雷声。
> 子弟一心来奉请，五雷号令响沉沉。
> 奉请便降掌头上，放雷出去打邪神。
> 五雷打天天也动，五雷打地地也奔。
> 五雷打岩岩也破，五雷打树树断根。
> 五雷打人人长生，五雷打鬼化灰尘。
> 若有不正再显应，五雷霹雳不容情。
> 吾奉太上老君急急如律令敕。

[作用]

传说雷祖神弹若练好之后，可打断树枝树丫。

[作法]

念三遍，写五个"雷"字在掌中，念完后对准目标猛放出去，便可见效。此咒要练 3 个月初一日、7 个月的十五日才能灵验。

[编者按]

雷祖这个称号出现在此神咒中，说明这雷祖也是轮流当值的。至于雷祖是否有具体的人或神的名字，这个问题有待考查。

107. 五行手弹神咒

[神咒]

下节脉①借铁弹子，中节脉借银弹子，
上节脉借金弹子。
一二三四五，金木水火土，
吾奉老君一口抢②，
一弹打过九重山，打去邪神要对断，
吾奉太上老君急急如律令敕，急时回
转③护吾身。

注：①节脉——以指节线所分出的
指节
②一口抢——一气讲完，不换气。
③急时回转——也可理解为及时、
马上。

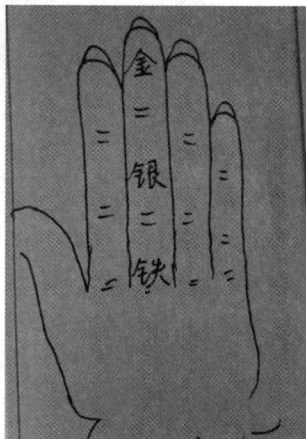

图2-28　手掌图

[作用]

五行弹也是打邪神邪鬼用的。

[作法]

在左手掌的中指上节写"金"字，中节写"银"字，下节写"铁"字
（图2-28），写成之后，握紧拳头，念咒三遍后即可对准目标使劲一击再猛然
放开。

[编者按]

虽说是五行弹，可是只写了金银铁三字，而且其都是金属。所谓五行弹
只是念一下金木水火土而已。

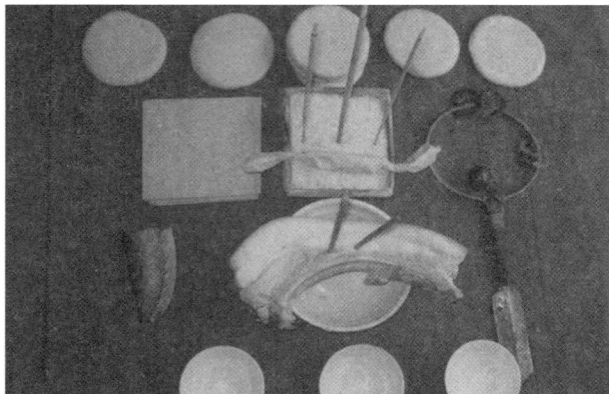

图 2-29　坛供

108. 老君大扇神咒

[神咒]

师爷——
弟子借起太上老君铜扇铁扇，
芭蕉大扇，八卦大扇，
一扇扇过三十三重天，
扇去风火要退走，扇去邪神要退散。
扇去他乡外里，别州外县，
不准立身现形。
吾奉太上老君急急如律令敕。

师爷——
弟子借起太上老君铜扇铁扇，
芭蕉大扇，八卦大扇，
一扇扇过三十三重天，

扇去天火不要乱烧，扇去地火不要乱发。

烧去他乡外里，发去别州外县，

速退天火，速消地火，天火地火急急消散。

吾奉太上老君急急如律令敕。

[作用]

此咒可以扇走瘟疫时气，也可扇走凶兆怪异。如果村寨不慎失火烧房子，可用此咒把火势扇向没有房屋的一方或扇去村外，以免火向有房子的地方蔓延。

[作法]

若是用来扇邪师，可用手掌作扇扇向目标。若是救火，可站在高处或茅草屋顶上用芭蕉叶从起火处往村外扇。

[编者按]

茅草屋现在没有了，而芭蕉叶也不容易找到，是否可用其他物件如硬壳纸片等物代替呢？

109. 吞恶王神咒

[神咒]

师爷——

长弟子放去角号，

吞弓吞去云雄大王，马雄大将①。

你讲你的口大，我的口比你更大。

你说你的牙长，我的牙比你更长。

你会吃人，我专吃鬼。

化起铜吞铁吞，天吞地吞，

吞去云雄大王，马雄大将。

吞去他乡外里，别州外县。

不准立身现形，

哼——

吾奉太上老君急急如律令。

注：①云雄大王，马雄大将——传说为鬼马，常于三更半夜时分在森林深处作马嘶叫声或水牛叫声或婴儿啼声，闻其声音，实是恐怖。有时又会做狗叫于半空中，同时还伴有撒网声、吆喝撵猎声，乡间过去将其称为"鬼撵肉"或"鬼打猎"。若夜半森林深处遇此情况，大多吓得半死，知情者可躲入杉木刺丛中，不知情者会吓得失魂落魄甚至丢命。

[作用]

过去认为，乡间若有人突然倒地，不省人事，定是被云雄大王、马雄大将吃了魂魄，这时念此神咒可以救醒。

[作法]

边念咒边掐大吞诀对病人作吞的样子。最后哼了一声之后，对病人的额头咬一口，促使其醒转过来。若还未醒，则要再念一次，并咬脚趾，掐人中等部位。

[编者按]

过去缺医少药，喷水、刺激穴位促病人醒转过来，是常有的事，何况还加上咒语。

110. 放阴炮咒

[神咒]

下节脉借磊丹灵药①，下节脉借磊丹灵药，

下节脉借磊丹灵药。

下节脉安大炮，中节脉安小炮，

上节脉安大炮。

大炮灌药，小炮灌子。

弟子一炮打过九十九重山，打去邪神要对断。

吾奉太上老君急急如律令救。

注：①磊丹灵药——磊丹即铁弹粒子，灵药即火药。

[作用]

打邪神邪鬼、凶兆怪异。

[作法]

边念神咒边用右手掐剑诀在左手中指的下、中、上节各点一下。念三次，点三次后，双手掐出大炮诀对目标放去。

[编者按]

大炮灌药，小炮灌子，岂不是大炮只有药而没有子，而小炮只有子没有药？这种火炮怎么会有杀伤力呢？

111. 太上阴刀咒

[神咒]

弟子借起太上老君阴刀一杀，口上一哑①。

阴来砍断阴鬼头，阳来砍断阳鬼尾。

杀去五等②邪师，七等②邪法。

吾奉太上老君急急如律令。

注：①一杀、一哑——指一把、一牙。

②五等、七等——指五种、七种。

[作用]

斩杀邪师。

边念边用右手掐刀诀向目标斩杀。

[编者按]

从神咒言辞中可以看出苗汉文化交汇融合中的某些影子，这"一杀、一哑"的出现，不管其字眼还是含义上都很有特色。

112. 放飞刀神咒

[神咒]

不请仙女在天边，奉请仙女在身边。
喊得灵，叫得应，急急细细下红尘。
请到身边无别事，借起飞刀斩邪精。
放去飞刀千万里，砍去邪魔见血肠。
磨岩三丈，魔去化光。
不砍儿魂女命，砍去野鬼现形。
吾奉太上老君急急如律令敕。

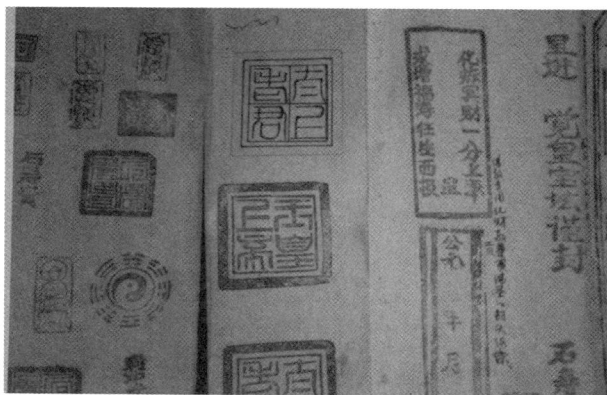

图 2-30　印章

[作用]

祭场若被邪师施以邪法解除保护措施之后，山神野鬼往往会乘虚而入，出现各种怪异。念此神咒可以消除这些怪异。

[作法]

左、右手同时掐剑诀于胸前交叉，对目标反复斩杀。

[编者按]

仙女是请来的，飞刀是仙女的，这仙女何许人也？

113. 木刀咒

[神咒]

报木州，报木州，报木金刀李木州。
李木金刀报木州，借来木刀杀鬼头。
大鬼出现砍大鬼，小鬼出现砍小鬼，
大鬼砍断头，小鬼砍断腿。
大鬼小鬼都走散，凶神恶鬼走远离。
吾奉太上老君急急如律令敕。

[作用]

在一些自然环境凶险的场地举行祭祀，得先用此咒护卫坛场，以防不测。

[作法]

用桃树削制成木刀，在香烟上边熏边念，三遍后可挂在神坛一边，以镇压邪鬼。

历代史书典籍皆说苗族"崇巫尚鬼"，这些专门赶鬼、杀鬼、镇压鬼的神咒说明了什么呢？

114. 雷炮神咒

[神咒]

一手拿五个，一道捆五阴。
雷筒大炮发威力，邪鬼邪神乱纷纷。
大将军、小将军，大铁子、小铁子，
大炮灌药，小炮灌子。
上不打天，下不打地，
打天天开，打地地裂。
当打某某邪鬼，一炮打过九十九重山，
打去邪神要对断，打去邪鬼就灭亡。
吾奉太上老君急急如律令。

图 2-31　宗师坛

[作用]

可打邪神邪鬼。

[作法]

念"一手拿五个"时，即以左手五指并拢做抓状；念"一道捆五阴"时，即以右手并拢五指，之后掐大炮诀对准目标打去。

[编者按]

传授者言，"当打某某"中的"某某"，指的邪师的名字，要默念。可见同行人还是相互排斥的。

115. 扎五方咒

[神咒]

东扎五里，南扎五里，
西扎五里，北扎五里，
中扎五里，五五扎去二十五里。
东关五里，南关五里，
西关五里，北关五里，
中关五里，五五关去二十五里。
一母生五帝[①]，大哥学得行师走马，
二哥学得买马飞阴，三哥学得鬼头大，
四哥学得理马飞天，五哥学得扎理五方。
扎了五方，关了五方，五方五位坐太平，
邪鬼邪神不敢近，邪鬼邪神看不明。
吾奉太上老君急急如律令。

注：①帝——有两层意思，一是指弟，帝与弟同音。二是指帝君，有出息的神。

[作用]

此咒可以起到结界的作用，扎了五方，关了五方，即管住了五方。这可用在不打锣鼓的仪式中。

[作法]

每扎一方，便面朝一向。掐关门诀、宝盖诀、锁诀，边念方位边转身，最后朝外做交替关闭状。

[编者按]

这些行师走马、买马飞阴的内容让人费解，究竟是讲些什么呢？

116. 竹筒弹咒

[神咒]

装起火药弹子，灌在雷筒大炮。
上要抵天，下要抵地。
抵天抵地，抵风抵雨。
要抵五等邪师，要打五位邪法，
一炮打得乱纷纷，邪师邪法丢了命。
吾奉太上老君急急如律令敕。

[作用]

可打恶风险浪。

[作法]

左手握空拳在前，右手食指向空拳内做灌药状，然后换手再做一次。打炮时，左右空拳捏成拳头交叉出击。

虽名为竹筒，可咒语中并没有出现有关竹筒的内容。

117. 牛角大炮咒

[神咒]

白牛角变作白大炮，黑牛角变作黑大炮。
装起火药弹子，灌在铜炮铁炮内。
上要抵天，下要抵地。
抵天抵地，抵风抵雨。
要抵五等不正邪师，五位邪法，
一炮打得纷纷碎。
吾奉太上老君急急如律令敕。

[作用]

同第 117 节。

[作法]

以左手执牛角，右手掐剑诀，边念边向牛角内做灌药状。念三遍后吹角三声，象征打炮。

[编者按]

以道具法器变通应用，这也是前人的一种智慧。

118. 衣袖神咒

[神咒]

师爷——
衣袖化为红虎大屋，黑虎大洞。
五阴百鬼，邪魔精怪。
收在红虎大屋，黑虎大洞。
关在红虎大屋，黑虎大洞。
上不能动，下不能出。
弟子法事圆满，个个归位。
吾奉太上老君急急如律令。

[作用]

关押邪师妖魔，不让其搞破坏活动。

[作法]

边念边用左手掐剑诀化右衣袖，用右手掐剑诀化左衣袖，然后双手互绕合抱绞住衣袖后即放手。

[编者按]

前人以衣袖为袋子收东西，而这里却变成收邪师了。

119. 保身咒

[神咒]

雨伞遮神兵，化作天上五色云，

五色云雾盖我身。

人看人不知，鬼看鬼不明。

吾奉太上老君急急如律令。

[作用]

若被邪师作弄，可先念此咒保身，然后再念其他与邪师打斗的相关神咒。

[作法]

掐护师诀，再念此咒。

[编者按]

此咒又名雨伞咒、云雾咒，都带有隐蔽、躲藏性质。要打击别人，首先要保护好自己，这就是苗族思想的体现之一。

120. 将军藏身咒

[神咒]

奉请第一将军本姓唐，上游下请上游郎，

上游下请通四海，撕通麻布做衣裳。

第二将军本姓葛，上游下请上游哥，

上游下请通四海，撕通麻布做衣角。

第三将军本姓周，鼻口出血口倒流，

早出斩杀千万鬼，夜出八部九州愁。

荡荡云雾勾荡荡，百过神走大小浪，

荡浪浪荡走四方，

我是天上生，我是天上人，

手拿石磨飞刀界，石磨飞刀斩飞煞。

吾奉太上老君急急如律令敕。

据说念将军咒可以在半夜三更惊恐的时候稳住自己，不受惊吓。如在祭祀场中出现怪异，念此神咒则可以消除。另外，在打扫屋时也可念此咒以扫荡凶煞，同时还可当保身诀咒来使用。

[作法]

边念神咒边掐大将军诀、小将军诀来配合。

[编者按]

"荡荡云雾勾荡荡……荡浪浪荡走四方"似有意让人听不懂，这样才显得神秘。

121. 破盘古肚藏身咒

[神咒]

> 大金刀，破太上老君上元盘古肚，
> 小金刀，破太上老君中元盘古肚，
> 第三金刀，破太上老君下元盘古肚。
> 化会我身，变会我身，
> 我身藏在太上老君上元盘古肚，
> 藏在太上老君中元盘古肚，
> 藏在太上老君下元盘古肚。
> 阴药来盖，阳药来作。
> 合太上老君上元盘古肚，
> 合太上老君中元盘古肚，
> 合太上老君下元盘古肚。
> 金华锁线，银华锁线。①
> 人看不知，鬼看不见。
> 脑壳变作螺蛳田，头发变作万里青山。

眼睛变作日月二宫，耳朵变作老君棚扇②。
鼻子变作天通地亮，牙齿变作金咬大王。
左手变作左营兵，右手变作右营兵。
大肠变作大江河，小肠变作小江河。
脚杆变作冲天桅杆，
头戴五百蛮雷，脚踏九州四海。
吾奉太上老君急急如律令救。

注：①金华锁线，银华锁线——用金线银线来缝合被破开的肚皮伤口，可见前人对于医疗开刀手术的设想与科技发达的当今还是吻合的。
②棚扇——方言，用一种棚树叶制成的扇子。

[作用]

在野外举行大型祭祀活动的时候，要用此藏身诀咒才稳当，可保万无一失。

[作法]

念上、中、下元盘古肚等句时，右手掐剑诀点于左手掌之中指上节、中节、下节。藏身时先掐祖师诀做点划状，然后又左手掐祖师诀于胸前，右手掐剑诀指向自身各部位，即隐藏身体。最后双手交叉合抱于两腋下即可。

[编者按]

在巴代的藏身诀咒中，篇幅最长、内容最全、级别最高的可能就是此篇了。本诀咒可将巴代浑身上下内外全都隐藏。在神咒系列中，巴代的藏身诀咒达三十六道(种)之多，可见苗族人在涿鹿战败后不断地迁徙逃亡中所形成的封闭、保守的意识观念是多么的强烈。

122. 圣水龙船藏身咒

[神咒]

奉请太上老君造化圣水，张赵二郎造化圣水，
祖师造化圣水，本师造化圣水，弟子造化圣水。
弟子变作五百蛮雷，变作五百黄斑饿虎。
人见人吓，鬼见鬼怕。
收起一魂藏上天，二魂九州藏，
三魂藏在五龙圣水中，圣水上化龙船一只，
收魂藏在五龙圣水中，弟子要翻龙船一只。
人不见，鬼不见，八面山河也不见。
人汪汪，鬼汪汪，庙庙神祇也汪汪。
人不清，鬼不清，八面山河也不清。
人看不见，鬼看不明。
吾奉太上老君化验化灵、急急如律令。

[作用]

在野外举行大型祭祀活动的时候，要用此藏身诀咒才稳当，可保万无一失。此为坛内藏身诀。

[作法]

在圣水碗上用相关诀法藏身。

[编者按]

凡人坐船怕翻，而巴代藏身的龙船却要反过来，让底朝天，这样既不会进水，也不怕被淹。

123. 水牛肚藏身咒

[神咒]

藏我身，变我身，水牛肚内去藏身。
石头岩板不见脚，水井拖刀不见光。
头戴九州龙天，脚踏九重云雾。
吾奉太上老君急急如律令。

[作用]

用于藏身护命的一种神咒。

[作法]

边念边掐水牛诀来配合，最后双手合抱于胸前。

[编者按]

苗族是一个农耕民族，其与水牛关系密切的程度非同一般。用水牛藏
身，十分稳重。

124. 大将军藏身咒

[神咒]

藏我身，变我身，祖师变作大将军。
弟子前头走，随后管将军。
五百蛮雷头上戴，八百姣娥脚下行。
云雾盖两边，人来通大路，鬼来无处行。
吾奉太上老君急急如律令。

［作用］

　　用于藏身护命的一种神咒。

［作法］

　　边念边掐将军诀、五雷诀和玉女
诀配合加持。

［编者按］

　　五百蛮雷与八百姣娥来防身护
命，可谓软硬兼施、刚柔并济，这就是特殊的办法。

图 2-32　笡、鞭、师刀

125. 变角藏身咒

［神咒］

　　弟子一变、二变、三变，人不知，鬼不见。
　　太上老君变化我，太上老君帮我变。
　　头戴三只角，尾巴三掰长。①
　　龙来龙退爪，虎来虎蜕皮，山中百鸟褪毛衣。
　　大鬼看见大鬼吓，小鬼看见跑不赢。
　　吾奉太上老君急急如律令。

　　注：①三掰——本地方言，一掰为左右手臂伸直的长度，大约为五尺。

［作用］

　　变化以迷惑鬼神。

［作法］

　　边念边掐牛角诀置于头上，掐尾巴诀置于臀后。

这里说是藏身，实际上是变身。

126. 收魂藏身咒

[神咒]

师爷——
弟子铜收铁收，
收我弟子儿魂女魂，正魂本命，
三魂七魄，七魄三魂，
收在淮南堡子①上。
弟子天变地变，头戴金魁大帽，
身穿金甲银甲，脚踏铁鞋，
踩断金刚铁柱。
人不知，鬼不见，
邪神邪鬼都不见。
吾奉太上老君急急如律令。

注：①淮南堡子——巴代传教的地方。

[作用]

收魂变身，从里到外都保护起来了。

[作法]

边念边掐莲华诀顺收，后两手合抱于胸前。

[编者按]

过去有人说巴代骗人，其实巴代自己是十分诚恳的。从这些藏身诀咒中，看出他们是用身心来投入角色的。

127. 围魂藏身咒

[神咒]

师爷——
弟子安起铜围铁围，金围银围。
围弟子三魂七魄，元辰本命。
左安千重山，右安千重山，
前安千重山，后安千重山。
挡去恶风野道①，人看人不知，鬼看鬼不见，
人通鬼不通，邪魔妖鬼永无踪。
吾奉太上老君急急如律令。

注：①野道——想害人的、不正规的教派。

[作用]

护魂藏身。在起恶风的时候，宜用此诀，一来护身，二来挡风。

[作法]

边念边掐大围诀和城墙诀配合。

[编者按]

祖师留下的神咒通过巴代的金口叩念之后，可令人心中生起极大的自信心，如此咒语才能灵验。

128. 金刀藏身咒

[神咒]

大金刀，小金刀，第三金刀。

弟子脚穿草鞋黄钢，头戴五雷毡帽，披甲戴盔。

（上段共念三次）

左安大金刀，右安小金刀。

左安铜篱笆，右安铁篱笆。

左边筑墙，右边打围。

左安九十九重山，右安九十九重墙。

九溪魔王①头上戴，铁甲铁挡身上披。

人看不知，鬼看不见，邪鬼邪神都不见。

吾奉太上老君急急如律令。

注：①九溪魔王——蚩尤面具的一种。九溪即九黎，为古老的苗族部落称谓。

[作用]

若遇凶险时可用此咒保身。

[作法]

边念边掐金刀诀、城墙诀、祖师诀加持。

[编者按]

巴代在遇到险情时，草鞋、毡帽也能变为保身所用的法宝，可见前人的生活环境和条件是多么的恶劣和艰辛。虽然把稻草编成的鞋子和野藤条编成的毡帽当作最大的依靠，但它们又能有多大的用处呢？

129. 变化藏身咒

[神咒]

弟子天变地变，阴变阳变，

三十六变，七十二变。[①]

脚板变作大刀二斩，身上变作庞桶
一只，

肩膀变作太太平洋，嘴巴变作桃源
仙洞。

鼻子变作山鹰嘴，耳朵变作老君
大扇。

眼睛变作东方雷公，南方雷母，

头发变作九塘浪丝，收在金船银船。

藏身变己，变己藏身。

人不见，鬼不见，邪神邪鬼都不见，

人不知，鬼不知，邪神邪鬼都不知。

吾奉太上老君急急如律令敕。

注：①三十六变，七十二变——用
三十六道正法来变，用七十二道真诀来
变。巴代坛班的藏身诀法本身就有三十
六种之多。

图 2-33　令牌水碗

[作用]

可用作护魂藏身。

[作法]

双手掐祖师诀，边念边指身体相应部位。

用神咒言词来牵引自身的思想活动，从而达到自我稳定、自我安慰之目的。

130. 牛神肚内藏身咒

[神咒]

弟子铜收铁收，收起弟子儿魂女命，
元辰本命，三魂七魄。
收在水牛肚内，铁牛肚内，
犀牛肚内，牯牛肚内。
下金盖银盖，人看不知，鬼看不见。
吾奉太上老君急急如律令敕。
收在彭龙扣乃①，收在淮南堡子。
隔山交钱有灵，隔水度纸有验。②
远看太太平洋，近看黄土神墙。
天无忌，地无忌，年无忌，月无忌，
日无忌，时无忌，大吉大利。

注：①彭龙扣乃——传说中的巴代传教基地。至于在当今何处，待考。
②隔山交钱有灵，隔水度纸有验——交钱、度纸是主持祭祀仪式的代称。此句的意思为虽不在本堂中，在另一地做也是灵验的、起作用的。

[作用]

本神咒可以隔堂藏身，即当事人不在堂中，也可以将其藏身，比如徒弟去户主家中做法事，师父在家不放心时，亦可在家帮其徒弟藏身。

[作法]

边念神咒边掐牛头诀，最后双手合抱于胸前。若是隔堂隔殿藏身，要对准其方向放诀。

[编者按]

此段神咒将"吾奉太上老君急急如律令敕"夹在中间，表明了它的特殊性。这种隔空加强功法的神咒，被认为可以极大地加强和保护了徒弟的平安。

131. 诸师藏身咒一

[神咒]

小臣弟子，铜收铁收，

收起一班弟子三十六名，人人正魂本命，

个个三魂七魄，藏在东方卦母[①]中。

天朦胧，地朦胧，高坡大庙都朦胧，

阳州七十二庙都朦胧。[②]

人看不知，鬼看不见。

吾奉太上老君急急如律令。

注：①东方卦母——东方卦母为震卦，震为雷，包括天干之甲、乙和地支之卯在内。这雷祖神既有保护巴代安全之作用，又有进攻、镇压邪魔妖鬼的作用，因此东方卦母是最好藏身保命的地方。

②阳州七十二庙都朦胧——阳世间所有三山五岳的神庙都看不见了。

[作用]

三十六个坛班巴代共同参加的大型法会为上刀梯、度亡师打先锋等。由于队伍庞大、人员众多，作为掌坛师，就要用这些藏身咒来藏身，才能保证大家平安吉利。

[作法]

用莲华诀顺收后藏于八卦诀中的震卦位置即可。

作为大型法会的掌坛师，不仅要保护好自身坛班人员的平安，还要保护好所有前来参与的坛班人员的平安才行。

132. 诸师藏身咒二

[神咒]

　　小臣弟子，铜收铁收，
　　收起一班弟子三十六名，人人正魂本命，
　　个个三魂七魄，藏在西方卦母①中。
　　人不见，鬼不见，高坡大庙也不见，
　　人不知，鬼不知，低坡小庙也不知，
　　阳州七十二庙也不知。
　　保住一堂弟子三十六名，
　　人人清吉，个个平安。
　　吾奉太上老君急急如律令。

　　注：①西方卦母——西方卦母为兑卦，包括天干之庚、辛和地支之酉在内，性质属金。藏在西文卦母中，象征着固若金汤，万无一失。

[作用]

　　同第 131 节。

[作法]

　　用莲华诀顺收后藏于八卦诀中的兑卦位置即可。

[编者按]

　　高坡大庙，低坡小庙，这些盘踞在各个山头的鬼神的势力还是很大的。

鬼神包括有庙宇供奉和没有庙宇供奉的。这些鬼神共同组成了人们传统观念中的鬼神世界，从古至今一直都在一定程度上左右着人们的思想意识。

133. 诸师藏身咒三

[神咒]

师爷——
弟子一变二变二变，变化弟子三十六名，
元辰本命，三魂七魄。
变作毛包细草，寄在水碗中。
人不见，鬼不见，庙庙神祇都不见。
人不知，鬼不知，庙庙神祇都不知。
吾奉太上老君急急如律令敕。

[作用]

同第 131 节。

[作法]

边念边掐九节草放在水碗内，然后盖上纸钱、压上令牌即可。

[编者按]

掐草放入神水碗中，象征着将魂魄藏入大海大洋中。这是前人苦思冥想所得出的一种保安措施。

134. 青龙肚藏身咒

[神咒]

奉请掌教宗师，掌坛祖师，
吾奉太上老君急急如律令。
弟子借你金刀一把，银刀一把。
不破儿魂女命，元辰本命。
破起东方青龙肚，南方青龙肚，
西方青龙肚，北方青龙肚，中央青龙肚。
收起弟子三魂七魄，元辰本命。
藏在东方青龙肚中，南方青龙肚内，
西方青龙肚中，北方青龙肚内，
中央青龙肚中，五方五位五龙肚内。
弟子借用一堂草药，两堂妙药。
医治好了五龙伤，五龙好了肚内神。
五龙下海起波浪，人看不知鬼不明。
吾奉太上老君急急如律令救。

[作用]

护身保命。

[作法]

以左手五指代表五龙，掐右手剑诀点击左手五指中节，边念边点。

[编者按]

护法天龙为佛教的护法神，湖海水龙为巴代法坛的护法神，据传它们和孙悟空一样，可以进入龙肚藏身。

135. 海龙藏身咒

[神咒]

师爷——
弟子三十六名，变作十二龙王下大海。（三次）
人看不知，鬼看不见。
吾奉太上老君急急如律令敕。

[作用]

护魂、藏身、保命。

[作法]

边念边双手掐祖师诀从头往下扫去远处，以象征着"下大海"。

[编者按]

不知是三十六名弟子共同变作十二条龙去下大海，还是每人都变作十二条龙去下大海？如是每人都变成十二条龙的话，那么就会有四百三十二条龙之多了。

136. 五龙四海藏身咒

[神咒]

弟子铜收铁收，收三魂七魂，收在五龙四海。
弟子铜收铁收，收三魂七魂，收在有奶寄中①。
弟子铜收铁收，收三魂七魂，收在弟子行船。
人看人不知，鬼看鬼不见。

吾奉太上老君急急如律令敕。

注：①有奶寄中——本应为左奶宫、右奶宫，不知何故，此处抄写为"有奶寄中"，是否有误未为可知。

[作用]

护魂藏身。

[作法]

用莲华诀顺收，后藏于海洋诀、左右奶诀、船筏诀中。

[编者按]

海洋藏身岂不是飘荡不定？

137. 变虎变龙藏身咒

[神咒]

弟子筑起铜篱笆、铁篱笆，
篱笆铁绞腾云走、驾雾行，
上山变虎爪，下海变龙身。（三次）
吾奉太上老君急急如律令。

[作用]

三十六道藏身诀之一。

[作法]

边念边掐篱笆诀，两手由下而上举过头顶，再藏于腋下即可。

[编者按]

铜篱笆铁篱笆还会飞起来？不知前人是怎么想的。

138. 吹气藏身咒

[神咒]

弟子出门吹口气，本身归在云南东。
吾奉太上老君急急如律令。

[作用]

最简便的藏身咒语。

[作法]

面向东方吹气一口后念咒。

[编者按]

云南的东边藏身有什么好处呢？

139. 五云藏身咒

[神咒]

伏以——
东方青云起，南方赤云起，
西方白云起，北方青云起，
中央黄云起。
五云朵朵盖我行坛弟子，
千千兵马，万万兵将。
人不知，鬼不见。
吾奉太上老君急急如律令。

[作用]

动脚出门时用此咒藏身可自始至终保平安。

[作法]

边念边用单盖诀反复盖于头顶上。

[编者按]

人马到哪里，五色祥云一直盖到哪里，可见前人的想象力是多么的丰富。

140. 木鱼藏身咒

[神咒]

藏我身，变我身，我身藏在木鱼心。
去时穿山过海，回来穿岩过洞。
人看不知，鬼看不见。
吾奉太上老君急急如律令。

[作用]

巴代醮坛所用的藏身咒之一。

[作法]

伸出左拳以示木鱼，右手掐剑诀点于左拳背。

[编者按]

木鱼是和尚念经所敲击的法器，在这里变成了巴代的藏身宝地，可见前人在有机整合各种宗教文化的过程中是费尽了心思。

141. 天峰宝塔藏身咒

[神咒]

藏我身，变我身，

我身藏在祖师大堂、本师大殿。

天峰宝塔，永不现身。

法事圆满，各归本身。

吾奉太上老君急急如律令。

[作用]

保身护命。

[作法]

边念边用右手掐祖师诀，左手并拢五指掐宝塔诀，然后以右手之诀点于左手之诀。

[编者按]

宝塔原是佛教之物，在这里却变成祖师大堂的建筑神物了。

142. 南蛇肚内藏身咒

[神咒]

弟子打开南蛇舌，弟子拱到南蛇肚内歇。

去时穿山过海，回来穿岩过洞。

人看不知，鬼看不见。

吾奉太上老君急急如律令。

[作用]

在祭祀中若身临险恶境地想要抽身时，念此神咒可以溜之大吉。

[作法]

掐南蛇诀，念咒后往身后放诀。

[编者按]

在南方才有大蛇，故称南蛇，而这南蛇是否为蟒蛇，待考。

图 2-34 　下坛岩

143. 宝盖藏身咒

[神咒]

藏我身，变我身，
借太上老君铜宝盖，铁宝盖，金铁银宝盖。
盖吾弟子一堂仙官父老，娃儿细仔。
人人正魂本命，个个三魂七魄在中心，
人看人不知，鬼看鬼不明。
吾奉太上老君急急如律令。

[作用]

可藏一堂人众的身，护众人的魂。

[作法]

边念神咒边掐宝盖诀盖在自己的头上，并打一个转身。

[编者按]

巴代主持仪式，往往要保在场所有人的平安，特别是结婚出阁、入户等，千人百客都要平安才行。

144. 圣水藏身咒

[神咒]

金车莲华宝柱，银车莲花宝诀。①
收我弟子儿魂女魂，正魂本命，三魂七魄。
收在五龙堂中，圣水堂内。
五龙洞前，圣水洞后。
五龙洞左，圣水洞右。
人看不知，鬼看不见，八面山河也不见。
人不见，鬼不知，八面山河也不知。
人汪汪，鬼汪汪，八面山河也汪汪。
吾奉太上老君急急如律令。

注：①金车莲华宝柱，银车莲花宝诀——有的坛班也读作"金铁莲花宝柱，银铁莲花宝诀"，"铁"和"车"苗音都读作"且"，因此才有以上两种说法。

[作用]

祭祀堂中，造好圣水之后，即可在圣水碗内藏身。

[作法]

用莲华诀顺收后反复点于水碗上面，最后用宝盖诀盖上。

[编者按]

于水中藏身，是巴代最常用的诀咒之一。

145．箍桶藏身咒

[神咒]

金车莲华宝柱，银车莲花宝诀。
收我弟子真魂本命，三魂七魄。
收在金箍桶，收在金箍桶，收在金箍桶，
收在五龙圣水。
人看不知，鬼看不见。
吾奉太上老君急急如律令。

[作用]

同第 144 节。

[作法]

边念边掐箍桶诀收之。

[编者按]

神咒里的这个铁箍桶是否与如今的保险柜相似？

146．阎罗王藏身咒

[神咒]

化会我身，变会我身，
我身变作中殿阎罗大将军。
三十六堂服我管，七十二庙藏我身。
吾奉太上老君急急如律令。

度亡师时所用的藏身咒之一。只有阎罗王才能在丧堂法事中保护好巴代。

[作法]

边念神咒边用大将军诀配合。

[编者按]

阎罗王本是取人性命的地狱神，变作阎王来恐吓三十六堂神、七十二庙鬼，使它们怕巴代，不敢前来惹是生非，这也是前人的一种气魄。比如"喝令三山五岳开道，我来了！"一样，敢冒天下之大不韪，竟敢冒充阎王爷，也不怕会被阎罗王钩去魂魄。

147. 戴角藏身咒

[神咒]

团住千兵，拢住万将。
化会我身，变会我身，十个我一个，十人我一人。
化会我身，变会我身，人人头戴六只角。
化会我身，变会我身，人人头戴一十二只角。
化会我身，变会我身，人人头戴一十八只角。
人看不知，鬼看不见，八面山河也不见。
人汪汪，鬼汪汪，八面山河也汪汪。
吾奉太上老君急急如律令。

[作用]

在赶猖鬼、打扫屋等仪式中用此神咒最为适合。

[作法]

边念边掐牛角诀置于额头上。

[编者按]

戴角撵鬼，鬼魅极怕，原因为蚩尤头戴面具与敌方作战。

148. 九牛藏身咒

[神咒]

化会我身，变会我身，
十个我一个，十人我一人。
变作九牛去下海，九牛下海去藏身。
人看不知，鬼看不见，八面山河也不见。
人汪汪，鬼汪汪，八面山河也汪汪。
吾奉太上老君急急如律令。

[作用]

三十六道藏身诀咒之一。

[作法]

先用莲华诀顺收，后用九牛诀扫下去。

[编者按]

在前人的眼中，牛的力气最大，若有九头牛，那就达到无坚不摧的力量
了，一旦九牛下海，则一切都得由它了。

149. 花船藏身咒

化会我身，变会我身，

十个我一个，十人我一人。

收在龙船一只，花船一艘，

龙船一海，花船一件。

收在九州四海，万里深堂。

人看不知，鬼看不见，八面山河也不见。

人汪汪，鬼汪汪，八面山河也汪汪。

吾奉太上老君急急如律令。

[作用]

三十六道藏身诀咒之一。

[作法]

先用莲华诀顺收一次，再用船筏诀收一次，最后双手掐祖师诀反手指向水碗。

[编者按]

"龙船一海，花船一件"是令人费解的言辞，这如实地反映了苗汉杂居初期语言交融的过程中某种潜移默化的状态。

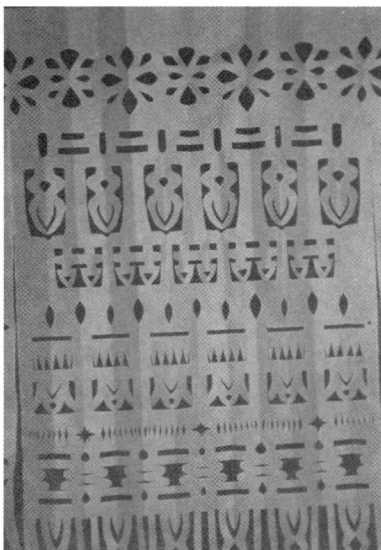

图 2-35　纸剪葫芦花

150. 大岩藏身咒

[神咒]

藏我身，变我身，我身藏在岩中心。
岩身借给我，我身变岩身，
若以邪法来对正，我身藏在岩中心。
人看人不知，鬼看鬼不明。
吾奉太上老君急急如律令。

[作用]

最方便最稳当的藏身诀法之一。

[作法]

在被邪师作弄的危急时刻，一脚或双脚踏在岩石上，念此神咒或观想默念此咒就行了。

[编者按]

岩石又大又硬又厚，雷打不动，风吹不移，水泼不透，火烧不燃。这在过去没有炸药的时代，再厉害的功夫也是拿它无法的。

151. 百草藏身咒

[神咒]

藏我身，变我身，百草丛中去藏身。
风吹百草片片动，不知哪片是我身。

吾奉太上老君急急如律令。

[作用]

野外藏身诀咒之一。

[作法]

手拿一把草，对草念咒后吹气一口，用力抛撒于荒草丛中。

[编者按]

野草满山遍野，正是藏身蔽体的大好地方。

152. 树叶藏身咒

[神咒]

藏我身，变我身，大树丛中我藏身。
风吹树叶片片动，不知哪片是我身。
吾奉太上老君急急如律令。

[作用]

野外藏身诀咒之一。

[作法]

手拿几根带叶树枝，对枝叶念咒后吹气一口，用力抛撒于荒草丛中。

[编者按]

利用树枝树叶隐蔽自己，这是在山地作战时常用的一种手段或方法。

153. 云雾藏身咒

[神咒]

藏我身，变我身，九霄云雾好藏身。
风吹云雾纷纷动，不知哪朵是我身。
吾奉太上老君急急如律令。

[作用]

三十六道藏身诀咒之一。

[作法]

此咒可念可唱，在傩祭的"坐兵场""开洞"等仪式中都曾有过应用。

[编者按]

云雾藏身不叫藏，叫驾云飘荡。此为走走过场而已。

154. 神牛肚藏身咒

[神咒]

藏我身，变我身，铁牛肚内去藏身，
铁棍打牛牛不动，放火烧牛牛不行。
藏我身，变我身，犀牛肚内去藏身，
藏在五湖并四海，别神别鬼不见身。
人也看不见，鬼也看不明。
吾奉太上老君急急如律令。

用于藏身变己的仪式中。

［作法］

同第 153 节。

［编者按］

本咒使人无法看见，即使看见了也无可奈何的藏身之法。

155. 香炉水碗藏身咒

［神咒］

藏我身，变我身，法堂宝殿香炉水碗去藏身。
我身变作一粒米，我身变作一根针。
人看不见鬼不明，吉康安泰享太平。
吾奉太上老君急急如律令。

［作用］

若得噩梦或遇见不该见到的坏
事坏人，如看见草鬼婆放蛊等，可
将自己所穿的衣服剪出一点布头压
在法坛香炉碗下面，念此神咒藏身
保命。

图 2-36　法坛香炉

［作法］

将衣服剪下一点点布头，放在
一张红纸上面，用莲华诀顺收之后，卷起红纸，压在香炉下即可。

巴代的法坛是诀法咒语的大本营、大堂大殿，把魂魄藏在坛中是最安全不过的了。

156. 天王藏身咒

[神咒]

化会我身，变会我身，我身变作天王大将军。
化会我身，变会我身，我身变作金刚身。
化会我身，变会我身，我身变作铜头铁面大将军。
头载八尺角，身披倒毛衣，尾巴拖在地。
人见人吓倒，鬼见鬼灭亡。
吾奉太上老君急急如律令。

[作用]

用于赶猖鬼、隔伤亡鬼、赶天狗等仪式中。

[作法]

先披襄衣、戴铁三角，再用天王诀、金刚诀、将军诀、鬼角诀、毛衣诀等加持后，用锅底灰涂脸抹面。

[编者按]

这种做法叫作"着鬼装"，意在制造恐怖气氛吓鬼。

图 2-37　太上老君像

157. 钉地狱门神咒

[神咒]

上开天门，下塞地府。

上铺天桥，下塞地桥。

上开天梯，下塞地梯。

上开天马，下塞地马。

下三十六道成铁脉^①，钉地府。

一钉东方天门开，死者亡师上登仙。

吾奉太上老君急急如律令。（五方如此）

注：①成铁脉——术语，铁钉把地脉钉断之意。

[作用]

在亡师快要落气的时候钉塞地府之门，以免亡师之魂堕入地狱受苦。

[作法]

准备好五根大铁钉或耙齿钉，在堂屋的五方各钉一根，先钉一点使铁钉站立，在亡师落气时，一人配合巴代，手拿锤子站在一边。巴代边念边双手掐剑诀开天，掐盖诀塞地。念一诀钉一锤，最后钉平至地面。

图 2-38　石磨封狱门一

图 2-39　石磨封狱门二

巴代一生跟随太上老君宣演教法,与地府碧游宫的通天教主有过节,恐怕通天教主及其门徒追杀巴代,因而在巴代落气时要先把地狱门钉死,一则不让其出来捉亡师魂,二则把地狱门堵死,亡鬼进不去。

另有一法是在门外坪场摆一张饭桌,按五方位垫五沓纸钱,再于纸钱上扑放五个碗,念此诀咒之后,压上一扇石磨在上面,象征着堵死了五方地狱之门。

158. 塞灶口神咒

[神咒]

弟子手拿铁犁重千斤,不塞正魂本命、三魂七魄,
当塞灶前灶后、灶左灶右。
千兵不要藏身,万马不要躲形。
灶堂莫过,灶殿莫行。
灶前张相公,灶后李氏夫人,[①]
是非莫讲,小话莫说。
莫惊莫动,莫走莫行。
再有金钱烧交,银钱烧送。
吾奉太上老君急急如律令。

注:①灶前张相公,灶后李氏夫人——传说中,灶神张相公管灶前烧火、管火等事;李氏夫人,即张相公的妻子管灶后锅碗瓢盆等事。

[作用]

巴代一旦过世,则称为"崩了香炉,倒了水碗"。其法坛中的千千兵马、万万兵将,可能会因为没了主帅而分离逃散。传说灶神是阴间与阳间的媒介,唯恐灶神走漏风声,这才要用铁犁来塞灶口,莫让生出是非之事来。

把铁犁塞进灶门口,念咒后烧几张纸钱。

[编者按]

灶神是阳间户主家的东道主神之一,也是阴间最基层的机构。把好这道关口,是一件阴阳两利的事情。

159. 锁坛咒

[神咒]

伏以——

上坛七千祖师,下坛八万兵马。

亡师某某某,崩了香炉,倒了水碗。

坛下七千雄兵,坛中八万猛将,

心中莫恼,肚中莫烦。

千兵莫惊莫动,万马莫走莫行。

堂是现堂,殿是现殿。

还有孝子孝孙,管住千千的兵,万万的将。

阴兵护起死者亡师,阳兵护我行兵弟子。

十二排报先锋,上山一路,下水一船。

再有稽首礼拜,庆贺迎祥。

吾奉太上老君急急如律令。

[作用]

名为锁坛,实际上是如实地交代法坛内的阴兵阴将:亡师虽然去

图 2-40 巴代法坛

世了，但还有其子孙接坛，你们不要惊恐，更不要逃散，法堂还是原来的法堂，宝殿还是原来的宝殿，一切不变，不要慌张乱了阵脚。

[作法]

在法坛前一边烧纸一边念咒。

[编者按]

阴阳一理，没了主帅等于没了主心骨，一切都会乱套，可经过具体的交代之后，让大家知道不会有什么变动，大家也就安心了。可见巴代法坛在处理移主换将时，程序还是十分严谨不乱的。

160. 散神咒

[神咒]

伏以——
钱财告报某某神祇(神名科之神)，
亡师某某某(法名)，在生之日，
东方交钱，南方度纸，
少钱补钱，缺纸补纸。
心中莫恼，肚中莫怪。
死者亡师某某某，
今则过了七里桥头，奈何桥上。
火化钱财买路，买路钱财，
金钱烧交，银钱烧送，
收钱上仓，收米上库。
不要拦前挡后，拦左挡右。
吾奉太上老君急急如律令。

[作用]

恐怕亡师在生之日为千家万户主持祭祀仪式的时候，送少了冥钱给神灵，这些神灵在亡师断气、魂魄升天之时会成群结队地前来索要，因此便要烧些纸钱来补偿打发，以免阴间鬼神刁难纠缠，惹是生非。

[作法]

将一两沓纸钱，一碗米，米上插三炷香，摆在亡师家门外坪场中，要两个人同时来做，一人手拿《神名通书》一堂一堂地念神的名号，另一人专门烧纸，每堂神名烧十来张纸钱，再从香米碗中抓上几粒米撒在燃烧着的纸钱火堆上。先散三十六堂神，后散七十二庙鬼，每堂都要散了才行。

[编者按]

由此看来，巴代想得还是很周全的。其在生时主持了那么多的祭祀仪式，谁知道被供奉过的神灵满不满意？主家的香纸有的烧得多，有的却烧得少，但都做过了，就怕此时他们来算总账，所以用这样的方式补偿他们。

161. 修路咒

[神咒]

九州兵马，前师后教。
功曹五猖，家亡先祖，家先等众。
村头龙神，寨尾土地，
灶公土地，灶王菩萨，
门头老鬼，把门将军。
土公土母，土子土孙。
修路郎子，补路郎君。
桥梁道路，河泊水官，
船头艄公，船尾水手。
大路修宽三尺，小路修宽三丈。
龙船要有，桥梁要护。
水路要通，旱路要平。
亡师千兵要过，万马要行。

吾奉太上老君急急如律令。

[作用]

通告阴间的执事人员，修好阴间桥梁道路，好让法坛的千兵万将护送亡师升天。

[作法]

先左手掐祖师诀念咒，后双手掐剑诀修路。

[编者按]

巴代升天不是简单的几句话就可了事，还有很多的具体措施需要完善才行。

图 2-41　长纸钱

162. 小开天门神咒

[神咒]

伏以——
大金刀，修开明官大路。
小金刀，修开明官小路。
第三金刀，照开阴阳二宫明官大路。
铺天桥，架地桥，铺去阴阳二桥大马路。
送去一对阴阳牌，金令一对，银令一双。
死者亡师请上高头大马，
三十六道正法开路，七十二道正诀护送。
茶房莫过，酒店莫行。
要会玉皇，要拜老君。
送去十重云头，九霄云雾。

七里桥头，奈何桥上。

老君大堂，玉皇大殿。

图 2-42　亡师坐堂

[作用]

　　亡师去世时，为了防止地狱鬼卒的干扰，为了不让亡师魂魄分散，为了百分之百地保证不堕地狱，先要举行小开天门仪式，把亡师魂魄悄悄地送上天界。因为亡师落气之后举行的小开天门仪式简单，不需要布置特殊的坛场，只在病床脚边举行，不惊动周围，而且是小声念咒用的都是正法诀咒的精髓。于是在外界毫不知情的前提下，无声无息地将其魂魄先送上去了。这种做法既保险又安全，有百分之百的把握将亡师魂魄送上天界。

[作法]

　　迅速给亡师洗体、装束之后，就在其所居的地楼板火塘后，病床脚边，摆一碗插了三炷香的香米、一碗肉、三碗酒、一沓纸钱，于桌前念咒用诀送其上天界即可。

[编者按]

　　为防止不测以及保险起见，一般采取先隐蔽后公开的做法，先办小开天门仪式后办大开天门仪式，这是非常得力的措施。可见前人设教，是多么的有理有序有节。

163. 大封牢井神咒

[神咒]

　　　　化天牢，化地井，化千丈深潭万丈古井。（三次）

〔第一层〕莲华宝柱，莲花宝诀，

　　　　三十六道正法，七十二道真诀。

　　　　不收儿魂女命，不收三魂七魄，

　　　　当收巧脚弄手，巧手弄匠，

　　　　弹匠钩匠，剃头道士，光头和尚，

　　　　游傩打卦老司，叫花讨米老司，

　　　　红衣老司，黑衣道士，

　　　　苗师客师，十二位五等不正邪师，

　　　　邪神邪法，邪师邪教邪诀邪鬼。

　　　　弟子东收二十五里，南收二十五里，

　　　　西收二十五里，北收二十五里，

　　　　中收二十五里，五五收去一百二十五里。

　　　　祖师收来，本师收尽，

　　　　收在天牢，押在地井，

　　　　收在千丈深潭，押在万丈古井。

　　　　莫惊莫动，莫走莫行。

　　　　下铜盖铁盖，高上金铁银宝盖。

〔第二层〕莲华宝柱，莲花宝诀，

　　　　三十六道正法，七十二道真诀。

　　　　不收儿魂女命，不收三魂七魄，

　　　　当收三十六堂之神，七十二庙之魂。

　　　　当收凶神恶煞，天瘟地气，天灾地难，

　　　　吵事郎子，闹事郎君，

　　　　阴包草药，阳包草便，①

　　　　瘟疫时气，疾病灾难，

天火地火，阴火阳火，

天怪地怪，八八六十四怪。

祖师收来，本师收尽，

收在天牢，押在地井，

收在千丈深潭，押在万丈古井。

莫惊莫动，莫走莫行。

下铜盖铁盖，高上金铁银宝盖。

{第三层} 莲华宝柱，莲花宝诀，

三十六道正法，七十二道真诀。

要收儿魂女命，要收三魂七魄，

当收一十二排报先锋，众师人等，

一堂三班老少，千人百客，

人人正魂本命，个个三魂七魄。

收在一十二洞前洞后，一十二洞左洞右。

人看不知，鬼看不见。

平安清泰，大吉大利。

吾奉太上老君急急如律令。

注：①阴包草药，阳包草便——喻示有疾病的出现而要用药，收去易患疾病的信息和因素。

[作用]

这种做法叫作"封井三层"。第一层是封邪师邪教、邪诀邪法、邪神邪鬼，恐怕它们捣乱、破坏祭祀活动，而将其封押在最下一层。第二层是封三十六堂神、七十二庙鬼和一些疾病吵闹、瘟疫时气，恐其兴风作浪，干扰、破坏祭祀活动。第三层也就是最上层封巴代弟子、主人家以及千人百客的生魂，以保证在祭祀中不受伤害。

[作法]

先在园圃中挖一个较大的土孔，摆一沓纸钱、三个碗。先烧香纸叩师，将一张纸钱铺于地面上，后掐莲华诀以逆时针方向收邪师，收完后将此纸钱揉成一团，放入坑底，用一只碗盖上，填一点土，此为第一层。再将一张纸钱铺于地面上，掐莲华诀以逆时针方向收鬼神及灾难，收完后将此纸钱揉成一团，放入坑中，用一只碗盖上，填一点土，此为第二层。又将一张纸钱铺于地面上，掐莲华诀以顺时针方向收生魂，收完后将此纸钱揉成一团，放入坑中，用一只碗盖上，填一点土，此为第三层。

[编者按]

从这些烦琐而有序的保安措施中，我们可以窥视到前人曾经受过的挫折和灾难，而迫使历代巴代们不得不如此认真地去操作。

164. 给亡师穿衣神咒

[神咒]

伏以——
死者亡师某某某，
太上老君赐你头戴金冠银冠，身穿法衣法袍，
脚穿金鞋银袜，腰绸金带银带。
赐你左手拿牌，右手拿印。
上登天界，列入仙班。
要拜玉皇，要见老君。
吾奉太上老君急急如律令。

[作用]

亡师一旦穿着巴代丧服入土，则福泽绵延千年万代。此时用神咒敕封，以示神圣、庄严。

[作法]

边念神咒边将衣冠鞋袜游动于香火上方熏透，待人们将其装束完毕之后再掐祖师诀，对亡师念咒三次。

[编者按]

亡师虽然已经死亡，但为其开天门的巴代却将他作为没有死亡的人来招

待、服侍，足以显出尊重别人也等于尊重自己这样一种观念。

165. 给亡师开光咒

[神咒]

开起亡师左头光、右头光，画龙画凤在中央。
开起左眼光、右眼光，两眼双双放毫光。
开起左耳光、右耳光，两耳双双听文章。
开起左鼻光、右鼻光，两鼻双双受宝香。
开起左口光、右口光，口念文章拜玉皇。
开起左手光、右手光，拿牌拿印坐官堂。
开起左身光、右身光，身穿龙袍放红光。
开起左脚光、右脚光，脚踏龙车上天堂。
吾奉太上老君急急如律令。

[作用]

传说给亡师开光之后，他在阴间才能看到东西。

[作法]

左手持一根点亮了的蜡烛于胸前，右手在蜡烛之后掐毫光诀，对着亡师念咒。念完后将蜡烛光含于口中，转身后对亡师吹一口气，象征着将此烛光喷于亡师身上，亡师满身都是光彩夺目。

[编者按]

以烛光喷于亡师身上，然后亡师才满身发光。这种开光的做法充分地体现出先人的智慧和幻想。

166. 保魂咒

[神咒]

　　弟子闭眼诚心，想梦来临，观请师父护我身。
　　弟子脚踩天平地平，阴平阳平，人平鬼平。^①
　　弟子正魂本命，三魂七魄。
　　莫惊莫动，莫走莫行。
　　吾奉太上老君急急如律令。

　　注：①脚踩天平地平，阴平阳平，人平鬼平——这里的"平"，有的坛班读作"凭"，有的坛班读作"坪"。究竟是哪个字，待考。

[作用]

　　念此神咒以保证自己的魂魄在开天门的过程中不失落，紧附自身。

[作法]

　　将师刀和马鞭象征性地踩在右脚下面，一直到开完天门才能松开取走。

[编者按]

　　师刀、马鞭代表什么呢？

167. 开天门诀咒

[神咒]

　　1. 大金刀，修开明官大路，
　　　　小金刀，修开明官小路，

第三金刀，修开阴阳二宫明官大路。

上开天门，下塞地府。

上铺天桥，下塞地桥。

上开天梯，下塞地梯。

上开天马，下塞地马。①

2. （头师）

大金刀，小金刀，第三金刀，

送起死者亡师，送到十重云头九霄云雾，

七里桥头奈何桥上。

（二师）

大金刀，小金刀，第三金刀。

送起死者亡师，送到老君大堂玉皇大殿。

3. （头师）

天桥地桥，阴阳二桥。

送起死者亡师，送到十重云头九霄云雾，

七里桥头奈何桥上。

（二师）

天桥地桥，阴阳二桥。

送起死者亡师，送到老君大堂玉皇大殿。

4. 吞鬼大王，咬鬼大将。

5. 红旗焰焰，黄旗焰焰，绿旗焰焰，蓝旗焰焰。

6. 一道七千雄兵，一道八万猛将。

7. 左边铜锤，右边铁棒。

8. 左边铜叉，右边铁叉。左边金叉，右边银叉。

9. 铜牯牛、铁牯牛、金牯中、银牯牛。

10. 大炮小炮，大马小马。

11. 金弓银弩，黄弓大弩。

12. 铜斩铁斩，金斩银斩。

13. 铜甲铁甲，金甲银甲。

14. 团住千兵，拢住万将。

15. 二人坐轿，铜照铁照，金照银照。

16. 铜钩铁钩，金钩银钩。

17. 铜镜铁镜，金镜银镜。

18. 铜线铁线，金线银线，阴阳二线，老君大线。

19. 二道七千雄兵，二道八万猛将。

20. 金香炉，银水碗。金桌台，银香案。

21. 左边金童，右边玉女。左边判官，右边小鬼。

22. 三元将军，四员枷栲。

23. 男兵排左，女兵排右。

24. 铜印铁印，老君大印。金印银印，玉皇大印。

25. 铜牌铁牌，老君大牌。金牌银牌，玉皇大牌。

26. 铜令铁令，老君大令。金令银令，玉皇大令。

27. 琉璃瓦屋，金堂瓦殿。金堂银堂，金殿银殿。

28. 金杯银碗，金调银筷。金盘银盘，金盆银盆。

29. 金床银床，金凳银凳。金铺盖，银铺盖。

30. 金漆交椅，银漆交椅，龙公交椅。

31. 长台师椅，桌台椅凳。

32. 钱仓金库，谷仓米库。

33. 左边金仓，右边银仓。左边金库，右边银库。

34. 左边金山，右边银山。

35. 左边牛栏，右边马房。左边鸡笼，右边猪圈。

36. 将军大炮，将军小炮。

37. 赤综大马，赤棕小马。

38. 红黑大帽，红黑小帽。

39. 左边板子，右边夹棍。

40. 红旗红号，双锣双鼓，双吹双号。

41. 文房四宝，笔筒书架。

42. 黄罗雨伞，金伞银伞，珍珠良伞。

43. 三百斤手铐，四百斤脚链。

44. 红旗一对，黄旗一双，绿旗一对，蓝旗一双。

45. 三道七千雄兵，三道八万猛将。

46. 五营兵马，五哨兵马。

47. 东方灯笼，南方蜡烛。

48. 银综大马，黄棕大马，高头大马。

49. 四人坐轿，八抬大轿。

50. 天车地车，阴阳二车，老君大车。

51. 统兵大旗，统旗大将。

52. 卦衣将军，桃衣将军。

53. 围东围西，围南围北，
    围五方堂殿养老诀，
    天上养老地下保身诀。

54. 锁东锁西，锁南锁北，
    锁五方堂殿养老诀，
    天上养老地下保身诀。

55. 接身登仙养老诀，天上养老诀，地下保身诀。

56. 度身登仙养老诀，天上养老诀，地下保身诀。

57. 安稳坐正养老诀，天上养老诀，地下保身诀。

58. 三子登仙养老诀，天上养老诀，地下保身诀。

59. 五子登仙养老诀，天上养老诀，地下保身诀。

60. 九子登仙养老诀，天上养老诀，地下保身诀。

61. 一十二统兵大旗，一十二统天大将。

62. 东方龙船五赶，渡红旗红号。

63. 南方龙船五只，渡长枪短弩、大炮小炮。

64. 西方龙船五赶，渡七千雄兵、八万猛将。

65. 北方龙船五只，渡金童玉女、判官小鬼。

66. 中央龙船五赶，渡五五二十五赶，
    渡死者亡师、过河过海、过海过河。

67. 你兵过河，我兵回来。
    你兵过海，我兵回转。

68. 阴兵阴马过阴间，阳兵阳马转回坛。
    阴兵阴马护亡人，阳兵阳马转回身。

注：①以下各段，头师在地面上用诀咒诵过送到"十重云头九霄云雾"之后，二师在瓦面上又用该诀咒重诵一遍送到"老君大堂玉皇大殿"。

[作用]

以上诀咒据传说能起到保送亡师魂魄上登天界、位列仙班的作用。

图 2-43　开天门度亡师

[作法]

此诀咒以序号为段落，每一序号头师在地面用诀咒持诵一遍，送到"十重云头九霄云雾"，二师在屋顶瓦面上复述诀咒一遍送到"老君大堂玉皇大殿"。

[编者按]

从以上 68 段神咒来看，巴代的精神世界中的各种结构是十复杂的。

168. 分兵拨将诀咒

[神咒]

弟子分兵拨将，
手拿一面红花高脚雄鸡，
交送东路五猖，南路武猖，
西路武猖，北路武猖，中路武猖。
五路武猖，五营兵马，

千千的兵，万万的将。

弟子分兵拨将：

二十五份阴兵护起死者亡师过河过海，过海过河。

二十五份阳兵跟起孝男孝女孝子孝孙。

一十二份阳兵跟起一十二先锋排报，

上山同路，下水同船。

阴兵——过河，阳兵——回来，

阴兵——过海，阳兵——回转。

弟子鸣角三声，送去死者亡师，

送到九重云头，十重云雾，

七里桥头，奈何——桥上！

老君大堂，玉皇——大殿！

[作用]

把法坛的兵马分作三股共六十二份，一股跟亡师，一股跟孝子，一股跟打先锋的巴代队伍。

[作法]

头师在地面上用雄鸡一只绚在亡师帅旗上，左手拿旗杆，右手捎分兵诀，口念分兵拨将诀咒后，将鸡和旗一起从桥布上送到二柱顶，二师接到后从屋顶上扔向空中，让其落在丧家门外坪场上。人们拿旗并升旗于旗杆上即可。鸡捆在旗杆下面。

[编者按]

在分配阴兵阴马的时候，亡师和孝子两边各分得二十五份，而三十六名打先锋的巴代队伍却只分得一十二份，这种分配比例始终把主家巴代神摆在主人位置，而把外来帮师的巴代神摆在宾客位置。这种做法是由外来帮师的巴代来宣布并且实施的，体现出了苗族人主次分明、合理调配的做事风格和本分诚实的思想品质。

169. 扎哨卡咒

[神咒]

某方①立了一重门，塞了一重门。
立了一重路，塞了一重路。
留人门，塞鬼路。
人来有路，鬼来无路。
立大金刀、小金刀，立第三金刀。
立三元将军，四员枷栲，
五营兵马，五雷斩煞。
安金甲兵，安银甲兵。
立五哨大弁，红黑大帽。
立五哨小弁，红黑小帽。
双锣双鼓，双吹双号。
黄旗登天，红旗登地。
立大将军，将军大炮。
立小将军，将军小炮。
立铜面将军，立铁面将军。
立铜叉铁叉，铜钩铁钩，铜钎铁刺。
立长枪短枪，金枪银枪，铜枪铁枪。
立金弓银弩，黄弓大弩，腰弓弩箭。
立麒麟狮子，黄斑饿虎。
立吞鬼大王，咬鬼大将。
立铜城墙、铁城墙，
高大城墙十三板，筑墙打垣。
千城墙，万城墙，万里城墙。
立铜篱笆、铁篱笆，
铜篱笆钉到天，铁篱笆撑到地，
三十六道金绞篱笆。

立十万天仙、八万地仙，文仙武仙。

下了千斤重、万斤重，

人消不动，鬼消不动。

安起雷筒大炮，镇压不正之鬼，

不准进入营哨。

天上化起五龙，地下化起五虎。

立大吞鬼口，安大咬鬼王。

何神不许见面，别鬼不准进堂。

若有邪神犯界，邪鬼进堂，

吞鬼大王吞去十重云头，

咬鬼大将咬去九霄云雾。

猪来不许送屎，狗来不许送尿。

若有猪来送屎，狗来送尿，

吞鬼大王吞去四方门下。

吾奉太上老君急急如律令。

法事圆满，道场元毕，再有钱财相送。

注：①某方——东、南、西、北、中五方。

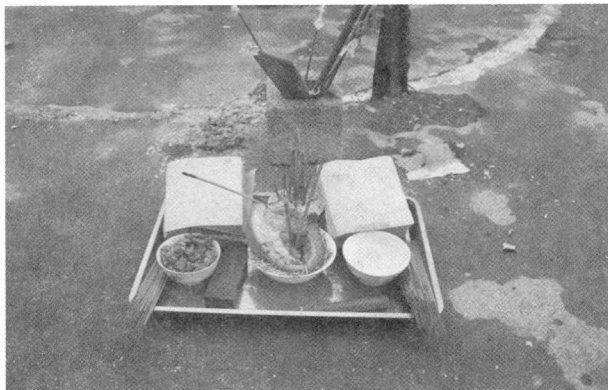

图 2-44　扎哨卡的刀头酒礼

[作用]

给亡师开天门之后，要围绕亡师家宅扎哨卡立五方营保护丧家，不让邪魔外道侵入破坏。

[作法]

选择屋外较宽的场地五处，在每处地面上插两面五猖旗和三炷香，香蜡师端筛盘，内装刀头酒礼、香纸等物，巴代队伍跟随，敲锣打鼓，吹角鸣号，于此五处用诀念咒，立营扎卡。

[编者按]

这就是巴代文化体系中所传承的军事文化。

170. 打先锋赶六畜咒

[神咒]

弟子手拿金刷条、银刷条，
铜赶条、铁赶条。
弟子手拿大金刀、小金刀，长刀杀刀。
不赶人的正魂本命，不杀人的三魂七魄。
当赶猪羊牛马，鸡狗鹅鸭，牲口禽畜。
赶去四方边地，不许拦前挡后，不许拦左挡右。
若有拦前挡后、拦左挡右者，
金刀斩杀不留命，长刀斩杀不留根。
吾奉太上老君急急如律令敕，斩杀六畜不留情！

[作用]

在给亡师绕棺打先锋之前，要先用赶猪的竹刷条围绕棺木赶去六畜，才能把亡师生前为坛头香火主持祭祀时所宰杀的六畜赶走，不然的话，这些冤魂定会前来索命，阻扰纠缠的。

将赶猪的竹刷条一根、长刀一把拿在手中，围绕亡师棺木一顺一逆赶三圈后赶出大门外。

[编者按]

杀生(牲)害命者，内心还是恐惧不踏实的，一直到死亡的时候都还受着良心的谴责。

171. 撒牛草五谷诀咒

[神咒]

　　亡师某某某，交钱度纸，
　　行香走火，十方门下。
　　信士宰杀猪羊牛马，鸡犬鹅鸭。
　　五牲六畜，全是户主敬神所杀。
　　今日要度亡师过界，收去十方门下。
　　不要拦前挡后，不要拦左挡右。
　　牛来有草，猪来有食。
　　羊来有草，狗来有食。
　　鸡鸭有五谷相送，
　　各有各堂，现有现殿。
　　若有不遵，
　　斩草不留根，斩杀不留命。
　　吾奉太上老君急急如律令。

[作用]

撒草料给六畜，让其不来阻挠纠缠。

[作法]

将草料五谷撒于丧家门外后念咒三遍。

[编者按]

良心发现，用草料来补偿给受害牲畜，这可看作忏悔过错的一种方式。

172. 扫路先锋咒

[神咒]

师爷——
弟子手拿令旗令箭，化为铜扫铁扫，阴扫阳扫。
不扫儿魂女命、正魂本命、三魂七魄。
扫铜钎铁钎，铜刺铁刺。
扫猪羊牛马，鸡狗鹅鸭。
扫鬼筑鬼扎，鬼导鬼钎①。
上打三十三天，下打一十八重地狱。
大路扫宽三尺，小路扫宽三丈。
一路顺风，大吉大利。
吾奉太上老君急急如律令。

注：①鬼筑鬼扎，鬼导鬼钎——巴代术语。恶鬼所设的障碍。

[作用]

先用绺旗扫开道路，亡师才能畅通无阻地到达墓地。

[作法]

扫路之前，先鸣角三声。念咒后，用绺旗先扫下三路，后扫中三路，最后扫上三路。

[编者按]

世间因为有了作为才有规矩，使本来很简单的事情变得十分复杂。

173. 打先锋立五营咒

[神咒]

立第某营盘哨^①：
立琉璃瓦屋，立金堂瓦殿。
立金床银床，立金凳银凳。
立长台师椅，立桌台椅凳。
立茶坊酒店，立肉堂酒铺。
立大金刀、小金刀，立第三金刀。
立大将军，将军大炮。
立小将军，将军小炮。
立三元将军，四员枷栲，
五营兵马，五雷斩煞。
安金甲兵，安银甲兵。
立铜面将军，安铁面将军，
将军收邪神不明。
立铜隔铁隔，天隔地隔，
山隔水隔，风隔雨隔，
左隔右隔，前隔后隔，
神隔鬼隔，阴隔阳隔。
隔去邪神邪法，邪诀邪鬼。
一隔一千里，二隔两千里，
三隔三万八千八百九万里。
隔起邪神邪法，邪师邪教，
邪诀邪鬼远远退位。

立铜面将军，立铁面将军。

立铜叉铁叉，铜钩铁钩，铜钎铁刺。

立长枪短枪，金枪银枪，铜枪铁枪。

立铜钎铁钎，铜刺铁刺。

铜牯牛铁牯牛，金牯牛银牯牛。

铜锤铁棒，板子夹棍。

立五哨大弁，红黑大帽。

立五哨小弁，红黑小帽。

立挡风诀一道，九十九道挡风诀。

立收风诀一道，九十九道收风诀。

立吞风诀一道，九十九道吞风诀。

风来吞风，雨来吞雨。

天上立五色云雾，地下立莲花宝柱。

立金弓银弩，黄弓大弩，腰弓弩箭。

立麒麟狮子，黄斑饿虎。

立吞鬼大王，咬鬼大将。

立铜城墙，铁城墙，

高大城墙十三板，筑墙打垣，

千城墙，万城墙，万里城墙。

立铜篱笆，铁篱笆，

铜篱笆钉到天，铁篱笆撑到地，

三十六道金绞篱笆。

立十万天仙，八万地仙，文仙武仙。

下了千斤重，万斤重，

人消不动，鬼消不动。

安起雷筒大炮，镇压不正之鬼，

不准进入营哨。

天上化起五龙，地下化起五虎。

立大吞鬼口，安大咬鬼王。

何神不许见面，别鬼不准进堂。

若有邪神犯界，邪鬼进堂，

吞鬼大王吞去十重云头，

咬鬼大将咬去九霄云雾。

猪来不许送屎，狗来不许送尿。
若有猪来送屎，狗来送尿，
吞鬼大王吞去四方门下。
保第某营盘哨，风平浪静，吉利平安。
吾奉太上老君急急如敕令。
法事圆满，道场元毕，再有钱财相送。

注：①立第某营盘哨——第一（东方）、第二（南方）、第三（西方）、第四（北方）、第五（中央）营盘哨，即五营。

[作用]

用诀咒立营以保证送亡师上山沿途不会有风吹草动，一路平平安安。

[作法]

把从家中到墓地的路途分成五段，于每段立一营，顺序为第一营（东方，青旗）、第二营（南方，赤旗）、第三营（西方，白旗）、第四营（北方，黑旗）、中营（中央，黄旗）。于每营处用诀咒立营。

[编者按]

在野外打锣鼓吹角鸣号，传说会惊动山野鬼魅，现形起风，如"几嘎几狞"之类的食人魔，如不用诀咒立营扎卡进行保护，则会出人命。这可以说是由于恶劣的自然环境而形成的观念、意识，同时也体现出苗族人自我保护的行为和举措以及其中的军事思想。

174. 踩草封山咒

[神咒]

弟子出门吹角，角号封去七十二庙。
东封山头，南封山尾。
西封山头，北封山尾。

中封山头，五方堂殿封了山头山尾。

封了三十六堂，封了七十二庙，

堂堂神祇都不知，庙庙神灵都不见。

吾奉太上老君急急如律令。

[作用]

打锣鼓，吹角号，成群结队于荒山野外行法事，恐怕惊动山神野鬼，故而要在出门前吹角封山，以保平安。

[作法]

左脚踏门槛，先掐祖师诀念咒一遍，吹角三声；再右脚踏门槛，掐祖师诀念咒一遍，吹角三声。

[编者按]

传说念了吹角封山的诀咒之后，凡是角声所到之处皆被封闭了。

175. 出门咒

[神咒]

弟子脚踏门槛①，师父到头堂。

八大江河水倒流，八大江河水倒涨。

弟子出门，一步跳下河，二步跳下海。

三步跳上九霄云雾。

千层波，万层浪。

人不知，鬼不见。

吾奉太上老君急急如律令敕。

注：①门槛——本地音读"抗"。为横在大门口的一根大方木。

[作用]

保证出门之后巴代队伍以及众人的平安吉利。

[作法]

右脚踏在门槛上，左手掐祖师诀念咒三遍，念完后朝外施放即可出门。

[编者按]

这是不是心理上的一种自我安慰？

176. 枷土地咒

[神咒]

一枷土地头，你莫愁。
二枷土地手，你莫走。
三枷土地腰，你莫动。
四枷土地脚，你莫作。
犬不要叫，鸡不要啼，
苗师客师，五等邪师，
邪法不准，邪教不灵。
收入西山上，藏牙变爪，水土按星①。
远看何洲洋洋，近看黄土神墙。
莫用眼看，只用耳闻。
吾奉太上老君急急如律令。
道场圆满，无事周毕，再有钱财上奉。

注：①水土按星——巴代术语。有两层意思，一是水土安心，不要有妄念。二是按方位来，该在什么位置便安心在什么位置，不要妄起杂念，不要随着邪师所用的邪法而乱动。

[作用]

出外行法，唯恐邪师作弄而起怪异，可念此神咒，嘱咐土地神在暗中关注防范，制止邪师，使其用法不灵。

[作法]

以左手大指掐中指指尖、中节线、下节线、底纹线，念枷头、枷手、枷腰、枷脚时分别掐之，念完、掐完即放。

[编者按]

枷土地即控制、掌控、指挥土地神，而土地神又可控制邪师邪法，这样的关系是由人来确定的。

177. 请亡师上轿咒

[神咒]

长台师椅，桌台椅凳。
金床银床，金凳银凳。
莲花宝座，莲花宝坛。
金香炉，银水碗。
金铺盖，银铺盖。
明灯照亮，灯花蜡烛。
文房四宝，笔墨书案。
金印银印，玉皇大印。
金令银令，老君大令。
金童玉女，判官小鬼。
男兵排左，女兵排右。
金牌银牌，回避肃静。
红黑大帽，红黑小帽。
左边板子，右边夹棍。

三元将军，四员枷栲。
五营兵马，六丁六甲。
七千雄兵，八万猛将。
金弓银弩，黄弓大弩，腰弓弩箭。
麒麟狮子，黄斑饿虎。
吞鬼大王，咬鬼大将。
将军大炮，将军小炮。
铜叉铁叉，铜锁铁链。
青旗青号，赤旗赤号，
白旗白号，黑旗黑号，
黄旗黄号，五色旗号。
双锣双鼓，双吹双号。
黄罗皇伞，八抬大轿。

亡师请上八抬大轿，安稳坐定。
千斤毛铁打把弩，四斤麻索搓弩线。
安金弓银弩，黄弓大弩，腰弓弩箭。
安大将军，将军大炮。
安小将军，将军小炮。
铜叉铁叉，铜钩铁钩。
安铜锤铁棒，铜斩铁斩。
安吞鬼大王，咬鬼大将。
安在亡师轿前轿后，保住亡师轿左轿右。
吾奉太上老君急急如律令。

［作用］

在出丧之前，用诀咒玄法给亡师发去一应物件，如此才能起到沿途保护亡师安稳的作用。

［作法］

使用相应的手诀边念边放。

从上面神咒所指的一应物件中，我们不难看出苗汉杂居之后文化交融的一些过程，即苗族的生活环境及条件是怎样随着汉文化的融入而不断改变的。

178. 发丧咒一

[神咒]

伏以——
八大金刚齐作力，六丁六甲来护丧。
凶星退去百万里，吉神护住丧头尾。
吾奉太上老君急急如律令。

[作用]

通过发丧咒发丧，才能避开凶神恶煞的捣乱，保护抬丧队伍的安全。

[作法]

把棺木下面的灯碗里的油倒掉，将碗摆在棺木头上。发丧人手拿一根柴火棍，念完咒语之后将碗打破，抬丧人等便将棺木抬出门外。

[编者按]

佛教的八大金刚神与道教的六丁六甲神在这里被整合到一块了，其关系显得十分紧密。

179. 发丧咒二

[神咒]

伏以——

行行昌昌一炷香，悲悲切切断肝肠。

日吉时良，天地开昌，鲁班造屋不许停丧。

何人差我来发丧，祖师差我来发丧。

龙神土地与我驾云车——

切以：此火不是非凡火，祖师赐我三昧火。

尚来烧天天开，烧地地裂，

烧人人生百福，烧鬼鬼尽消灭。

尚来招到：孝家大男小女，三班老少。

人人头上三魂、腰中三魂、脚下三魂，

三魂七魄，七魄三魂。

生魂扫出，若有不出，弟子化起金刀押出。

尚来招到：一班弟子、二班弟子、三班弟子，

千人百客，千金百容，

帮忙人等，一屋大众。

人人头上三魂、腰中三魂、脚下三魂，

三魂七魄，七魄三魂。

生魂扫出，若有不出，弟子化起金刀押出。

尚来招到，新故亡者，

一魂二魂三魂七魄，七魄三魂。

死魂扫进入棺木。

死魂不入，弟子化起金刀押入。

扫到天瘟地气，天灾地难，

麻衣孝服，灾星八难。

扫入棺木一并随丧而去。

此火此火，非凡之火，祖师赐我三昧真火。

当烧长岩短刺，丧杠化为金杠，草索化为麻索。

棺木化为方函一个，四角化为四大菩萨。

八大金刚齐着力，轻轻抬去如茅草，

抬出去！从此弟子发丧之后，

孝家大吉大昌，弟子增福延寿，如意吉祥！

[作用]

传说如果不通过发丧咒把生者的魂魄扫出来，一些运势弱的人的魂魄会随棺木而被埋到坟墓里，轻则染患疾病，重则不久丧命。通过发丧之后，把活人魂魄扫出棺木，把亡者魂魄扫入棺木，同时把灾星八难都一起扫出随棺而去，不再祸害户主，又可保护沿途平安。

图 2-45　发丧

[作法]

先烧两沓纸钱，左右手拿着交叉挥舞，以逆时针方向绕棺木一圈，于棺尾处将纸钱从头上反手扔向背后的大门口。转身后，左手掐祖师诀，半蹲着以右手反手托住棺尾底板后，做背出状走到门边。再烧两把香，双手交叉挥舞并开始高声念咒，从棺尾左侧走向棺头。最后将两把香并在一起用左手把着立于棺头上，右手执令牌做比画。念完神咒后将香使劲地扔向棺尾、大门口，抬棺者便一起发动，将棺木抬出门外。

此神咒内容详细，把吉凶都说得清楚明白，反映出人们避凶就吉的心理。

180. 修路咒

［神咒］

> 大路修开三尺，小路修开三丈。
> 人躲三尺，鬼躲三丈。
> 铺架阴阳二桥，天门开，地府闭。
> 亡师行从五营过，五营兵马勤侍候。
> 亡师肉体安葬灵山。
> 百无禁忌，大吉大利。
> 吾奉太上老君急急如律令。

［作用］

修好阴间道路，让亡师丧车安稳上山。

［作法］

双手掐剑诀，边念边朝外施放。

［编者按］

思想领域之事，怎样想就是怎么样。

181. 火把咒

[神咒]

放天火，放地火，放阴火，放阳火，
放五百蛮雷神火，放三昧真火。
大路烧开三尺，小路烧开三丈。
不烧正魂本命，不烧三魂七魄。
单烧邪神邪鬼，邪诀邪法。
烧去天牢地井，不准拦前挡后。
弟子三十六名排报先锋，变作十二水龙下海，
人不知，鬼不见。
吾奉太上老君急急如律令。

[作用]

用火开路，邪鬼惧怕，同时又可照亮亡师前行。

图 2-46　开路先锋

[作法]

用火把，也可用一把燃香代替，念咒后拿着上山。

[编者按]

乡间安葬亡人，大多在天未亮时，用火把照明是常事。

182. 护驾咒

[神咒]

弟子出门立了五面山，两面将军护左右，
五百蛮雷在身前。
弟子放起飞刀，头营去挡风，二营去挡浪。
铜弹子前头去，铁弹子前面行。
阴弹子、阳弹子，阴牯牛、阳牯牛，
挡风挡浪，隔妖隔邪。
弟子化起铜扫铁扫，阴扫阳扫。
扫铜钎铁刺，扫猪羊牛马，
鬼筑鬼扎，鬼钎鬼倒。
大路烧开三尺，小路烧开三丈。
吾奉太上老君急急如律令。

[作用]

保沿途平安，阴阳两利。

[作法]

使用相关手诀，边念边放。

[编者按]

这种保驾措施是十分神秘而且到位的，清除道路障碍后才能畅通无阻。

图 2-47　沿途护驾

此法与戒严大体相似。

183. 至坟安亡咒

[神咒]

　　立大金刀，小金刀，第三金刀。
　　立三元将军，立四员枷栲，
　　立千斤香炉，立万斤水碗。
　　天上立五色云雾，地下立莲花宝座。
　　立琉璃瓦屋，立金堂瓦殿。
　　立龙楼凤阁，立十二龙楼高堂大殿。
　　立大堂官府，安神坛大案。
　　立文房四宝，安书桌公案。
　　立琴棋书画，安歌乐舞众。
　　左安恭房，右立酒店。
　　安茶房酒店，立肉堂酒铺。
　　安金仓银仓，立钱仓米库。

安牛栏马圈，安猪圈羊圈。

左立日宫，右安月殿。

立日月星辰，三光照耀。

立金童玉女，判官小鬼。

立仙木仙果，安仙桃仙树。

立五营兵马，安五哨兵将。

立金床银床，安金凳银凳。

立金漆交椅，银漆交椅，龙公交椅。

奉请亡师某某某，上排上坐，下排下座，

中排中坐，排方正坐。

上拜玉皇，下护子孙。

上列仙班，下救万民。

吾奉太上老君急急如律令敕。

[作用]

用诀咒立官衙府第，让亡师坐享后人供奉。

图 2-48　坟地打先锋

[作法]

边念边掐相关诀法，绕亡师棺木三圈，最后于棺前立定，念相关诀咒三次。

苗族人们生活中经常碰到,巴代经常用到,给生者精神安慰,不知亡人是否永享幸福。

184. 开五方门咒

[神咒]

开文门,开武门,开神门,开官门。
关文门,关武门,关神门,关官门。
东方安木神将军守青营,
南方安火神将军守赤营,
西方安金神将军守白营,
北方安水神将军守黑营,
中央安土神将军守中营,
五方阴兵守五营,禁忌五营。
赐你金锁银锁,铜锁铁锁。
当开你开,当锁你锁。
吾奉太上老君急急如律令敕。

[作用]

通过开门关门,安阴兵守营,亡师才能安稳坐享千年。

[作法]

于坟前边念边用相关的手诀加持。

[编者按]

巴代亡师的坟墓,传说可以压住地势很旺的龙脉山水,这是因为其阴间设施特殊之故。

185. 护坟咒

东方安青虎大王守坟墓，
南方安赤虎大王守坟墓，
西方安白虎大王守坟墓，
北方安黑虎大王守坟墓，
中央安黄虎大王守坟墓。
猪羊牛马不许操坟，
人看远躲三尺，鬼看远躲三丈，
六畜牛马远远退去。
百无禁忌，大吉大利。
吾奉太上老君急急如律令敕。

[作用]

防止牛羊猪等六畜或用角抵坟或用脚踩散坟土。

[作法]

边念边掐黄斑饿虎诀加持。

[编者按]

传说巴代生前在所主持的各种祭祀中杀害了六畜，其死后，坟墓多会遭到六畜的踩踏抵挖。

186. 安亡师坟龙咒

[神咒]

东方安青龙，青龙安住合亡师。
南方安赤龙，赤龙安住合亡师。
西方安白龙，白龙安住合亡师。
北方安黑龙，黑龙安住合亡师。
中央安黄龙，黄龙安住合亡师。
五方五位龙公龙母，龙娘龙爷，
龙子龙孙合起死者亡师。
死者亡师合起五方五位龙公龙母，
龙娘龙爷，龙子龙孙。
阴间合亡师，阳间合子孙。
千年大发，万年大旺。
亡师落地，弟子领兵回去，
亡师坐山，弟子领兵回转。
吾奉太上老君急急如律令敕。

[作用]

给亡师安龙，得到龙脉庇护，孝子才能大发大旺。

[作法]

用白米安龙，每方撒米一把。

[编者按]

龙脉风水也听巴代的安排，说安就安，讲合就合。这些都是人们的良好愿望。

187. 扫魂咒

[神咒]

> 天灵灵，地灵灵，祖师赐我宝幡来扫魂。
> 一扫东方甲乙木，木命生者生魂出。
> 二扫南方丙丁火，火命生者生魂出。
> 三扫西方庚辛金，金命生者生魂出。
> 四扫北方壬癸水，水命生者生魂出。
> 五扫中央戊己土，土命生者生魂出。
> 尚来扫到，新故亡师，一魂二魂，
> 三魂七魄，七魄三魂，死魂扫进入棺木。
> 从此弟子扫魂之后，孝家大吉大昌，
> 弟子大发大旺，人众大安大昌。
> 吾奉太上老君急急如律令敕。

[作用]

为防止在场大众中运势弱者的魂魄落入坟墓或棺木中被一同埋葬，巴代通过扫魂仪式，将生者的魂魄扫出来。

[作法]

持引道幡（又叫作引魂旗，一种专门引领亡魂超升天界的用纸做成的长条形旗子。）站在坟的左边，念到"扫出"句时做扫出去状，念到"扫入"句时则做从外面扫进来之状。

[编者按]

传统观念认为运势弱的人之魂魄很少附体，可能是体虚体弱所致，其魂魄非常容易与亡魂死神沟通，导致其患病或发生倒霉事情（灾难祸害）。

188. 回兵咒

[神咒]

他兵过河，我兵回来，
他兵过海，我兵回转。
吾奉太上老君急急如律令敕。

[作用]

把拥护孝子的二十五份兵马和拥护十二排报先锋的十二份兵马召回，不让其和亡师的兵马一起去天界，也不让其走散于山野。

[作法]

左手拿住掌坛师的帅字旗杆，右手掐牛角诀，边反复念咒边丈量旗杆。一般情况下，如此叨念比画三次之后，巴代便会抖动、跳跃起来，这表示兵马已经上其身并已回转了。若没有抖动、跳跃，则可另换一名巴代又按上法叨念比画三遍，此时锣鼓齐敲、角号齐鸣，巴代自然会抖动、跳跃起来。

[编者按]

回兵咒又可叫作分兵拨将咒，它可把亡师和生者的兵马分开，各走各路。可见前人(设教者)的一番良苦用心。

189. 造杠车神咒

[神咒]

一观祖师，二念本师，师父传我降来临。
奉请木头根根，柱头根根。

有车要三步跳车，有马要三步跳马。①

登车上马，接钱上库。

吾奉太上老君急急如律令。

注：①有车要三步跳车，有马要三步跳马——跳车、跳马。巴代专用术语。这里指木杠自行跳动。

[作用]

从前的苗寨在过年时，全村老少都喜欢聚集在安有法坛的巴代家里，观看巴代举行过年放兵或管兵的仪式，称为玩年。此时，"跳杠"往往是一些年轻人最喜欢参与的玩乐项目之一。具体玩法是，在堂屋或门外坪场中聚拢五至十个小伙子，共同以右手握住一根竖着的木杠子，巴代念着咒，大家将木杠一提一放，这木杠先是微微跳动，之后便会由弱到强地跳动起来。而这些年轻人也会越来越用力，直至汗流浃背，引得观众不断喝彩。

[作法]

巴代先在法坛烧香纸，将一根木杠熏于香火之上并念咒三遍，然后将木杠交与一小伙子拿着竖在地面上，招来众小伙子统一以右手握着木杠围成一圈。巴代左手掐祖师诀，右手抓起木杠边念神咒边一提一放，众人也随之一提一放，先是慢慢用力，后来用力越来越大。最后木杠跳动起来，而且停不下来，引起观众大笑和叫好。

[编者按]

在过去科技文化不发达的时代，玩年庆节的娱乐活动相对单一，村寨人聚集于法坛前，打苗鼓、跳杠等便是非常热闹的事情。

190. 造猴车咒

[神咒]

奉请九州兵马，前师后教，五哨兵马。

人人就要上车，个个就要上马。

要上高岩大洞山头，地岩大洞山尾。

东方大洞山头，南方大洞山尾。

西方大洞山头，北方大洞山尾。

中央大洞山头，五方堂殿大洞山头山尾。

奉请猴山教，猴山诀[①]。

请出八面山头，小面山尾。

有车就来上车，有马就来上马。

请到下坛兵马，南郊大王，北郊天子[②]。

停车一步，驻马一时。

奉请九州兵马，前师后教，

五营兵马，五哨兵马，格上神箸。

猴山教，猴山诀，

五行五地，投坛拜法。

有车要跟他们三步跳车，有马要跟他们三步跳马。

登车上马，接钱上库。

吾奉太上老君急急如律令。

注：① 猴山教，猴山诀——猴神的名号。

② 南郊大王，北郊天子——管住法坛兵马的主帅。有的坛班称为"南教大王，北教天子"。传说是指蚩尤，其在北方(黄河流域)时为天子，为苗族部落联盟的首领，于涿鹿之战后逃到南方(长江中下游)后则只能称为大王了。

图 2-49　吊挂

[作用]

同第189节一样，也是玩年时的一种游戏，可使一帮年轻人各自跳跃。

[作法]

玩年时，巴代左手拿一面武猖旗、三根燃香，右手拿师刀站到大门边，边摇师刀边掐猴山教猴山诀。请来后回到法坛，再烧香纸，交纳香米利什给猴山教猴山诀以及下坛武猖兵马。然后烧香，左手掐祖师诀绕那些年轻人念咒三遍，即到下坛(岩)拍令牌大吼"快快登车上马!"这些年轻人往往就会像猴子一样跳跃起来，引得观众哄堂大笑。

[编者按]

这些年轻人是真的癫狂或是故意跳跃呢?

191. 师刀斩邪咒

[神咒]

一念①祖师，二念本师，祖师传我降来临。
师刀向肉阴，口说话成灵，
师刀砍下去，砍断邪师人。②
吾奉太上老君急急如律令。

注：①念——观想。有的坛班读作"凝"，即想在心内。
②师刀向肉阴，口说话成灵，师刀砍下去，砍断邪师人——此咒又名阴刀咒，其咒语为"阴刀化为阴，口说降来临，阴刀飞上天，斩断猪羊筋"。但阴刀咒所用的不是师刀，而是杀猪刀。

[作用]

用来平息发生在祭祀场中的反常现象，比如已被杀死并煺毛的猪羊复活，无故出现蓝火苗烧纸扎纸剪等。

[作法]

左手掐祖师诀，右手拿师刀念咒，三遍后将师刀从胯下扔出去，其怪象自消。

祭祀场中出现反常怪象，这是极少有的事情，传说扔出师刀可伤邪师的神，扔出杀猪刀会丧邪师的命。

192. 解傩头转背咒

［神咒］

一念祖师，二念本师。

令牌一下，霹雳一声，传法祖师到如今。

传教祖师石法高，随前随后，随左随右。

要用金绞莲华诀，银绞莲华诀。

要车神娘转头，神公转面。（三次）

借起太上老君铜锁铁链，交送武猖功曹兵马。

东方要绹邪师弄人，南方要绹邪教弄鬼。

西方要绹邪师弄人，北方要绹邪教弄鬼。

中央要绹邪师弄人，五方要绹邪教弄鬼。

要绹巧脚弄手，巧手弄匠，

弹匠钩匠，剃头道士，光头和尚，

游傩打卦老司，叫花讨米老司，

红衣老司，黑衣道士，

苗师客师，十二位五等不正邪师，

邪师邪教，邪诀邪法，邪神邪鬼。

绹到堂屋之中，大厅之内。

左边要上铜枷，右边要上铁锁。

踩在行兵弟子脚下，收在铁板，押在马后。

早来送他哭天，夜来送他哭地。

送他凶灾恶难来当，凶祸恶害来受。

吾奉太上老君急急如律令。

图 2-50　傩母像

[作用]

在还傩愿的时候，从前多有傩公傩娘头像转向背后去了的情况，据说是被邪师作弄，用此神咒可使傩头自动转面看向堂屋。

[作法]

先于坛前烧香纸叩师，念咒并拍令牌于神桌面上。念到"要车神娘转头，神公转面"时，掐车诀对傩头做车转状。再用逆收莲华诀并转身收五方邪师。最后做踩踏在脚下之状，并观想踩踏三个月之久。

[编者按]

从上段神咒中，我们隐约可以看到正教与邪法打斗的情景，似这等不用人来动手而傩头自行向背，念咒之后又可自行复面的事情，还真的让人费解。但传说此等复面法必须有邪师作弄才灵验，反之不灵。

193. 定狗咒

[神咒]

捆鬼连仇诀①，天吓吓，地吓吓。
借起太上老君铜枷铁锁，铜锁铁链。
头上不捆儿魂女命，脚下不捆元辰本命，三魂七魄。
捆起九等邪师，十等邪法。
捆起白狗黑狗，黄狗花狗，
捆在五堂门外，定在五堂②门外。
借起太上老君铜罩铁罩，
罩起九等邪师，十等邪法。
罩起白狗黑狗，黄狗花狗，
罩在五堂门外③，定在五堂门外。
奉请第一泰山④压狗头，狗儿有脚不许走。
第二泰山压狗腰，狗儿有脚不许跑。

第三泰山压狗身，狗儿有脚不许行。

莫走莫动，莫游莫行。

等待弟子法事圆满，再来归位。

吾奉太上老君急急如律令。

注：①捆鬼连仇诀——"连仇"是什么意思，待考。

②五堂——照手抄本录出。到底是"吾堂"还是"五堂"，五堂指哪五堂，待考。

③罩在五堂门外——原手抄本为"照"，"照"罩"同音"。"罩"为本地方言，围住之意。

④第一泰山——以下皆为泰山诀。有的坛班在定鸡时也用此诀咒。

[作用]

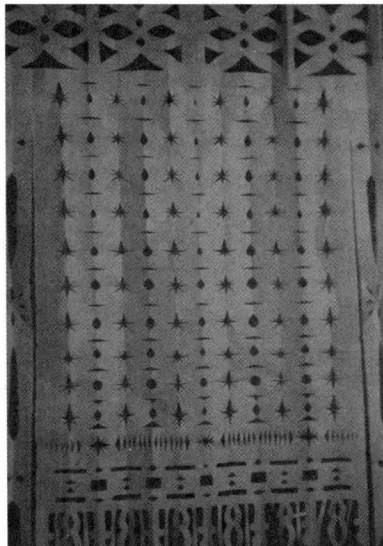

图 2-51　纸剪冰雪花

传说在巴代祭祀场中，多有出现群狗围住穿红衣的巴代乱叫甚至乱咬衣角的情况，只要巴代一打锣鼓，一寨人家的狗都会汇集拢来，任你怎样赶总是不散，有的狗还会在神坛中随地拉屎撒尿。若出现这些情况，可能是被邪师作弄了，这些狗才会如此兴奋和猖狂。念此神咒可以把这些狗定在场外，直到祭祀完毕后才可以走动回家。

[作法]

按照在场的狗数各绞一个草包，有序地摆在门外坪场。巴代一边掐祖师诀一边围绕着群狗念咒，这些狗便会自动地跟着巴代走去门外坪场。巴代围绕那些小草包不断地掐诀念咒，这些狗便会一只一只地坐到这些小草包上，直到祭祀结束才能走动。

[编者按]

十几只狗甚至几十只狗有序地坐在坪场中的草包上，这种场面的确十分罕见。

194. 飞山杀邪咒

[神咒]

奉请师父石法兴、石法友、石智慧、石法高，
随前随后，随左随右。
加持诀咒，弟子用法得准，用诀得灵。
奉请满娥飞山①，周公管地活王。
杨一杨二杨三杨四杨五三丈，矮子三郎。②
老老太太，子公内公。老老太太，子婆内婆。
前头带起七千雄兵，后头带起八万猛将。
去杀三棚草药，四婆草鬼。
男人窝③法，女人窝诀。
我交钱他来隔钱，我度纸他来隔纸。
送他开口吐恶，闭口吐血。
押在五雷扑地，头破血流④。
吾奉太上老君急急如律令。

注：①满娥飞山——以下各句皆为神名。飞山，指唐朝末年战乱四起，而杨再思统领的桂、黔、川以及湘西南地区的六十多个州县却比较稳定，其功绩得到了后梁朝廷的高度重视和评价，被朝廷封为"英慧侯飞山令公"，故其被湘西人称为"飞山活王"，被公认是城步杨姓的始祖。

②杨一杨二杨三杨四杨五三丈，矮子三郎——指杨再思十个儿子最有才华的五个，这五个儿子又以二儿杨正滔和三儿杨正修最出色。

③窝——本地方言。手抄本为"窝"，按其义应该是"捌"，即掐或挽手诀念咒害人的意思。

④头破血流——据说此句可换为"拍肠痛肚"，意为适当教训一下就可以了。如果念"头破血流"的话，可能会丧命。

[作用]

如被邪师作弄过头，欺人太甚，在忍无可忍的情况下，用此诀咒可使邪师受到伤害。

[作法]

过去老班人多不刷牙，牙缝里多有牙垢，以右手抠出一些牙垢于指甲缝内，边念边对场外画"斩杀"二字，念完后将指甲缝里的牙垢弹出去即可。

[编者按]

过去可用牙垢，现在可用什么呢？当今牙垢是难以得到，只能改用香火了。

195．茅草箭杀邪咒

[神咒]

祖师帮我用法，本师把我用诀。
用法得准，用诀得灵。
巧脚弄我七十七，弟子还他八十一。①
吾奉太上老君急急如律令。

注：①巧脚弄我七十七，弟子还他八十一——巧脚指邪师。其中的"巧"字是苗语，意思为恶人、坏心人。七十七、八十一，喻魔高一尺，道高一丈。

[作用]

杀邪师。

[作法]

用一片茅草叶，抽出中间的硬筋。右手抓住叶子，以其筋当箭，架在右手背的食指和中指中间，念完咒后向场外射出即可。

山村野寨，用茅草筋当箭射，多是孩子们放牧时玩的一种游戏，但用神咒加持之后，却变成真的武器了。

196. 围邪咒

[神咒]

巧脚弄手，巧手弄匠。

在东围东，在南围南，

在西围西，在北围北，

在中围中，在天围天，

在半天云雾，围到半天云雾。

围在铜锅，押在铁罐。

下铜绞铁绞，铜撑铁撑，铜锁铁链。

天灵灵，地灵灵。

绹个青草，煮你归铜锅，八洞神仙埋同名。

正月十三省①，师父在我心。

一刀插你右，看你死不死。

二刀插你右，看你亡不亡。

三刀插你心，取你本命见阎君。

吾奉太上老君急急如律令。

注：①正月十三省——省为观想、思念之意，巴代以正月十五之前的这段时间为修炼教法的最佳时期，十五日内又以十三日为小月半，其间以省法为主，故名十三省。

[作用]

杀那些心狠手辣的邪师。

[作法]

先掐围诀，后取一把草，在草上插三刀。

[编者按]

曾有传说用锅子鼎罐煮邪师的故事，比如煮或蒸食物时，烧了大半天火，水还是不开或者食物仍然是生的，就可认为是被邪师作弄了。此时将刀插入锅或鼎内，盖子盖紧，不一会便会有人来讨饶认错。

197. 杀邪像咒

[神咒]

弟子右手拿金刀，左手拿银枪。
金刀斩，银枪杀。
斩草不留根，杀去邪师不留命。
要斩九等邪师，十等邪法。
吾奉太上老君急急如律令。

[作用]

斩杀那些害人较重、手段较为狠毒的邪师。

[作法]

先在地面上画一个人像，然后边念咒语边用尖刀或师刀把之尖角刺之，欲伤其什么部位便刺什么部位。据说其被杀伤的部位不久便会长出毒疮。

[编者按]

据资料提供者说，此咒是被邪师作弄得忍无可忍时才不得已用的。在用时还得顾及情面，一般不刺其要害部位，比如头、心等处，只是刺些屁股、大腿这些肉厚的地方。这体现出巴代在反击敌方时的人性化。

198. 立傩咒

[神咒]

奉请祖师龙法兴、龙法灵、龙法元、石法高，
随前于后，随左于右。
拥护弟子起手成法成诀，动脚成罡成步。
前面后面靠背山，二面背山登风烟。
高上铜悬照星斗，地下黄土土生根。
将军化为四柱马，马脚落地地生根。
站立就立，站稳就稳。
吾奉太上老君急急如律令。

[作用]

此咒可以使傩娘在无依托的情况下站立在堂屋中，并且还要背一扇磨子。

[作法]

将装扮好了的傩娘取出立在堂屋中，用一扇石磨用绳索套系在傩柱竹最下端的孔眼内，边念神咒边用手调整重心，慢慢松手，最后放开，使其自行站立。

[编者按]

立傩是在还傩愿时才举行的一种游戏，以此显示巴代的道法高强，这也是巴代博取众信的一种方式。

199. 开眼光咒

[神咒]

奉请师父龙法高、石法高，

开我左眼光，开我右眼光。

开我一清光，开我二清光……开我一十一清光，

开我一十二清光，弟子开光到神堂。

开左眼光，开右眼光。

开阴眼，开阳眼。

开弟子铜照铁照。

开光要见神，开眼要见鬼。

吾奉太上老君急急如律令。

[作用]

传说开光后，在夜里可以看见阴间的物象。

[作法]

用夜鹰眼晒干研末，取出一点化于取自芋头叶的露水中，滴于眼内，掐祖师诀请师念咒，掐毫光诀对准眼睛晃动做开光状。

[编者按]

开眼光可见神见鬼，这与巫术有些相同。

200. 开阴眼咒

[神咒]

奉请开阴眼仙师，开阴光仙人。

奉请开光祖师石法高、石法旺、

石法灵、石法顺、石法高、龙法高、

龙法魁、龙法全、龙法灵、龙法旺，

随前随后，随左随右。

开光要见，开眼要灵。

初一光、初二光、初三初四不见亮。

初五光、初六光、初七初八不见亮。

初九光、初十光、十一十二初见亮。

十三光、十四光、十五十六大月亮。

要开凡昧弟子某某某，要闭阳眼开阴光。

要开一清光、二清光、三清光、四清光，

开了阴眼生阴光。

要开五清光、六清光、七清光、八清光，

开了阴眼生阴光。

要开九清光、十清光、十一光、十二光，

开了阴眼生阴光。

开了阴眼，见鬼见神，

开了阴光，见阴见阳。

速开速开，有灵有验。

吾奉太上老君急急如律令。

[作用]

同第 199 节。

[作法]

参阅第 199 节,只是在选择日子时,要用"开"日方可。

[编者按]

传说开了阴光后的人走不得夜路。阴间物象知其见阴,喜欢作弄,如此便会到处出现幻象。

201．开神光咒

[神咒]

奉请雕匠开光仙师,画匠开光仙人。
雕匠仙师开阴像,画匠仙人开阴光。
要开满堂众神,合殿众像,
开启左头光、右头光,头戴龙帽现四方。
开启左耳光、右耳光,左耳听阴右听阳。
开启左眼光、右眼光,左眼观阴右观阳。
开启左鼻光、右鼻光,两鼻双双嗅宝香。
开启左口光、右口光,口开口闭念文章。
开启左手光、右手光,拿纸拿笔写文章。
开启左身光、右身光,身穿龙袍现四方。
开启左脚光、右脚光,脚踏龙鞋走四方。
开光见光,开亮见亮。
吾奉太上老君急急如律令。

[作用]

给新雕的神像面具、新画的神像牌位开光,这些神像才灵验。

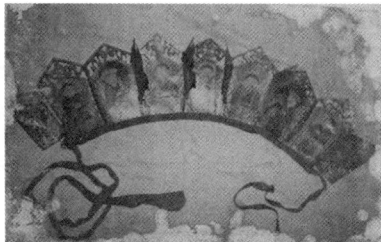

图 2-52　冠扎

　　左手持亮烛，右手掐毫光诀对准神像照去，后将烛光含于口中，转身向神像吹去。三次即可。

[编者按]

　　开光的做法可以理解为活人赋予物品以灵气。这本来就是一种心理反应和心理认同。

202. 开佛光咒

[神咒]

　　　　伏以——
　　　　佛本无相，无相现相，
　　　　现相非相，是名实相。
　　　　本际如如，体遍十方，
　　　　无处不在，无隐无藏。
　　　　其光本有，何必云开，
　　　　既然云开，何为本有？
　　　　今谓开光，作么生说：
　　　　(用笔当空一点)
　　　　点开正法眼，放出大光明。
　　　　但以假名字，引导于众生！

[作用]

　　给新雕成的菩萨像开光。

[作法]

　　点一蜡烛拿在左手于前，取一面镜子拿在右手于后，将镜子所反射之光照在佛像上面。

以前佛教在乡间并不普及，乡间偶尔有信仰佛教者建些小庙供奉菩萨像，以便祈福，由于和尚十分少见，无奈之下只好请巴代为其开光。巴代的此种做法，一来和佛法融通，显得奇特，二来更为形象、神秘。这在以前的时代来说，如此的佛法真谛，如果没有得到高人指点，是完全不可能高明到如此程度的。这说明巴代在不断完善自身建设的过程中，有机地融进了外来文化。

203. 闭阴光咒

[神咒]

闭我左眼光、右眼光，闭了阴光开阳光。
要闭一清光、二清光、三清光、
四清光……要闭一十二清光。
闭了阴眼，早来不许见神，
开了阳眼，夜来不要见鬼。
大金刀，开眼光，
小金刀，开阳光，
第三金刀，开眼明光。
天无忌、地无忌、年无忌、
月无忌、日无忌、时无忌，
春冬四季，百无禁忌，大吉大利。
吾奉太上老君急急如律令。

[作用]

人为了某种目的而开了阴眼，达到目的后要闭阴眼，否则不宜走夜路，以及会使人精神失常。

边念神咒边用双手掌做封闭眼状，后掐金刀诀、毫光诀开阳眼。

如此的开闭自如，但真的有这么方便吗？

204. 钉牙痛咒

抬眼看青天，奉请师父到来。
左又抬，右又抬，奉请师父针治风火虫牙。
一针见血，一针杀死。
吾奉太上老君急急如律令。

可治牙齿痛。

用一根钢针，一小张白纸，先用针在白纸上写"蟲"字，念咒三次，写三次。再将白纸折成三角形，以其尖角插进痛牙缝里约五分钟，取出后用钢针钉在地上五分钟即可治好牙痛。

这样简单的方法也可治好风火虫牙，其中奥秘何在，值得考究。

205. 吹眼翳咒一

[神咒]

赫赫^①洋洋,日出东方。
一请天师,二请云师。
三请三元将军,四请四员枷栲。
一吹吹云头,二吹吹翳子,三吹头闷脑痛。
神仙赐我一罡风^②,吹动翳子永无踪。
吾奉太上老君急急如律令。

注:①赫赫——有的手抄本写作"黑黑"。
②一罡风——一阵风。

[作用]

若人眼痛生翳子,用此咒可以吹落痊愈。

[作法]

选在太阳落山之时,让病人站于屋檐底下,巴代对面而立,左手掐祖师诀,右手掐剑诀,边念边对病眼做刮扫状。念完后嘴中鼓气,以左右手之大拇指翻开病人之上下眼皮,以细若丝线般之气从眼尾向眼角吹去。每念咒一次连吹三次,念三次咒语共吹九次。最后大声云:"吹落了!好了!"

[编者按]

为什么要选用太阳落山之时来吹翳子?这与大自然有什么关系呢?

206. 吹眼翳咒二

[神咒]

落同落地空，罗同四方空。
风吹鲤鱼动，风吹翳子动，斩草不留根。
吾奉太上老君急急如律令。

[作用]

同第 205 节。

[作法]

右手掐剑诀，于病眼前向西砍一刀，同时又向西方吹一口气，共三次。

[编者按]

为什么单向西方砍，又对西方吹气呢？这意味着什么？

207. 吹眼翳咒三

[神咒]

一吹东方甲乙木，二吹南方丙丁火，
三吹西方庚辛金，四吹北方壬癸水，
五吹中央戊己土。
吹天天要动，吹地地开坼，
吹人人要退，吹鬼鬼要灭，
吹宝宝要退，吹玉玉要裂。
要吹五等邪师，白眼①仙人，

男人草匠，女人草鬼，

男人拗法，女人拗诀。②

吹在十方门下，要走快走，要退快退。

若是不退，弟子化五百蛮雷打退③。

吾奉太上老君急急如律令。

注：①白眼——本地方言，意为多事的人，爱惹事的人。

②草匠、草鬼、拗法、拗诀——心术不正的人所用的邪法邪术。

③弟子化五百蛮雷打退——有的坛班读作"弟子发五百满雷打退"。

图 2-53　法坛香炉

[作用]

若用第205、206节的神咒吹眼翳子后仍不见好转，则会被认为是被歹人作弄而生的眼病。可用此咒来吹，便得好转。

[作法]

让病人站在屋檐下，面东背西，巴代站于对面，左手掐祖师诀，右手掐剑诀，边念神咒边从眼尾刮向眼角。念完咒后，用双手大拇指将病人眼皮翻开，用嘴中所鼓之气细细地从眼尾吹向眼角三次。之后二人都要朝西方吐一下口水。

[编者按]

吐口水象征着翳子被吹落，可能这是一种暗示。

208. 吹眼翳咒四

[神咒]

奉请太上老君，祖师石法高、
石法旺，前传教石法高。
借你天隔地隔、阴隔阳隔。
要隔要吹五等邪师，白眼仙人，
男人草匠，女人草鬼，
男人拗法，女人拗诀。
弟子一步隔上一千里，二步隔上两千里，
三步隔上三万八千八百八十九里。
长大退小，热大退凉。
不消不散，师父化消化散。
不减不退，师父化减化退。
左眼见天，右眼见地。
左眼见光，左眼见亮。
吾奉太上老君急急如律令。

[作用]

同第 207 节。

[作法]

左手掐祖师诀，右手做隔诀，边念边隔，之后向外推出，接着吹眼。共
三次。

[编者按]

过去时代缺医少药，尤其是乡间。可见过去时代的人们是多么的不容
易啊！

209. 杀羊子咒一

[神咒]

奉请师父杨法虎，
一二三四五，金木水火土，
高上有个羊，地下有老虎。
要吃羊子羊娘，羊仔羊儿，
咬死不能动作。
吾奉太上老君急急如律令。

[作用]

用此神咒可杀死身上的疱疮"羊子"。

[作法]

边念神咒边掐老虎诀对"羊子"作吞吃状。

[编者按]

过去缺医少药，乡下如有人长了疮疱"羊子"，多请巴代用神咒压杀，其效果也较好。

210. 杀羊子咒二

[神咒]

奉请师父外公龙贵，赐咒灵咒。
天杀羊，地杀羊，绹羊绹在岩板上，
绹羊绹在土板下，岩板底下去绹羊，

弟子化五虎咬羊，哼——
吾奉太上老君急急如律令。

［作用］

同第 209 节。亦可治杀乳疮。

［作法］

先掐祖师诀请师念咒，念到"弟子化五虎咬羊"时，用右手五指对"羊子"抓去，做抛到一边状。

［编者按］

五根手指象征五只老虎，然后去抓"羊子"，看起来挺合理。前人真是费尽了心思。

211. 杀羊子咒三

［神咒］

同军同同强，同军军四方。
大刀杀羊子，小刀杀羊娘。
吾奉太上老君急急如律令。

［作用］

同第 209 节。

［作法］

用剑诀、刀诀边念边杀。

［编者按］

"同军同同强，同军军四方"这两句做何解释，待考。

212. 杀羊子咒四

[神咒]

抬眼看青天，师父在身边。

师父田老八，田四洋。

凹死羊，若还不死，羊在岩板上晒死。若还不死，官耿五虎来抬羊。

五个老虎在五方，一个羊子在中央。

大金刀杀羊公，小金刀杀羊娘。

左杀左死，右杀右死。

若还不死，弟子化五百蛮雷打死。轰——

吾奉太上老君急急如律令。

[作用]

同第 209 节。

[作法]

边念神咒边用大金刀诀、小金刀诀斩杀，最后用五雷诀打杀。

[编者按]

上面句子中的"田四洋"是否为"填死羊"之谐音？

213. 杀羊子咒五

[神咒]

左手左金刀，右手右金刀，

太上老君坐中央。

弟子不杀男魂女命，

三魂七魄，正魂本命。

当杀铜木羊，铁木羊，

羊公羊母，羊子羊孙。

不消不散，奉请五百蛮雷打散。

不减不退，奉请五百蛮雷打退。

吾奉太上老君急急如律令。

[作用]

同第 209 节。

[作法]

同第 209 节。

[编者按]

用金刀杀、五雷打，这是前人所认为的最好的办法。

214. 箍疱疮咒

[神咒]

天雷轰，地雷轰。

天同箍，地同箍。

铜人箍，铁人箍。

上不箍天，下不箍地，当箍疱疮毒肿。

铜箍箍下，铁箍箍下，

箍来此疱永无踪。

不消不散，奉请五百蛮雷打散。

不减不退，奉请五百蛮雷打退。

铜箍箍下，铁箍箍下，

箍来此疱永无踪。

吾奉太上老君急急如律令。

[作用]

可治无名肿毒疱疮。

[作法]

边念神咒边用大围诀对疱疮做箍状。再用剑诀对疱疮写"井"字并拖尾笔包围"井"字，画上五个小圆圈后点上三点。最后用左手五指做抓走状。

[编者按]

想用挤压箍紧的方法来箍死疱疮，可见前人对疱疮的处理方法。

图 2-54　上、下法坛

215. 杀疱疮咒一

[神咒]

令人造孺笑呵呵，我擒别鬼收邪魔。
无话儿可求，手长而捉恶。
我带阴药我压不准发热作冷。
吾奉太上老君急急如律令。

[作用]

杀死毒疮，不让发炎化脓。

[作法]

先用五指抓走，然后用手掌对毒疮做压状。

从词语和字眼上看，有些是无法理解的，但在实际上是灵验的。

216. 杀疱疮咒二

[神咒]

> 化大金刀，小金刀，第三金刀。
> 太上老君随前随后，随左随右。
> 令人造孺笑呵呵，我擒别鬼收邪魔。
> 无话儿求，手长而捉鹅。
> 龙来龙退爪，虎来虎脱皮，山中百鸟退毛衣。
> 有鬼鬼退，无鬼鬼退。
> 病巴要退，令令要散。
> 若是不退，我带阴药来压，
> 不准发热作弄，天消地散。
> 吾奉太上老君急急如律令。

[作用]

治毒疮、"羊子"、乳疮。

[作法]

先在毒疮上用剑诀画一道"紫微符"，念完神咒之后用手掌压上去。

[编者按]

据说紫微符能治百病，用来治毒疮自然也就不在话下了。可见前人对星斗崇拜的观念意识是多么的浓厚。

217. 杀疱疮咒三

[神咒]

奉请师父吴法能，
夫人请来笑呵呵，请来仙师用斩魔，
不用仙师合，单用日是丁。
吾奉太上老君急急如律令。

[作用]

同第 216 节。

[作法]

边念边用右手掐剑诀在毒疮上写"井"字，然后又在自己的左手掌上写
"鬼"字，在"鬼"的竖弯勾内写"日是丁"。写好念完神咒之后要用手掌盖在
毒疮上反复做三次。

[编者按]

此咒又可叫作"日是丁"杀疱疮咒，屡试屡验。

218. 治肚子痛咒一

[神咒]

太上老君急急如律令。
弟子摸风风散，摸雨雨散。
不摸自散，摸了就散。
吾奉太上老君急急如律令。

[作用]

肚子突然疼痛，用此咒可治。

[作法]

念三次，用右手反复地揉搓病人肚皮。

[编者按]

若是生理状态的病情，用手揉搓肚子，使肚内不适缓解，自然就不痛了。

219. 治肚子痛咒二

[神咒]

真武祖师大神通，天地都来一掌中。
不论凶鬼并恶煞，不论肚肠如何痛。
吾用真武神仙掌，一摸到此永无踪。
摸着哪里哪里好，摸着哪里好了痛。
吾奉太上老君急急如律令。

[作用]

突然肚子痛是有很多原因的，试着用此咒去治或许可好。

[作法]

在左掌写上"真武掌"三字后去揉搓病人的肚皮。

[编者按]

按摩治病，古来有之；再念神咒，效果会更加好些。

220. 治肚子痛咒三

[神咒]

师父龙老现,龙老堂,龙老保,石永贤。
天皇皇,地皇皇,此间有个遇难郎。
肚痛卷帘沙和尚,好病好痛好了账。
吾奉太上老君急急如律令。

[作用]

同第 219 节。

[作法]

边念边右手掐剑诀,在左手并拢之五指尖上写一"井"字,然后此五指对准肚子使劲放去。

[编者按]

跟随唐僧去西天取经的沙和尚与这肚子痛有什么关系呢?

221. 治肚子痛咒四

[神咒]

一摸三百六十五个节骨,二摸腹内心肠,
三摸天煞归天,四摸鬼谷下长江,
五摸太上老君急急如律令。
敕大带子化为大南蛇,小带子化为小南蛇。
大带子抬头,斩断邪魔妖鬼。

小带子抬头，斩断邪魔妖鬼。

吾奉太上老君急急如律令。

[作用]

可治肚子疼痛。

[作法]

用一块头帕，边念神咒边用双手从头帕中间理向两头。念三遍之后，将头帕捆在肚子上。

[编者按]

将头帕捆在肚子上，将肚子肌肉箍紧，对肚内肠胃有固定作用，对病症恐怕也有缓解作用。

222. 治肚子痛咒五

[神咒]

一观祖师，二观本师，
三观三元传度师。
大带子化为大南蛇，小带子化为小南蛇，
捧出捧倒，手出手崩。
岩着岩破，鬼着鬼吞。
脚踏龙门鬼，一人保佑十难当。
别鬼见我急慌忙。收退收退，
若是不退，弟子请起五百满雷打退。
敕我此刀不是非凡刀，此箭不是非凡箭。
借我金刀箍，箍破鬼头鬼脑，
上人人收，上鬼鬼收。
吾奉太上老君急急如律令。

[作用]

同第 221 节。

[作法]

同第 221 节。可先向带子或头帕上喷一口水,再念咒并理带子。三遍之后将其捆在肚子上。

[编者按]

这样的语无伦次、文不对题也能治肚子痛,恐其实质还是信仰在起作用。

223. 绚胎咒一

[神咒]

抬眼看青天,师父下凡间,
奉请师父张天仁、刘天友,
师父明贵、国进、祖光、
七贵、得明、吴三春。
跟前跟后,跟左跟右。
某某某孩童,某某某孩星子。
犯了天胎地胎,查名不到,点字不齐。
犯胎小人,天子要求大人。
此线不是非凡线,王母娘娘赐我线。
此刀不是非凡刀,王母娘娘赐我刀,
赐我王封金刚刀。
犯胎小人,要求大人。
吾奉太上老君急急如律令。

[作用]

对于那些患了病而可能走胎的小孩,用此法去绚必好,但别处必有一胎死于腹中。

[作法]

先准备杀刀一把，长一尺二的丝线七根，鸡蛋一个。然后在地面上画个人像，将刀尖插在人像头上，边念神咒边理丝线。念三次后，将丝线缠绕在鸡蛋上，不加任何包裹，放入火坑内烧。蛋烧熟后，丝线不坏，将线取下绚在小孩手脚上，蛋剥皮后给小孩吃。

[编者按]

所谓走胎，其实就是小儿消化不良。传统观念认为此小孩已经又去别处投胎去了，因而要用丝线将其绚住，不让其去投胎，病就好了。

224. 绚胎咒二

[神咒]

弟子烧香三炷，一炷黄云盖天，
二炷白云盖地，三炷鸟鹤盖人。
弟子抬头看青天，师父在身边。
奉请绚胎仙师，绚胎仙人，打胎仙师。
请到四个天门，八个地户。
有车请上金车，有马请上金马。
请到本处本地，本堂本殿。
有车下车，有马下马。
坐守香炉，纳受明香。
请来不为千斤大事，万钧大海。
为起小孩某某某，走了天胎地胎、
年胎月胎、日胎时胎、
牛胎马胎、猪胎羊胎、
人胎鬼胎、阴胎阳胎。
上来不绚三魂，下来不捆七魄。

图 2-55 老君座

不绚贵儿贵女，贵子贵孙。
当绚天胎地胎、年胎月胎、日胎时胎、
牛胎马胎、猪胎羊胎、
人胎鬼胎、阴胎阳胎。
奉请太上老君急急如律令。

[作用]

可绚小孩走胎。

[作法]

准备七色丝线、三根马尾毛、纺车线，用蛇日蛇时来绚，用姜块来抹丝线，然后再绚在小孩脚腕手腕上。

[编者按]

过去医疗卫生水平不发达，小孩大多会走胎。凡是绚胎，必用蛇日蛇时。主家抱着小孩坐在大门内，绚胎人拿着丝线和剪刀坐在大门外。绚成之后，剪断线头，吹一口气，再将线头摆在门柱眼内就行了。

225. 绚胎咒三

[神咒]

伏以——
观音菩萨大慈悲，救度众生无尽意。
左手托持甘露水，右手撑住杨柳枝。
头上顶戴弥勒佛，口中常念陀罗尼。
早念观世音，暮念观世音，
紫竹林中观世音。
或在云中空内现，下界鬼神尽皈依。
我今稽首叩观音，唯愿观音亲降临。
大悲大愿，大圣大慈。

南无救苦难观世音菩萨，保住小儿得太平。

[作用]

同第 224 节。

[作法]

将三色丝线、麻线和纺车线一起搓好，边念神咒边理线，三遍后便可绚在小孩手腕脚腕上。

[编者按]

唯有此段神咒不见"吾奉太上老君急急如律令"。

226. 取吓咒一

[神咒]

孩儿一个，
着了天吓要打天吓，着了地吓要打地吓，
着了风吓要打风吓，着了雨吓要打雨吓，
着了牛吓要打牛吓，着了羊吓要打羊吓，
着了猪吓要打猪吓，着了狗吓要打狗吓，
着了滚吓要打滚吓，着了跌吓要打跌吓，
着了吼吓要打吼吓，着了惊吓要打惊吓，
着了鬼吓要打鬼吓，着了人吓要打人吓，
天吓地吓、风吓雨吓、牛吓羊吓、
猪吓狗吓、滚吓跌吓、吼吓惊吓、鬼吓人吓。
十二个吓前吓后，十二个吓左吓右
天吓要打归天，地吓要打归地。
要退快退，若还不退，弟子发五百蛮雷打退。
要散快散，若还不散，弟子发五百蛮雷打散。
吾奉太上老君急急如律令。

[作用]

取小儿或大人着吓。

[作法]

右手用扫下诀对小孩从头往下扫后弹开，最后从小孩头上往下分左、中、右扫三次，用锅底灰在小孩额头上点一下。每念咒一次、扫三次后点一下，共念三次、扫九次、点三下，即左、中、右额头。

[编者按]

据神咒提供人说，以上若知道是着什么吓可直接讲是什么吓，也不必讲得过多。

227. 取吓咒二

[神咒]

天脉吓，地脉吓，
风吓雨吓、牛吓羊吓、
猪吓狗吓、滚吓跌吓、
吼吓惊吓、鬼吓人吓。
要退出小儿正魂本命，三魂七魄。
着天脉吓退出天脉吓，
着地脉吓退出地脉吓，
吾奉太上老君急急如律令。

[作用]

同第 226 节。

[作法]

右手食指钩起后刮小孩面额，边刮边念。

着惊吓会伤神，故言"要退出小儿正魂本命，三魂七魄"。

228. 取吓咒三

[神咒]

一二三四五六七八九，三九二十七。

一二三四五六七，三七二十一。

一二三四五，三五一十五，太上老君来打虎。

小孩一个，着了天吓地吓、年吓月吓、

日吓时吓、风吓雨吓、

牛吓羊吓、猪吓狗吓、滚吓跌吓、

吼吓惊吓、鬼吓人吓，

桌子板凳吓，千种百样吓。

弟子发起来，千年不准见，万代不准来，

一口咬出去。跟娘长大，跟爷成人。

吾奉太上老君急急如律令。

[作用]

同第 226 节。

[作法]

边念神咒边用右手大拇指点击小孩的五指尖(男左女右)，然后用双手刮其眉毛，从眉心刮到两边的太阳穴根部。最后对额头吸一口气再对外吐口水即可。

[编者按]

此法较为形象。刮额头也是一种按摩。

229. 取吓咒四

[神咒]

呸！
吓狗吓猪去，吓鸡吓鸭去！
呸呸！
吓狗吓猪去，吓鸡吓鸭去！
呸呸呸！
吓狗吓猪去，吓鸡吓鸭去！

[作用]

同第 226 节。

[作法]

当小孩着吓或跌倒，或被异响惊吓的时候，将其抱起，对额头吸一口气再对外吐出，即念上段神咒。

[编者按]

此为民间较为常见的一种做法。据说这样做后，小孩便不会受惊吓了。

230. 解小儿夜哭咒一

[神咒]

天峰峰，地峰峰，他家有个哭儿松。
太上老君崩一崩，小儿晚睡到天中，
晚睡不哭到日中。

天灵灵，地灵灵，他家有个哭儿孙。
太上老君称一称，一觉睡到大天明，
晚睡不哭到天明。
天皇皇，地皇皇，他家有个哭儿郎，
太上老君帮一帮，小儿晚睡到天光，
晚睡不哭到天光。
吾奉太上老君急急如律令。

[作用]

治小儿夜哭不止。

[作法]

烧三把火放在堂屋中，把小孩仰卧在筛灰篮上，放高一点做熏在火焰上的样子，再念神咒。

[编者按]

这岂不叫做炕小孩以驱赶哭瘾了吗。

图 2-56　巴代法坛

231. 解小儿夜哭咒二

[神咒]

天皇皇，地皇皇，他家有个哭儿郎，
父母变作长江水，孩子变作鲤鱼郎，
夜夜睡到大天光。
我来我是布先生，不准家鬼弄家人。
弟子化起阴火登天，阳火登地，
何人不敢当，何鬼不敢对。
有堂各人归堂，有殿各人归殿。

无堂无殿，各人逃散。

吾奉太上老君急急如律令。

[作用]

同第 230 节。

[作法]

准备一碗水，剪下小儿衣服上的一点布头放在水碗中，念完咒语三次之后，用三根香横架在水碗上，盖三张纸钱，摆在小孩睡床下面，再用一铁犁盖在上面保护。

[编者按]

用鱼和水的关系来控制小孩不走神，同时将小孩衣服的一点小布头剪下放于水碗，象征其魂魄已藏于水中，可免受外界惊扰，小孩可能不哭了。

232. 解小儿夜哭咒三

[神咒]

斗牛宫中为七星，五色祥云游在此，
点散小儿夜哭精神。
此水不是非凡水，摸着小儿病脱体。
吾奉太上老君急急如律令。

[作用]

治小儿夜哭。

[作法]

口念神咒，右手掐剑诀画一道紫微符在水碗上，点七点，念"手指砵笔下凡挡煞"，用水擦小儿身，前后各三次即可。

据说这等于用神水洗体，退去邪气，小儿就不哭了。

233. 解小儿夜哭咒四

[神咒]

天青地绿，小儿夜哭，
君子念过，一觉睡到太阳出。
吾奉太上老君急急如律令。

[作用]

治小儿夜哭。

[作法]

边念边用毛笔竖将这五句话写在一块长条形的木板上，插在三岔路口，让过路人念后小儿就不哭了。

[编者按]

这是借众人之口来制止小儿夜哭。

234. 救治突然倒地昏迷不醒神咒一

[神咒]

奉请祖师石法高，传度师石法高。
弟子左手化金刀，右手化银枪，
太上老君坐中央。

太上老君留我来称王，奉请师父杨明光，

龙来龙退爪，虎来虎退皮，

百鸟耿耿各归木。

若还不退，弟子化五百蛮雷打退。

金刀齐齐，指山山倒，指水水崩。

吾奉太上老君急急如律令。

[作用]

救治那些突然昏倒、不省人事的危重病人。

[作法]

边念边掐金刀诀、枪诀、倒诀指向倒地之人，念完后掐人中及手上穴位。

[编者按]

掐穴位还真的是救治危重病人的好办法之一。

235. 救治突然倒地昏迷不醒神咒二

[神咒]

凶鬼退退，弟子恶恶。

发起大牙大口，大嘴大齿。

不咬人魂本命，专咬凶神恶鬼。

今日我发狠，一口咬鬼到阎君。

今日我发狂，一口咬鬼到阎王。

要退三魂，要退七魄，

不退咬你去见阎罗爷。

吾奉太上老君急急如律令。

[作用]

同第 234 节。

[作法]

念完之后，踏一脚，对准病人的额头咬一口。要念三次。第二次咬手指，第三次咬脚趾。

[编者按]

动口去咬也是刺激穴位的一种救治方法。

236. 武师护身咒

[神咒]

抬眼看青天，师父在身边。
奉请铜头将军，铁头将军，
铜骨仙师，铁骨仙人，
斛骨仙师，换骨仙人。
请到弟子身前身后，身左身右。
弟子有灾解灾，有难解难。
人来追我，挖其双目。
马来追我，断其双足。
棍来打我，化为灯草。
刀来砍我，化为鸡毛。
人来打我轻四两，弟子打人重千斤。
太上老君，谨之律之。

[作用]

要临恶仗或打恶架之前，先念此咒可以护身。

[作法]

先用剑诀朝空中画符，敕令后念咒，用双掌护身。

据神咒提供人说，这是苗区武教头的内坛工夫，不轻易示人。

237. 口咬火子咒

[神咒]

口甲化为铜甲铁甲，口令化为铜令铁令。
火子变作鲤鱼甲，犁口变作水奇它。
吾奉太上老君急急如律令。

[作用]

念咒三遍后可以吃火子，咬烧红了的铁犁也不伤口。

[作法]

念咒后，用口水漱口即可。咬铁犁嘴尖的时候，要用师刀圈套住铁犁才行。

[编者按]

在景区或巴代绝技表演时，据说巴代念过此咒便可以去做了，并且不会伤到口齿。

238. 定鸡神咒一

[神咒]

志心皈命礼：
仰请地司殷将军，正元杀鬼大将军。

十世修行为太子，一本金册呈玉尊。

天星地曜归麾下，土夜神煞呼重兵。

青霄不杂万傍月，弟子傍月斩妖精。

弟子放鸡降来临，大敕雷威常拥护。

雄鸡似鹅，鹅鸡之雄。

有脚不能走，有翅不能飞，

有眼不能看，有耳不能闻。

敕令不飞不动，不走不行。（此句念三次）

吾奉太上老君急急如律令。

［作用］

念此咒可以将鸡定住，使之不动。

［作法］

将"敕令不飞不动，不走不行"十个字用右手掐剑诀写在鸡背上，鸡自然不动了。

［编者按］

在仪式中需要定鸡的场合很多，念咒定鸡是常有的事。

239．定鸡神咒二

［神咒］

化天朦胧，地朦胧，山朦胧，水朦胧，

风朦胧，雨朦胧，云朦胧，雾朦胧，

眼朦胧，耳朦胧，心朦胧，意朦胧。

朦胧雄鸡一只，朦胧鸡头鸡脑，

朦胧鸡眼鸡耳，朦胧鸡脸鸡面。

耳听不见，眼看不明，

有脚无路走，有翅无处飞。

吾奉太上老君急急如律令。

[作用]

同第 238 节。

[作法]

右手掐剑诀在鸡头上写"朦胧"二字，边念边写，写完后用掌壳将鸡头捂住一阵，再放在地下，鸡自然不动了。

[编者按]

用神咒和字符先武装施咒人员的心法，再去辐射到鸡的身心上，能够产生一定的效果。

240. 定鸡神咒三

[神咒]

此鸡此鸡，非凡之鸡。

形如彩凤，冠似丹朱。

叫则三天玄应，啼则万里皆明。

在人间名为五德，在吾手化为灵凤。

有煞无煞，雄鸡挡煞。

有殃无殃，雄鸡挡殃。

一斩天殃地煞不敢挡，

二斩天殃地煞尽皆藏。

三斩年煞月煞、日煞时煞、

一百二十凶神恶煞，凶神鬼魔尽消亡。

手指凶星归上界，吉星山上显正法。

弟子放鸡降来临，大赐雷威常拥护。

吾奉太上老君急急如律令。

[作用]

定住雄鸡使其不飞不走。

[作法]

边念边右手掐剑诀，在鸡头上写一"鹅"字，尾笔拖长并画上三个小圈。

[编者按]

将鸡化为鹅鸭，其身心性都要变笨起来。

241. 定鸡神咒四

[神咒]

奉请第一泰山压鸡头，雄鸡有翅不许游。
奉请第二泰山压鸡腰，雄鸡有翅不许跑。
奉请第三泰山压鸡尾，雄鸡有翅不许飞。
雄鸡似鹅，鹅鸡之雄。
有脚不能走，有翅不能飞，
有眼不能看，有耳不能闻。
道法不用多，南山观北河。
总是此一字，地府表极灵。
灵到灵到，要灵就灵，要到就到。
吾奉太上老君急急如律令。

[作用]

定鸡放在地面上啄米，可提可放，不飞走。

[作法]

念此咒时，以右手拳头压在鸡之头、腰、尾三个部位上，再用剑诀写一"黑"字在眼；写"住、习、定"在胸，这三个字都要加雨字头；写一"化"字在脚，"化"字竖弯钩拖长并画上三个小圈。

[编者按]

此咒又名"泰山咒""泰山诀"，在平时使用得较为普遍，似乎很灵验。

242. 降妖咒

[神咒]

道法不用多，南水灌北河。
总是此一字，降尽世间魔。
吾奉太上老君急急如律令。

[作用]

用于隔除妖魔异象。

[作法]

边念边用剑诀于施咒处画一道紫微符。

[编者按]

此咒之"南水灌北河"岂不应了当今的南水北调工程？

243. 化棍咒

[神咒]

抬眼看青天，师父在眼前。
低头望地边，师父在身边。
铜棍铁棍，木棍杆子，化为灯草一根。

石头化为鸡蛋滚绣球，轻轻打在弟子身。

打一千，寄一千，寄在云南打破砖。

打一斧，寄一斧，寄在三十三天云来补。

香烟头上，寄痛别人，圣水一碗。

吾奉太上老君急急如律令。

[作用]

和别人打架，先用咒语把对手的棍棒化轻，以免打伤自身的要害部位。

[作法]

用剑诀对空写"灯草""绣球"，边念边写。

[编者按]

在过去冷兵器时代，这棍棒可是杀伤力很大的武器。

244. 武神咒

[神咒]

奉佛令，差吾身，

我身变作金刚大将军。

天灵灵，地灵灵，吾今请动四十神。

昊天老祖，精选龙苗金神。

天真地神显威灵。

弟子手动神神动，不怕千人与万人。

手执金鞭就地打，扫得山河一掌平。

打死凡间不正子，吓得天地鬼神惊。

四十神力应心手，千人吓倒万人昏。

佛身吾身无分别，皆是白光出风声。

唵嘛呢叭咪吽娑婆诃。

[作用]

用于压场子，以及给武器加持。

[作法]

手拿兵器默念此咒三遍。

[编者按]

据此咒提供人说，这神咒来自南少林的云游和尚，为佛家武僧所习。

245. 镇坛神咒

[神咒]

伏以——
仰请大神通天地，身披金甲显威灵。
头顶法冠朝玉帝，足驾祥云上天庭。
左手拖天云雾动，右手扫地鬼神惊。
不怕山高有大庙，不怕河海有神灵。
大庙作怪用雷打，小庙作祟用火焚。
爷娘父母亲骨肉，脚踏祥云离红尘。
祥云里面金光现，金坛银殿护吾身。
千处有求千处应，万人叩请万人灵。
弟子有事来相请，诸真诸神现金身。
护卫坛场得清静，四大部洲都太平。
吾奉太上老君急急如律令。

[作用]

巡坛之时念此神咒可保安宁。

绕坛一圈念咒，或边念边转身，三个来回（转身）后念完。

[编者按]

神咒是心法的一种体现，是造就心法、稳定心态的一个有力的武器。

246. 真武咒

[神咒]

真武将军本姓周，万道毫光神鬼愁。
白日当顶朝天坐，夜间赶鬼到幽州。
不食凡间茶和饭，当吞妖魔过春秋。
真武将军来到此，我佛如来降莲池。
妖鬼邪魔纷纷散，正是人间大吉时。
吾奉太上老君急急如律令。

[作用]

用以镇坛。

[作法]

如夜间遇见怪异恶煞幻影，念此咒可以消散。

[编者按]

周家人变为天神大将军，是什么朝代的事情呢?

247. 雷火咒

[神咒]

天雷发天火，地雷发地火。
天雷打登天，地雷打登地。
人来不敢当，鬼来不敢对。
人当人该死，鬼当鬼粉碎。
吾奉太上老君急急如律令。

[作用]

用来杀鬼。

[作法]

左掌写下"雷火"二字，右掌也写下"雷火"二字，握拳念咒，三遍后左、右掌向外齐放。

[编者按]

传说中鬼是怕火的，火既有热度又有光亮，来自阴暗角落的鬼魅当然惧怕。

248. 五方雷神咒

[神咒]

师爷——弟子化起：
东方青帝五百雷祖，南方赤帝五百雷神。
西方白帝五百雷军，北方黑帝五百雷将。

中央黄帝五百蛮雷。

上打不正之鬼，下打不正之怪。

五方五雷打出去，邪魔妖鬼纷纷碎。

吾奉太上老君急急如律令。

[作用]

用来专打邪魔妖鬼。

[作法]

右手掐剑诀，在左手五指尖各写一个"雷"字，握紧左拳，念三遍后，可对怪异处猛放。

[编者按]

所谓的邪魔妖鬼、魑魅魍魉、山怪河神，与湘西偏远险恶的地理环境有着紧密的联系。可见前人是多么的艰难困苦。

249. 压丧咒

[神咒]

千斤神，千斤神，弟子请你下凡尘。

请你下凡无别事，请来重压丧一层。

千人抬不动，万人抬不行。

千斤大神如律令。

[作用]

压住丧车棺木，让抬丧之人抬不动，或抬得十分费力，抬不动。

[作法]

念三次，第一次压一层，第二次压二层，第三次压三层。念时用手掌对棺木做压状，一般压到第二层抬丧之人便抬不动了。

这是心坏的人才会做的事。

250. 起丧解压咒

[神咒]

奉请东方青地九牯牛，南方赤地八牯牛，
西方白地六牯牛，北方黑地五牯牛，
中央黄地三牯牛。
请下凡间无别事，请下凡间度丧车。
轻轻，板木化为灯草轻。（此句念两次）
五方五地牯牛大神如律令。

[作用]

若被邪师压丧，用此咒来解破邪法，棺木就轻了。

[作法]

伸出十个指头念咒，最后平伸右手掌对棺木吹一口气即可。

[编者按]

过去时代，受邪师作弄是常事，如同"同性相斥、异性相吸"，同行之人
往往会斗法。

251. 桃花斩咒

[神咒]

桃花神，桃花神，桃花四朵乱人性。
奉请西方庚辛金，手拿金刀降来临。
手拿金刀桃花斩，斩断桃花不留根。
情缘人缘都断了，情郎情妇绝了情。
吾奉太上老君急急如律令。

[作用]

可以斩断桃花煞，隔开情郎情妇。

[作法]

把四枝桃花捆在一起，里面插一把小刀，对花念咒三次后，插入瓶中，摆在当年的桃花位置上。

[编者按]

桃花煞指异性缘很厚重，很容易受到异性的追求，有很多的家庭因此而破碎。此类煞包括咸池煞、正桃花、墙内花、墙外花、红艳煞等，都为酒色伤身、刑克婚姻之煞。犯了这些煞之后，一般都要举行解桃花煞的仪式才能摆平。隔开了第三者，夫妇会重归于好。

252. 合和咒一

[神咒]

新娘化作母鸡一只，新郎化作雄鸡一只。

新娘化作白米一粒，新郎化作小鸡一只。
新娘化作深潭大海，新郎化作鳌鱼一条。
鱼要水，水要鱼。
鱼水相合自孝顺，夫妇相合自顺情。
早降麒麟生贵子，百年好合享太平。
吾奉太上老君急急如律令。

[作用]

用于那些新婚不合的夫妻。

[作法]

将夫妻二人的内衣袖打结，再用九根红丝线捆成一包，摆在衣柜的底层。将衣袖打结时念咒三遍。

[编者按]

此法主要针对那些不是经过恋爱的包办婚姻，这在过去是较为普遍的。

253. 合和咒二

[神咒]

伏以——
奉请月下老人赐下天合地合，
阴合阳合，男合女合，
夫合妻合，情合意合，
鱼合水合，身合体合。
某某夫人合起某某夫君，某某夫君合起某某夫人。
和好如初，恩爱到终。
形影不离，永不变心。
吾奉太上老君急急如律令。

用于那些因第三者插足而婚姻即将破裂的夫妇。

［作法］

将夫妻二人的内衣袖打结之后，双手捧一根红带子于香火上，再边念边理带子，三遍之后用此带子捆住二人的内衣，摆在衣柜底层。夫妻和好之后才可取出解开。

［编者按］

此法可治老夫老妻中的一方变心。这在过去很少，到现在才多了一些。

254. 五神运财咒

［神咒］

奉请东方青帝木神运青财，
南方赤帝火神运赤财，
西方白帝金神运白财，
北方黑帝水神运黑财，
中央黄帝土神运黄财。
五方五帝大神，搬运天下大户财。
白天运白财，夜间运横财。
五路进财财源旺，寿比南山富如海。
吾奉太上老君急急如律令。

［作用］

念此咒可以旺财。

［作法］

把居住之地的风水布置成为五鬼运财局后，念此咒可使财源广进。

据神咒提供者说，此咒又叫作五鬼运财秘法，用了之后虽可得财，但也会招来灾祸，不是长久之计。只有用双手去挣，打拼得来的钱财才是无忧之财。

255. 安龙神咒

[神咒]

安起东方青帝青龙，龙公龙母龙娘龙爷龙子龙孙，
安东方、护东方、保东方，
保佑信士一家丁财两旺坐安康。
吾奉福禄寿喜大神急急如律令。[①]

注：①方位词和颜色词念神咒。

[作用]

在接龙或谢土时安五方龙神。

[作法]

在家中堂屋龙穴岩的东方，摆上刀头酒礼，用白鸡一只，念咒烧纸和鸡毛。完后再向南方。待五方都做完后，将纸灰扫入龙穴中铺底，再放上龙碗，最后盖上岩板。

[编者按]

这是在接龙仪式中的相关神咒。

图 2-57　老君与功曹

256. 立龙堂神咒

[神咒]

伏以——
给你立琉璃瓦屋，金堂瓦殿。
立金床银床，安金凳银凳。
立长台师椅，安桌台椅凳。
立茶房酒店，安肉堂酒铺。
立钱仓米库，安金仓银库。
立仙木仙果，安仙桃仙树。
立日月星光，安灯花蜡烛。
立金漆纹椅，立银漆纹椅，立龙公纹椅。
奉请五方五位龙公龙母，龙娘龙爷龙子龙孙，
上排上坐，下排下坐，排方正坐。
请坐信士户主龙王州龙王县，龙王堂龙王殿。
千年莫动，万代莫起。
保佑信士，千年大发，万代大兴，
荣华富贵，大吉大利。
吾奉太上老君急急如律令。

[作用]

把龙神安奉在堂屋的龙穴中，可保佑发达吉利。

[作法]

使用相关的手诀配合神咒，边掐诀法边念神咒。

[编者按]

所谓安龙，就是要通过这种形式来暗示户主，使户主认为所有的龙脉地气全部汇集在自己家中堂屋的龙穴中了。

257．求子咒

[神咒]

奉请三桥王母，送子娘娘，
高上九天玄女，七仙姊妹，
送儿送女，送子送孙。
左边赐下麒麟，右边赐下贵子。
好儿得抱，好子得到。
求儿得子，求子得男。
赐下长命男儿，抱送富贵子孙。
送子娘娘，有求必应。
吾奉九天玄女急急如律令。

[作用]

用以求子。

[作法]

将此咒施在麒麟图、送子图、幼儿宝宝图上，挂在夫妇卧室的丁财位上，可以喜得贵子。

[编者按]

所谓的丁财位指的是紫白掌九星中一白的方位，九星每年变动一次，用紫白掌来推算。

258. 五行招财咒

[神咒]

金木水火土，福禄寿喜足。
土木水火金，财喜日日进。
木金火土水，天天进财喜。
水土金火木，发家又致富。
土水金木火，横财天上落。
五行招横财，发达旺盛来。
吾奉太上老君急急如律令。

[作用]

经商做生意念此咒可以招财。

[作法]

右手掐剑诀点左手五指，一字点一指。念完一句，以左手对空中一抓然后收进衣袋或放入钱柜中。

[编者按]

此咒为象征性的抓财，和挂贴在门口的招财进宝字符是一样的道理。

259. 六度咒

[神咒]

南无大慈大悲救苦救难广大灵感观世音菩萨摩诃萨，唵、嘛、呢、叭、咪、吽。（三遍）

[作用]

能治百病，可镇百邪。

[作法]

闭眼诚心，可多次反复默念。

[编者按]

六度咒实际上就是"唵嘛呢叭咪吽"六个字，是佛家咒语。此六字亦可作为六度符来张贴，也可化水内服。

260. 土神兵马咒

[神咒]

土神兵马土神兵，三千三万戊己军。
把住坤艮营盘哨，镇守中央土城营。
若有蛮强不服者，斩草除根不留情。
黄兵黄将黄旗号，土养千千万万人。
吾奉太上老君急急如律令。

[作用]

招集调遣中营兵，可镇压一切怪异。

[作法]

凡是坐东北朝西南方的祭坛或者在东北或西南方有怪异时，手掐祖师诀默念此咒以结阴界。

[编者按]

结五方界时用此神咒据说可保祭坛无忧。据神咒提供者说，在清朝乾嘉苗民起义时石三保的军师曾用此土神兵马咒退过清兵。

261. 水神兵马咒

[神咒]

　　水神兵马水神兵，五千五万壬癸军。
　　把住坎子营盘哨，镇守北方水城营。
　　若有蛮强邪魔鬼，玄武镇压不留情。
　　黑兵黑将黑旗号，先安圣水后请神。
　　吾奉太上老君急急如律令。

[作用]

　　招集调遣北营兵，可镇压一切妖魔。

[作法]

　　凡是坐北朝南的祭坛或者在北方有怪异时，手掐祖师诀默念此咒以结阴界。

[编者按]

　　据说此咒还可以灭火，在灭火时改用"壬癸克死丙丁火，玄武镇压火精神。黑兵黑将黑旗号，灭除火灾不再生"。

262. 金神兵马咒

[神咒]

　　金神兵马金神兵，六千六万庚辛金。
　　把住乾兑营盘哨，镇守西方金城营。
　　若有蛮强鬼妖怪，先斩后报不容情。

白兵白将白旗号，白旗白方守西营。
吾奉太上老君急急如律令。

[作用]

可以制住西方精怪，解除一切凶兆。

[作法]

凡是坐西朝东或坐西北朝东南的祭坛或者在此方有怪异时，手掐祖师诀默念此咒以结阴界，消除怪异。

[编者按]

据说此咒还可以斩桃花煞。在斩桃花煞时，第五句起可改为："庚金克死四绿花，申酉镇压桃花神。白兵白将白旗号，灭除桃花不再生。"

263. 火神兵马咒

[神咒]

火神兵马火神兵，八千八万丙丁神。
把住离宫营盘哨，镇守南方火城营。
若有蛮强不服者，朱雀将军显威灵。
红兵红将红旗号，斩尽邪魔鬼神惊。
吾奉太上老君急急如律令。

[作用]

此咒可调遣南方火营兵，在打扫屋时点火把念此咒可扫除瘟疫灾难。

[作法]

左手持火把，念完神咒后点燃火把即可打扫屋，或将火把给需要出门、带路的亲人用，可保其平安无事。

鬼神怕火，可用火开路、用火扫瘟；火可发热，火可发达向上。这是前人的观念。

264. 木神兵马咒

[神咒]

木神兵马木神兵，九千九万甲乙神。
把住震巽营盘哨，镇守东方木城营。
若有蛮强妖魔怪，先斩后报不留情。
青兵青将青旗号，青旗青号守东营。
吾奉太上老君急急如律令。

[作用]

如家宅的东方出现凶兆怪异，念此咒可以消除。

[作法]

在桃木板上书写"五雷符"后，念此咒三遍，钉在东方位置的板壁或柱子上。

[编者按]

木能克土，土在人体内为胃、腹、肚。若这些部位有疾，念此咒于水中服下可解。

265. 解冤咒

[神咒]

解了千年冤家鬼，解了万代诅咒神。

解了千年不相见，解了万代不相迎。
解了冤来永无冤，冤家债主不相缠。
火烧钱财奉送你，千年万代不回转。
赐你一回解冤钱，莫来阳道结冤愆。
赐你一壶解冤酒，莫来阳道结冤仇。
赐你一壶解冤茶，莫来阳道结冤家。
赐你一顿解冤饭，莫来阳道结冤愆。
酒饭钱财领过了，一刀两断在会朝。
两清两结两了断，清吉平安坐万年。
吾奉太上老君急急如律令。

[作用]

对一些久治不愈的病人，念此咒可解脱前世今生所造冤孽来消灾退病。

[作法]

将酒、茶、饭、香纸等在病人身边摆好，再准备一个装有清水的盆子、一小捆麻线和一把梳子。烧香纸后，用麻线牵动梳子，使梳子从病人头上梳至盆内水中，最后将水倒去屋外。

[编者按]

传统观念认为，人有了冤孽就会生病，要想脱病，除了吃药以外还要解冤，这就是所谓的神药两解的做法。

266. 解灾咒

[神咒]

一解解了千年罪，二解解了万年冤。
三解疾病离身体，四解凶煞与祸害。
五解是非和口嘴，六解灾祸不相缠。
七解失财及破米，八解千蛊与百怪。

九解时气和瘟疫，十解结仇和冤债。

一十一解得清吉，一十二解保平安。

[作用]

可以解灾解难、解痛解病。

[作法]

令牌沾水后，将其从信士的头上抹至脚后跟，边念边抹。

[编者按]

这段神咒内容较全，涉及人生可能发生灾难的各个方面。过去巴代在做庙会时，多用此给信众解灾。

267．解结咒一

[神咒]

唵——
金吒金吒僧金吒，吾今为汝解金吒，
终不为汝结金吒。
唵——
强中强，吉中吉，般若会上有殊利。
一切冤孽离开信人身，摩诃般若波罗蜜，
甚深般若波罗蜜。

[作用]

可解掉人的前世今生所造的冤债仇结。

[作法]

同第 266 节。

本段为佛家神咒，其中的"般若"应该读作"波惹"，这是过去区分教内与教外所特用的词语读法。

268. 解结咒二

[神咒]

解结解结解冤结，解了信士前世今生冤债孽。
解了冤，消了罪，愿见当年吉祥会，
无上菩提永不退。
南无解结大菩萨，南无释结大菩萨。
南无摩诃般若波罗蜜。

[作用]

同第 267 节。

[作法]

同第 266 节。

[编者按]

这里的"南无"应该读作"那摩"。

269. 解秽咒一

[神咒]

杨柳枝头甘露水，能令一滴遍十方。

腥膻垢秽悉消除，灌洒坛场令清净。
南无清净会菩萨摩诃萨

[作用]

念此咒来洁净坛场，洗除秽污凶气。

[作法]

将令牌沾水，可洒向四方，也可从信士头上抹下，象征着洗净晦气凶秽。

[编者按]

若是用来洗去人的晦气凶秽，则要把"灌洒坛场令清净"改成"灌洒信人悉清净"。

270. 解秽咒二

[神咒]

伏以——
奉请禁忌太罗，禁忌太祇，
法脉二杆，法杆二印。
天事有秽天师解，地事有秽地师解。
各人有秽各人解，各鬼有秽替我解。
弟子接得五龙神水，
上山解得良好，下水解得明白。
解得齐齐彻彻，解得明明白白。
解得为洁为净，解得为净为洁。
吾奉太上老君急急如律令。

[作用]

用来净化坛场。特别是敬斋神的时候，念此咒用来净化那些供品供具。

[作法]

用令牌蘸取净水碗中的水来洒向四方，象征着洗净坛场之内的一切物品。

[编者按]

这"奉请禁忌太罗，禁忌太祇，法梅二杆，法杆二印"是净坛神，先请他们才能净坛。他们究竟是哪朝哪代的什么神？待考。

271. 开荤咒

[神咒]

化会我身，变会我身，
我身变作五龙下海吃酒，
变作五虎上山吃肉。
天无忌，地无忌，年无忌，
月无忌，日无忌，时无忌，
春冬四季百无禁忌，大吉大利。
吾奉太上老君急急如律令。

[作用]

在敬斋神时，送神并撤供过后用此神咒来开荤才能保证平安无事。

[作法]

用一碗桃叶水摆在桌子上，巴代以左右手掐叉诀撑在桌面念咒，三次后用嘴喝桃叶水喷在自己身上。

[编者按]

斋神的禁忌又多又严，弄得不好还会伤人，因而很多人非常不愿意参与此类祭祀活动。

272. 送瘟神咒一

[神咒]

瘟神送归原主去，无主各散十方门。
有车请上龙车走，无车无马步前行。
分了天，离了地，分天分地两边分。
黄龙坐断双江口，黑虎坐断九溪庭。
天尊隔断天堂路，祖师隔断地户门。
黄斑坐断千年路，瘟神万代不回程。
吾奉太上老君急急如律令。

[作用]

如上面的解冤解灾之后，要用此咒
送走出门，之后才不会反复，才能平安
无事。

[作法]

把梳子、麻线和水盆送去河边溪口
时念此咒语。

[编者按]

过去曾有"借问瘟君欲何往，纸船明
烛照天烧"的说法，通过此咒我们明白瘟
神去了什么地方。

图 2-58　纸剪葫芦

273. 送瘟神咒二

[神咒]

送瘟神，送瘟神，归河归海归洞庭。
请上龙船一只去，请跟花船一路行。
一路顺水漂流去，去时有路转无门。
送了千年不相见，去了万代不相迎。
随江去，顺水流，把断黄河五洞头。
黄斑坐断千年路，冤家瘟神各干休。

[作用]

打扫村寨、打青醮时用此神咒送瘟神。

[作法]

用纸船点蜡烛放水灯时念此神咒送瘟神。

[编者按]

讲白了，瘟神其实就是人类自身，没有肉身，哪会有疾病灾难。但这肉身送得走吗？恐怕只有埋葬上山才是真正地送走了瘟神。

274. 隔灾咒

[神咒]

瘟灾送入河海去，去时有路转无门。
一隔千年不相见，二隔万代不回程。
三隔黄河三江口，四隔江河分界分。

五隔五庙邪魔鬼，六隔强魃不服神。
七隔冤孽从此断，八隔诅咒断除根。
九隔生人转阳路，十隔死鬼往西行。
一重山背一重山，二重山背二重城。
三重山背三重岭，四重山背四重云。
隔山隔水不见面，千年万代两边分。
吾奉太上老君急急如律令。

[作用]

送走灾星祸害，以免再来纠缠。

[作法]

在送瘟过后，边念神咒边用左手做隔诀反复推出。

[编者按]

上面神咒中的"九隔生人转阳路，十隔死鬼往西行"容易使人理解为"隔去生人不要转到阳间，隔去死魂不去西方"，若真如此，岂不正好相反了吗？

275. 求财咒

[神咒]

敬奉四官大财神，保佑福禄寿康宁。
天下万民普供养，香烛果供表诚心。
崇侯之姓名黑虎，道号玄坛赵公明。
专理天下财禄事，赐封福禄大财神。
闻今有请必相应，财宝源源进家门。
一心恭敬，大圣福禄财源普济大财神。

[作用]

可以保佑财源广进。

每逢初一、十五，于当年的利财方也就是紫白掌九星中的"八白"方位财神像前念咒以保旺财。

[编者按]

照方位按部就班来做。

276. 文昌咒

[神咒]

敬奉文昌大帝君，恭敬魁星点斗神。
天下文人尊供养，赐下吏禄与功名。
七曲张姓名亚子，文昌梓潼大帝君。
专司功名官禄位，专保官吏诸文人。
信士诚心来供奉，保佑平步上青云。
一心恭敬，大圣普元开化文昌魁星司禄宏仁大帝君。

[作用]

求学业成绩优良、做官高升者可念此咒以实现愿望。

[作法]

可早晚于文昌神牌位前默念三遍。

[编者按]

四川七曲张亚子死后被崇奉为文昌神，还有上天二十八宿中的奎星也是文曲星。敬此二神，真的可以保佑文人吗？

277. 王爷神咒

[神咒]

乾城县内东七里，雅溪庙内天王神。
木易圣母龙王爷，龙父龙子龙王生。
福金福银福雅字，镇靖绥远天王名。
汉朝年间匪作乱，奇凉洞内显威灵。
三王威德镇天下，六拳打杀九千兵。
皇恩朝廷来召见，御赐天王是尊称。
王是龙子非俗子，阴阳两管判分明。
信士一心来敬奉，求之则应叩则灵。
求财求喜都应验，求官求职得高升。
万事来求都如意，消灾延寿福禄增。
一心恭敬，御赐天王阴阳两管大尊神。

[作用]

念此神咒可得天王保佑发财平安。

[作法]

跪拜默念，每念完一遍打一筶，共三次。

[编者按]

木易圣母为杨家女，福金、福银、福雅为三个王爷的名字。其中大王爷福金为镇远天王，二王爷福银为靖远天王，三王爷福雅为绥远天王。故有古联"大公子二公子三公子、皆是龙子非俗子，镇远王靖远王绥远王、皇赐称王号天王"。

278. 谢罪咒

[神咒]

信士户主，奉请大师，大师坐在高堂大殿，
头上有帽，身上有衣，脚下有鞋，大师不来。
信士户主，奉请二师，二师坐在高堂小殿，
头上有帽，身上有衣，脚下有鞋，二师不来。
信士户主，奉请行兵弟子，
行兵弟子一来不敢抗拒三位王爷，
二来不敢抵抗病患良人。
有错无错，磕头礼过。
有罪无罪，磕头礼跪。
有犯无犯，磕头礼拜。
三位王爷，心中莫恼，肚中莫怪。
弟子谢罪，增福延寿，大吉大利。

[作用]

在敬王爷时，用来谢罪求保。

[作法]

跪在神像前，边念边拜。

[编者按]

神是人们封的，一旦公认了谁是值得敬奉的神，谁也就成了神。尊敬神灵是人们传统观念中的一种信仰。

279. 城隍咒

[神咒]

城复于隍，威灵之王。
灵佑侯主，显佑伯长。
县城为伯，州城为隍。
受命玉帝，专保城疆。
剪凶除恶，护国保邦。
祈晴祷雨，禳灾安阳。
今者祭祀，愿降庙堂。
受领供奉，光降吉祥。
万事如意，佑护安康。
清泰吉利，福增寿长。

[作用]

念此咒求保万事如意、吉康安泰。

[作法]

于城隍庙或祠堂内跪念此咒三遍后打筶求保佑。

[编者按]

传说城隍爷是阴间阳衙门，纠察善恶，全凭信者心中赋予他权力而显灵验。

280. 灶神咒

> 诚心恭敬灶王君，一家之主神为尊。
> 东厨司命灶君神，张公灶母李夫人。
> 昔日炎帝祀于灶，祝融火正众神钦。
> 灶神位有三十六，是为灶君福禄神。
> 受领一家之香火，保佑一户之安宁。
> 天火地火不许发，阴火阳火不许登。
> 瘟疫灾难不许染，疾病祸害不许生。
> 官司是非不许现，凶神恶煞不许侵。
> 贼盗小人不许犯，外道邪魔不许临。
> 年月日时坐清吉，春夏秋冬保太平。
> 扬善隐恶保康泰，瞒过记功奏天庭。
> 今者诚心来供奉，甜在口头喜在心。

[作用]

敬灶神求保一家人眷平安吉利。

[作法]

在每年腊月二十三灶神上天日于灶堂念诵，用斋供，最后将蜜糖涂在灶口上。

[编者按]

原来神灵也是可以拉拢贿赂的，只要送给他们一点好处，他们便可以隐瞒罪过。

281. 纠察神咒

[神咒]

仰启神威豁落将，都天纠察大将军。
火车三五号雷公，受命三清护法神。
手持金鞭巡世界，身披金甲显威灵。
行风走火保前后，穿山破石捉邪精。
三界魔王皆拱手，魑魅魍魉吓破心。
一切时中保安泰，法筵清静护安宁。
一心恭敬，太乙雷声普化九天督察大尊神。

[作用]

保护坛场的平安吉利。

[作法]

绕坛念诵。

[编者按]

赵玄坛本是道教修行场所的护法神，可如今在巴代法坛也有其重要位置，可见宗教文化融会贯通的内在实质也是取长补短的。只要人们相信、崇拜，其神便可威力无穷。

282. 天师咒

[神咒]

混元六天传教法，玉虚师相金阙身。

八十一化大教主，玄天荡魔大天尊。
龙虎山头张天师，沛国丰县张道陵。
正一大道通天地，五斗米道度凡人。
南北五祖阐教化，七真演教传古今。
诸大宗师传教法，流演万法大天尊。
一心恭敬，玄堂启教传道大天尊。

[作用]

同第 281 节。

[作法]

于中堂叩师后默念。

[编者按]

从这段神咒中，我们不难看出，巴代和道教的关系是十分密切的，张天师、张道陵都是巴代的宗师了。

283. 东岳咒

[神咒]

赫奕玄英之先祖，金轮妙海之宗神。
紫府圣人东华帝，弥山母梦日光生。
建功长白扶羲皇，秦觊泰华大真人。
汉明泰山之元帅，唐会崇恩圣帝君。
位居五岳神之首，五天五帝独称尊。
三十六狱专罚恶，七十二司善恶分。
专司天下生死权，吉凶祸福判分明。
慈悲寻声来救苦，保佑长命福禄增。
清泰平安大吉利，顺卦落地保凡尘。
一心恭敬，泰山府君东岳齐天仁圣皇帝大尊神。

[作用]

　求东岳神可以消灾灭罪保长生。

[作法]

　于神像前或神诞日诚心念诵。

[编者按]

　念咒实际上是在自己的心灵中筑起、筑牢抵制灾难祸害的一道道防线。

图 2-59　神供

284. 福德神咒

[神咒]

历代祖先福德神，福德正神听分明。
祖公祖婆恩德大，世代繁荣旺儿孙。
一保千年发得好，二保万代旺财丁。
三保长命又富贵，四保寿延福禄增。
五保五谷金满库，六保财旺喜盈门。
七保功名利禄大，八保升官坐朝廷。
九保平安大吉利，十保福禄寿康宁。
发千发万发得好，兴旺发达万万春。

[作用]

保佑发达兴旺、吉利平安。

[作法]

敬家先的时候念诵。

这满篇好话、吉利言词是念给自己的心灵听的。

285. 太阳神咒

[神咒]

日光天子太阳神，出东入西照乾坤。
世间万物承造化，万类万物造化生。
光照凡尘大世界，普照万场无私心。
贫富一般都照过，善恶一样看分明。
每时每刻都走动，反复西落又东升。
邪鬼邪神怕光照，太阳一出正气生。
古往今来都照耀，一团火气太阳神。
一心恭敬，日光天子太阳神。

[作用]

若运势低落或走夜路害怕时可念此咒。

[作法]

双手掐毫光诀大声念诵。

[编者按]

对于太阳的崇拜，除了此咒之外还有《太阳经》。

286. 太阴神咒

[神咒]

广寒宫中太阴神，八月十五生太阴。
混沌初开有日月，日管阳来月管阴。
广寒宫中施甘露，五洲四海尽沾恩。
玉兔嫦娥来把持，药施善男信女人。
吴刚赐下桂花酒，世人康泰得长生。
瘟疫疾病都消散，消灾免难福禄增。
一心恭敬，广寒宫中月光神。

[作用]

念诵此咒可除顽疾。

[作法]

每月十四、十五、十六三晚皆可设香案并用一碗清水来施咒三至四十多遍，服下此水或用此水服药皆可。

[编者按]

对月于神的崇拜，还有《太阴经》。

287. 百合咒

[神咒]

伏以启请百合神，百合尊神降来临。
要合某家某某事，要来合住永不分。

天合地合，阴合阳合，山合水合，岩合土合，
神合鬼合，佛合道合，男合女合，夫合妻合，
身合体合，口合心合，某人某事，永不分离。
吾奉合和大仙师敕令。

[作用]

可以使夫妻、母子、兄弟、父子、眷属朋友等和好。

[作法]

准备一碗水，右手掐剑诀，边念边写"和合合和"，三遍后拿去让他们饮
下即可和好。

[编者按]

百合咒是百事可合，岂不成为和谐神水了？

288. 立坛咒一

[神咒]

此坛此坛，天师神坛。
此坛此坛，地师神坛。
此坛此坛，祖师神坛。
此坛此坛，龙虎神坛。
阴有九牛造不动，阳有九牛造不开。
祖师今日立坛教，立坛演教万万年。
若有翻动此坛者，打下地狱不升天。
吾奉太上老君急急如律令。

[作用]

用咒立坛，以求永久兴旺，不被别人翻动造乱。

[作法]

手掐祖师诀念此咒。

[编者按]

翻坛为术语，指巴代教派的叛逆者。

289. 立坛咒二

[神咒]

弟子立了麒麟狮子坛，黄斑饿虎坛，
七千雄兵坛，八万猛将坛，
吞鬼大王坛，咬鬼大将坛，
三十六诀坛，七十二法坛。
阴有九牛造不动，阳有九牛造不开。
哪个造乱当下死，子断孙绝当凶灾。
吾奉太上老君急急如律令。

[作用]

同第 288 节。

[作法]

同第 288 节，且念完要打阴筶。

[编者按]

咒骂叛逆者够狠毒，怪不得从来都没有人去翻别人的法坛。除非没有人
接，这才不得不去翻。

290．祝坛咒

[神咒]

适来弟子立了法坛，安了宝殿。

从今往后，一家人眷，

早来扫堂，夜来扫殿。

早来侍候香炉，夜来侍候水碗。

男人脱裤，女人脱衣，打屁坛前。

天无忌、地无忌、年无忌、

月无忌、日无忌、时无忌，

春冬四季，百无禁忌，大吉大利。

[作用]

用此咒来嘱咐祖师，日后若有不恭触犯，不许降灾怪罪。

[作法]

边念边用筶子敲击神坛，完后翻手朝背后扔去，以得顺卦为准，若不得还要再念。

[编者按]

巴代法师们想得十分周到，事情也办得十分认真，可见祖师们是不能摆架子的。

291．接五雷咒

[神咒]

弟子鸣角三声，接起五百蛮雷，

五方五位雷公雷母，雷子雷孙。

一车马头，接到十重云头，九霄云雾。

二车马头，接到屋檐童子，接水阶前。

三车马头，接到法堂宝殿，老堂大殿。

上排上坐，下排下坐，

中排中坐，正排正坐。

上请莫动，下请莫移。

日后有用，敬请作为。

五雷祖师律之令之。

［作用］

在新年响第一声春雷时，巴代要吹牛角接五雷，要在法坛烧香摆茶供奉，日后才能号令五雷镇妖除邪。

［作法］

打小雷时，先在法坛装香摆茶。到打大雷时，立即吹角、念咒接住雷神。

［编者按］

人们对巴代的神秘和崇拜，来自多方面的作为和装备。

292. 出坛咒一

［神咒］

祖师出坛，本师出殿。

千兵前头走，万将左右行。

雨伞遮神兵，化作万朵云。

五百蛮雷打头阵，五营蛮兵随后行。

邪魔外道远远退，雷龙风火出坛门。

逆我者死，顺我者生。

吾奉太上老君急急如律令。

[作用]

出坛到外面去主持仪式，念此咒可保平安。

[作法]

右脚踏门槛，左手掐祖师诀念咒。

[编者按]

此法不仅可保沿途平安，还可保在仪式中无事。

293. 出坛咒二

[神咒]

弟子奉请上元盘古、
中元盘古、下元盘古去藏身。
三元将军在左右，四员枷栲护吾身。
两边排起人和马，弟子带兵走中心。
五百蛮雷头上戴，八百姣娥脚下行。
外道邪魔远远退，玉皇正教显威灵。
太上老君随前后，演教弟子出坛门。
风平浪静，大吉大利。
吾奉太上老君急急如律令。

[作用]

同第 292 节。

[作法]

同第 292 节。

[编者按]

出门带着八百姣娥，是女兵或是要用美人计呢？

294. 雨渐耳咒

[神咒]

    头上盖起一朵云，一朵红云盖我身。
    左边三点水，车字在中心。
    右边排斤字，耳字脚下存。
    邪神不敢看，邪鬼不现身。
    行坛得清吉，路途得太平。
    吾奉太上老君急急如律令。

[作用]

在半夜发亲等情形下用来保住沿途平安。

[作法]

边念边用右手掐剑诀对空画"紫微符"一道。

[编者按]

咒语实际上是在教人画此神符各个部分，这也是巴代文化的一种表现形式。

295. 回坛咒

[神咒]

祖师带领千兵回坛，本师带领万马回殿。

宗本祖师上坛坐，千兵万马镇下坛。
弟子魂魄随身带，福禄寿喜保万年。
莫惊莫动，莫走莫行。

[作用]

将祖师兵马及自己魂魄福寿安位，以保吉利平安。

[作法]

烧香纸后，掐藏身诀，念咒加持。

[编者按]

防身保命为第一要紧。

296. 化火塘咒

[神咒]

伏以——
火墀化为大塘，大塘化为火墀。
三早两日，不许猪来送屎，不准狗来送尿。
若有猪来送屎、狗来送尿，
火墀土地，赶它出去。

[作用]

在外面烧包后，数天之内不许有猪狗来拉屎撒尿。

[作法]

用雄鸡一只，边念边用鸡头对火塘写个"塘"字后拖尾笔绕字三圈，于圈尾点上三点，再扯一点鸡毛烧在火塘内。此咒此法要前后三次才行。

控制牲畜不许到此拉屎撒尿，真的还是要些能耐。

297. 送傩咒

[神咒]

伏以——
斟州换里，
斟乡换县，
斟头换面。（三次）

[作用]

斟换即改变地形，使傩神找不着回来的路。

[作法]

用绺旗朝外扫燃香之烟，共做三次，每次扫三遍。

[编者按]

用此法来杜绝傩神回头，显示出人们对其敬而远之的一种心态。

298. 封锁山头神咒

[神咒]

东封山头，南封山尾。
西封山头，北封山尾。
中封山头，五方堂殿封了山头山尾。

东锁山头，南锁山尾。

西锁山头，北锁山尾。

中锁山头，五方堂殿锁了山头山尾。

东倒山头，南倒山尾。

西倒山头，北倒山尾。

中倒山头，五方堂殿倒了山头山尾。

[作用]

改变地形，使傩神找不着回来的路。

[作法]

分别用封山诀、锁诀、倒山诀配合神咒加持。

[编者按]

对于防止傩神回头，作法时须慎之又慎。

299. 倒傩坛咒

[神咒]

化大金刀倒金阶，化小金刀倒马路，

第三金刀倒了金阶马路。

何神不许进堂，别鬼不许进殿。

吾奉太上老君急急如律令。

[作用]

用倒傩坛咒，可使傩神不再回来侵扰。

[作法]

用相应的诀法对傩坛做拆倒的样子。

传说若不用诀法咒语倒坛，日后仙娘照水碗时还会看到，傩神也会回头来闹事的，因为供奉他的坛场还在。

300. 倒神坛咒

[神咒]

化大金刀，撤长台师椅。
化小金刀，撤桌台椅凳。
化第三金刀，撤去长台师椅、桌台椅凳。
一堂准了千堂，一愿准了万愿。
信士户主，家门清吉，人眷平安。
吾奉太上老君急急如律令。

[作用]

凡是敬神的祭坛，在送神之后都要撤坛。

[作法]

同第 299 节。

[编者按]

从这些做法中，可以看出人们对神灵始终抱着敬而远之的态度。

301. 锁魔王咒

[神咒]

锁魔王诀，闭丰都诀。
开天门诀，闭地府诀。
铁符落地塞狱门，封住狱门不通行。
指地成钢断阴路，上开天门闭地户。
阴归阴路不许动，阳归阳路保太平。
吾奉太上老君急急如律令。

[作用]

可用来闭塞地府的鬼神，也可用在开天门度亡师的仪式中。

[作法]

使用相应的诀法来配合。

[编者按]

地府的鬼神还是令人惧怕的，阴间的东西与阳世正好相反，是格格不入的。

302. 化堂咒

[神咒]

师爷——
弟子化去一个大王堂，二个大王堂……
化去一十二个大王堂，立我弟子在中央。

人来弄我弄不动，鬼来看我看不明。
吾奉太上老君急急如律令。

[作用]

化堂安身，以保太平。

[作法]

边念边用琉璃瓦屋诀、金堂瓦盖诀加持。

[编者按]

共有一十二个大王堂，其中的戒备却没有表明出来。

303. 乾坤神咒

[神咒]

伏以——
一点乾坤大，横担日月长。
波浪天地盖，太上坐中央。
吾奉太上老君急急如律令。

[作用]

用来造化坛场，保卫平安。

[作法]

边念边用令牌沾水，对空写一道"乾坤符"，前后反复念三次，写三次。

[编者按]

此咒还可念成以下两种："一点乾坤大，横担日月长。波罗天地转，诸佛坐中央。""一点乾坤大，皆表日月长，波浪天地现，邪神不敢当。"

304. 镇山岳咒

[神咒]

琳琅振响，十方肃清。
河海静然，山岳吞云。
万灵振伏，招集群真。
天无秽氛，地无妖尘。
冥慧洞清，大量玄玄也。
大罗三宝天尊。（三次）

[作用]

可镇压一切邪妖鬼怪，消除凶幻险象。

[作法]

边念边用剑诀做扫状，完后可吹角。

[编者按]

此乃道家神咒，然而历代的巴代祖师们也都用此来作为保身退邪的
法宝。

305. 合婚咒

[神咒]

天灵灵，地灵灵，奉请合婚仙师下凡尘。
相请下来有要事，请你来做合婚人。
奉请天合仙师，地合仙人，

年合仙师，月合仙人，

日合仙师，时合仙人，

阴合仙师，阳合仙人，

男合仙师，女合仙人，

十二合和仙师，十二合和仙人，

东王公，西王母，

月下公老，红媒大人。

合起某男某女，合成婚姻夫妇。

恩爱到老，百年不分。

吾奉月下老人合和仙师急急如律令。

[作用]

能让那些找不到对象的男人或嫁不出去的女人早日促成姻缘。

[作法]

在加强桃花或架婚姻桥时念此神咒。

[编者按]

姻缘是一件讲不清楚的事情，必须要两方都情愿才行。

306. 收疟疾咒

[神咒]

抬眼看青天，师父在身边。

低头望地边，师父在眼前。

奉请天黑黑，地黑黑，五方邪鬼来不得。

头顶天雷，公脚踏地。

雷公闪火满天红，一切不正摆子鬼，

一掌押去虚空中。

吾奉太上老君急急如律令。

[作用]

能退疟疾。

[作法]

先在病人头上、身上、脚下各用剑诀写一个雷字，然后念三次。接着在头上、身上、脚上向旁边扫一掌。

[编者按]

过去缺医少药，而疟疾害人不浅。用雷火来治疟疾，也是万般无奈之下的做法。

307. 喊魂咒

[神咒]

伏以——
信人某某某，失魂落魄。
虔备凡供，专申喊魂。
落在七面山头，喊到七面山头。
落在八面山尾，喊到八面山尾。
喊魂喊到溪源潭洞，荒山野地，
井泉洞穴，空闲田地，
阴森沟壑，百草堂中。
喊得回转，叫得回来。
生魂附体，魂魄附身。
疾病得好，安享太平！
回来回来，转到家中。

[作用]

把魂喊回附在体内，发冷发热后就好了。

在一碗饭上插上筷子，夹一块肉、鱼或虾皆可，拿到门外，念上段话语，完后对饭吹气一口，取下筷子吃一口。然后转身回门口，踏门槛一脚，问："某某回来了吗?"屋内答："回来了!"连踏三脚，问三声，答三声，便可进屋，魂即归来，病就好了。

[编者按]

乡间喊魂是常有的事，凡是因发冷发热引起的心动过速、心律失常、头痛感冒者，皆认为是失魂所致。据说喊过后大多数病人还真的好了。

308. 解噩梦咒

[神咒]

呸! 噩梦随风去，好梦自己留。
丑梦远离去，美梦坐床头。
凶梦他乡去，吉梦增福寿。

[作用]

解除噩梦，消除心中的阴影。

[作法]

如得噩梦，第二天清早走出门后朝外吐口水再念神咒。

[编者按]

传统观念将噩梦视为灾祸的前兆，消除噩梦即消除灾祸。如此做后心里就不再有恐惧感了。这也是解除恐惧思维的一种方法。

二、苗师神咒

1. 叩师咒　Reax ghunb dnt

[汉字记音、苗文、意译]

然鸟便告斗补，	Reat niox blab ghot doub bu	奉请五方土地，
照告然冬，	Zhaot ghot raat dongs	六方龙神，
棍缪棍昂，	Ghunb mloul ghunb nieax	鱼神肉神，
得寿产娥棍空，	Deb sheub canb ngongl gunb kogb	弟子的千位祖师，
录汝吧图棍得。	Nus rut beat deut ghunb del	师郎百位宗师。
你斗你得寿斗抓，	Nib doub nib deb shoud doul zheax	在我弟子左手，
炯斗得寿斗尼。	Jongt doub deb shoud doul nis	居我师郎右手。
你喂苟篓，	Nib wel goud neul	在我前面，
炯剖苟追。	Jongt boub goud zheit	坐我后面。
龙喂告见莎单，	Nhangs wel giod janx sat dand	和我交钱也达，
龙剖送嘎莎送。	Nhangs poub songt gat sat songt	与吾度纸也到。
比鸟寿松莎见，	Bleid niox shoud songd sat janx	口中神辞也准，
比弄寿莎莎尼。	Bleid liot shoud sead sat nis	口内神咒也灵。
扑苟见苟，	Pul gheul janx gheal	化山成山，
扑绒见绒。	Pul reix janx reix	化岭成岭。
扑求见求，	Pul njoul janx njoul	化物成物，
扑散见散。	Pul sat janx sat	化验成验。

　　[说明]此乃叩师通用之口头咒语，念时左手掐祖师诀于胸前，右手竖掐宗师诀。念到"化山成山"等句时，右手改掐相应之诀来配合。

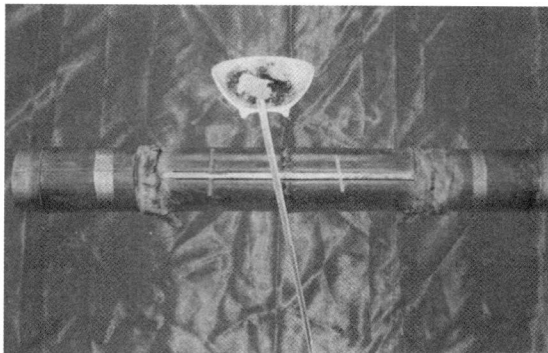

图 2-60　巴代雄道具法器——竹枋与香碗

2. 观请咒　Jid nceat dut

[汉字记音、苗文、意译]

得寿就梅克打便，	Deb shoub jud mes nkhed dab blab	弟子抬眼看青天，
棍空炯出他。	Ghunb kongh jongt chud tax	祖师坐成排。
弄得就梅克打豆，	Lot deb jud mes nkhed dab doub	师郎抬眼看地头，
棍得炯龙剖。	Ghunb del jongt nhangs poub	宗师坐成圈。
就梅拢吉斗，	Jul mes lol jid deub	抬眼去观看，
棍空你苟篓，	Ghunb kongb nib goud neal	祖师立前面，
架格龙几立，	Gad gheb lol jid liex	闭眼来想念，
棍得你苟追。	Ghunb del nib goud zheit	宗师在后面。
葵汝产娥棍空，	Nguix rut canb nhongl ghunb kob	尊敬的千位祖师，
拢喂照篓照追。	Heat wel zhos neul zhos zheit	护我在前在后。
录汝吧图棍得，	Nus rut beat deut ghunb del	高贵的百位宗师，
龙剖照抓照宜。	Heut poub zhos zheax zhos nis	保我在左在右。

得寿从扑从见，	Deb shead nzod pul nzod janx	弟子早讲早灵，
忙寿忙宜。	Hmangt sheab hmangt nis	夜讲夜顺。
扑苟见苟，	Pul gheul janx gheal	化山成山，
扑绒见绒。	Pul reix janx reix	化岭成岭。
奈吾见格，	Hnant ub janx gied	化水成湖，
奈格见昂。	Hnant gied janx ngangs	化湖成海。
产棍莎兵几咱，	Canb ghunb sat bleix jid zead	千神也看不见，
吧猛腊格几干。	Beat mil las gied jid ghans	百鬼也看不明。
你到汝先，	Nib dot rut xand	居得长命，
炯到汝目。	Jongt dot rut mus	坐得长寿。
你到产豆，	Nib dot canb doub	居得千年，
炯娘吧就。	Jongt niangs beat jut	坐过百岁。

[说明]此观请咒用在不念出声的场合内。只需默默地念诵神咒、观想祖师就行了。

3．请师咒一　Reax ghunb kob dut

[汉字记音、苗文、意译]

然鸟葵汝产娥棍空，	Reax niox nguix rut canb ngongl ghunb kob	奉请千位祖师，
录汝吧图棍得。	Nus rut beat deut ghunb del	奉请百位宗师。
鸟苟太共米共甲，	Reax niox goud teab gongb mit gongb jad	奉请祖太共米、共甲，
苟太四官四贵，	Goud teab soub guand soub guib	祖太仕官、仕贵，
苟太明章明洪，	Goud teab minl zhangd minl hongl	祖太明章、明洪，
苟剖光珍光珠，	Goud poub guangd zend guangd zud	祖太光珍、光珠，
光三光求光林，	Guangd sand guangd njoud guangd linl	光三、光求、光林，

苟剖后保，	Goud poub houb bot	祖太后保，
苟大席玉江远，	Goud dab xid yib jiangd yant	祖师席玉、江远，
林花老归，	Linl huad lead guid	林花、老归，
共四老弄，	Gongb soub lead longb	共四、老弄，
千有千财，	Qand yout gand nzeal	千有、千才，
进荣同兰，	Jinb yil ndongl lanl	进荣、同兰，
苟大强贵，	Goud dad niangl guib	祖师强贵，
龙贵光合，	Longl guib guang huol	龙贵、光合，
冬顺得水，	Dongd seib del sheit	冬顺、得水，
苟伯长富，	Goud bel nzhangl hub	伯父长富，
长春长任，	Wzhangl cheid nzhangl yeib	长春、长任，
苟虫长刚，	Goud nzongx nzhangl gangd	祖师长刚，
苟骂长先，	Goud mat nzhangl xand	严父长先，
成玖法高，	Wzenl jout fal god	成玖、法高，
苟书双全，	Goud shul shuangd nianl	叔父双全，
苟内九松，	Goud nel gout send	祖师九生，
苟内大大，	Goud nel dad dad	祖师大大，
苟秋贵松。	Goud qub guib send	师兄贵生。
补产葵忙告见，	Bub canb nguix mangl giod janx	三千祖师交钱，
抓葡儿最吉走。	Nzhax nbut jid zeix jid zoax	提名得齐得全。
补吧录忙送嘎，	Bub beat nus mang songt ghad	三百宗师度纸，
寿葡吉走吉板。	Sheat but jid zoax jid bans	点字得到得齐。
浪喂声然，	Hnangd wel shob yeax	闻我奉请，
埋拿儿最陇单。	Mex nax jid zeix lol dand	你的聚会来临。
陇单号陇告图，	Lol dand hot lol ghob deut	来到这里之所，
炯送号陇告洋。	Jongt sot hot lol ghob yangs	坐临此间之地。
喂扑列扛见松，	Wel pul lies gangs janx songb	我讲要送成理，
剖岔列扛见度。	Poub chat lies gangs janx dut	我说要送成辞。
喂抱列扛见空，	Wel beax lies gangs janx kob	我挽手诀成诀，
剖出列扛见卡。	Poub chud lies gangs janx kad	我掐手法成法。

扑浪莎见，	Pul nangd sat janx	讲的也灵，
出浪莎尼。	Cud nangd sat nis	做的也准。
几候几弟，	Jex heub jex det	不差不错，
几篓几杀。	Jex neul jdx sad	不损不伤。

[说明]此为大请师神咒，共有37位祖师。加上5位不能念出的名字的，算来总共有42位祖师，其中姓石的有32位，姓龙的有10位。这是在做大法事的时候才请这么多，平常则没必要请这么多。

4. 请师咒二　Reax ghunb kob dut

[汉字记音、苗文、意译]

然鸟便告斗补，	Reax niox blab ghot doub bul	奉请五方土地，
照告然冬，	Zhot ghot reax dongs	六方龙神，
棍缪棍昂，	Ghunb mloul ghunb nieax	鱼神肉神，
得寿产娥棍空，	Deb sheub canb ngongl ghunb kob	弟子的千位祖师，
录汝吧图棍得。	Nus rut beat deut ghunb del	师郎的百位宗师。
然鸟——	Reax niox	奉请——
苟剖明洪，	Goud poub minl hongl	祖师明洪，
苟剖四贵，	Goud poub soub guib	祖师仕贵，
苟剖后保，	Goud poub houb bot	祖师后保，
苟打席玉江远，	Goud dad xil yil jangd yant	祖师席玉江远，
林花老归，	Linl huad lead guid	林花、老归，
共四老弄，	Gongb soub lead longb	共四、老弄，
千有千财，	Qand yout gand nzeal	千有、千才，
进荣同兰，	Jinb yil ndongl lanl	进荣、同兰，
苟大强贵龙贵，	Goud dad njangl guib longl guib	祖师强贵、龙贵，
光合冬顺得水，	Guang huol dongd seib del sheit	光合、冬顺、得水，

苟书双全，	Goud shul shuangd nianl	叔父双全，
苟骂长先，	Goud mat nzhangl xand	严父长先，
苟内九松大大，	Goud nab gout send dad dad	祖师九生、大大，
苟秋贵松。	Goud qub guib send	师兄贵生。
补产葵忙告见，	Bub canb nguix mangl giod janx	三千祖师交钱，
札葡儿最吉走。	Nzhax nbut jid zeix jid zoux	提名得齐得全。
补吧录忙送嘎，	Bub beat nus mangl songt ghad	三百宗师度纸，
寿葡吉走吉半。	Sheut nbut jid zoux jid bans	点字得到得齐。
埋列拢斗得寿阿苟，	Mex lies lol doub deb sheub ad goud	你们与我弟子一道，
拢弄告得阿共。	Lol longs ghob del ad gongb	与我师郎一路。
求补拢剖阿苟，	Njout bul nhangs poub ad goud	上山与我一路，
闹吾龙剖阿昂。	Lot ub ahangs poub ad ngangx	下水同我一船。
告见列扛莎单，	Giod janx lies gangs sat dand	交银要送得到，
送嘎列扛莎远。	Songs ghad lies gangs sat songt	度纸要送得灵。

[说明]此为一般法事的请师神咒，共有祖师23位。请师之时，一般都要掐祖师诀才能灵验。

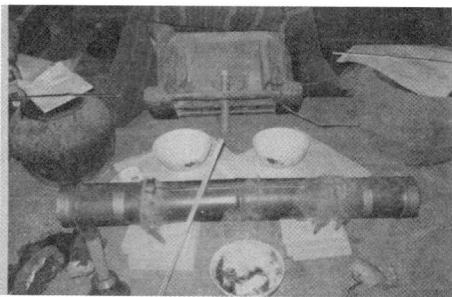

图 2-61　此为吃猪仪式地楼板上的神坛摆设式样

5. 收魂咒　Xoud bleax dut

[汉字记音、苗文、意译]

就梅克打巴，	Jud mes nked dab blab	抬眼看青天，
棍空炯出踏，	Ghunb kob jongt chud tax	祖师坐成排，
吉葡克打豆，	Jid nbut nked dab doub	低头看地边，
棍得炯龙剖。	Ghunb del jongt longs poub	宗师坐成圈。
浓果剖乔照篓照追，	Longl got poub njol zhos neul zhos zheit	白发老祖左前左后，
鸟花剖共照抓照宜。	Niox hund poub ghot zhos zheax zhos nis	白胡老君在左在右。
产娥棍空照篓照追，	Canb ngongl ghunb kob zhos neul zhos zheit	千位祖师在前在后，
吧图棍得照抓照宜。	Beat ndut ghunb del zhos zheax zhos nis	百位宗师在左在右。
闹吾龙剖阿昂，	Lot ub nhangs poub ad ngangx	水中与我同船，
求处龙剖阿苟。	Njout chut nhangs poub ad goud	旱地与我同路。
闹吾龙剖出那，	Lot ad nhangs poub chud nab	水路与我做兄，
求补龙剖出苟。	Njout bul nhangs poub chud goud	旱地和我做弟。
且恩汝崩首图，	Nqet ngingx rut benx shoubl deut	银车送华保柱，
且格汝崩首空。	Nqet nggieb rut benx shoubl kob	金车送华保诀。
补谷照斗汝空，	Bub gul zhot doul rut kob	三十六手正法，
炯谷呕然汝卡。	Jongs gul oub ral rut kad	七十二道正诀。
列休喂郎标鬼，	Lies xoud wel nangd bleux guib	要收弟子魂魄，
列见喂郎且月。	Lies jant wel nangd qet el	要藏师郎福分。
休汝苟先，	Xoud rut goud xand	收好长命，
见汝苟木。	Jant rut goud mongs	藏好长寿。

休照阿谷呕奶哭绒，	Xoud zhos ad gul oub leb khud rongx	收在十二洞中，
油照阿谷呕图哭便，	Youx zhos ad gul oub deut khud bleat	藏在十二洞内，
哭箓哭追，	Khud neul khud zheit	洞前洞后，
哭抓哭宜。	Khud zheax khud nis	洞左洞右。
几候几弟，	Jex heub jex det	不损不伤，
几搂几萨。	Jex neul jex sad	不差不错。

[说明]此为在法事之前，先请师用诀收好自己的魂魄，以免在祭祀中失落，导致灾祸，此段神咒只用默念，勿要出声，并用莲花顺收诀收魂藏于两腋内。

6. 收众魂咒　Xoud bloud guib qet yel

[汉字记音、苗文、意译]

补谷照斗汝空，	Bub gul zhot doul rut kob	三十六手好诀，
炯谷呕然汝卡。	Jongs gul oub ral rut kad	七十二道好法。
列休喂浪，	Lies xoud wel nangd	收我弟子，
归先归得，	Guib xand guib deb	长命富贵，
归木归嘎。	Guib mongs guib ghad	长寿福分。
列休内浪，	Lies xoud nex nangd	收我弟子，
阿标林休，	Ad bloud linl xoud	一家大小，
阿竹共让。	Ad zux ghot rangt	一门老幼。
告拔告浓，	Ghob npad ghob mint	男魂女魂，
得得内章，	Beb ded nex zhangl	少幼大人，
归先标归，	Guib xand bleax guib	长命良魂，
归得且月。	Guib del qet yel	长寿福分。
列休内浪，	Lies xoud nex nangd	要收人众，

纵那半特，	Zongx nab banb ted	堂兄厨官，
纵苟半留，	Zongx goud banb lious	堂弟刀手，
你得刚棍，	Nib del gangb ghunb	帮忙人等，
炯秋削猛。	Jongb qub xod mil	在堂人众。
标归冬豆，	Bleux guib dongs doub	凡人良魂，
且月冬腊。	Qet yel dongs las	凡命良魄。
休照阿谷呕奶，	Xoud zhos ad gul oub leb	收在一十二个、
哭篓哭追，	Khud neul khud zheit	洞前洞后，
油照阿谷呕图，	Youl zhos ad gul oub deut	藏在一十二个、
哭抓哭宜，	Khud zheax khud nis	洞左洞右。
几候几弟，	Jex heub jex det	不损不伤，
几搂几萨。	Jex neul jex sad	不差不错。

[说明]此段神咒是巴代专门收藏自己的儿魂女命以及主人和其堂兄堂弟的魂魄，以保证在祭祀中不受到损伤。这是给村寨上的祭主信士举行祭祀法事之初所必须进行的一种仪式。此咒不念出声，同时还要配以祖师诀、莲花诀、收魂诀等相应的手诀才行。

7. 收福咒　Xoud del dut

[汉字记音、苗文、意译]

列休阿标林休，	Lies xoud ad bloud linl xoub	要收一家大小，
阿竹共让，	Ad zongx ghot rangt	一门老幼，
归先归得，	Guib xangd guib deb	长命良魂，
归木归嘎，	Guib mongs guib ghad	长寿福分，
归楼归弄，	Guib noux guib nongt	谷神米神，
归录归咱，	Guib nul guib zeat	糯神粘神，
件恩吉标，	Jant ngongx jib bloud	家中银财，
嘎格吉竹，	Ghad nggieb jib zongx	家内百财，

龙尼忙油，	Longs niex mangs yul	群羊群牛，
龙归忙爬，	Longs guib mangs nbeat	群狗群猪，
公周公节，	Gib zhoux gib jel	蚕虫蚕茧，
公数公冉，	Gib shud jib rant	蚕帛蚕布，
提周炮节，	Ndeib zhoux pot jel	绸布细布，
提夹炮抓，	Ndeib janb pot zhal	绫罗绸缎，
迷花几录，	Mis huab jid nongl	棉花棉布，
包抱呕陇，	Beab beat ead longl	被子衣服，
苟得公同，	Goud ded jib ndangb	蜂蜜蜂糖，
靠公靠抱，	Khat jib khat bos	颈圈银圈，
判先写突。	Pand xand xet tad	披胸银挂，
休照阿记松斗，	Xoud zhos ad jib songd deul	收在一炉香烟，
休照阿达穷炯。	Xoud zhos ad deal nqot jongb	收在一碗香雾。
休照猛打，	Xoud zhos mil deal	收在大缸，
见照猛桶。	Janx zhos mil tongt	藏在大桶。
休猛见汝，	Xoud mil jant rut	收去藏好，
油猛见拿。	Youx mil jant neas	收好藏实。

[说明]这是唯恐在祭祀中惊动了信士、户主家中的谷米神、钱财神、六畜神、蚕神、布帛绸神等；万一动着了哪一种福气都不好，因此先请法师用诀把这些福神收藏起来。

图2-62　在吃猪仪式中，巴代雄在敬七呈七献酒肉

8. 化深坑牢洞咒　Chud khud chud bleat dut

[汉字记音、苗文、意译]

棍空你喂斗抓，	Ghunb kob nib wel doul zheax	祖师在我左手，
棍得炯剖斗尼。	Ghunb del jongt poub doul nis	宗师在我右手。
你喂苟篓，	Nib wel goud neal	在我前面，
炯剖吉追。	Jongt poub jib zheit	坐我后面。
斗出见空，	Doul chud janx kob	手抓成诀，
豆抱见卡。	Doul beax janx kad	掌拍成法。
扑苟见苟，	Pul gheul janx gheul	化山成山，
出绒见绒。	Chud reix janx reix	化岭成岭。
剖扑莎见，	Poud pul sat janx	我讲得灵，
喂出莎尼。	Wel chud sat nis	吾化得准。
补产列剖蒙哭，	Bub canb lies poub mil khud	三千要挖大洞，
补吧列哭蒙荣。	Boub beat lies kud mil rongd	三百要挖大牢。
列剖产将麻冬，	Lies poub canb zhangb max dob	要挖千丈深潭，
列扣吧将麻头，	Lies keux beat zhangb max doud	要挖百丈深坑。
列哭产将哭乖，	Lies kud canb zhangb khub ghueb	要挖千丈黑洞，
列扣吧将哭布。	Lies keux beat zhangb khud niongl	要挖百丈黑牢。
埋扣莎见，	Mex keux sat janx	你的挖成，
埋哭莎尼。	Mex kud sat nis	你的挖好。
莎见禾哭麻冬，	Sat janx ghob khud max dongs	挖成牢井深潭，
莎见禾荣麻布。	Sat janx ghob rongd max niongl	挖成黑洞深坑。

　　[说明]此段神咒是奉请三千祖师、三百宗师来挖好千丈深坑、百丈深洞（宗教术语叫作深坑牢洞），用来关押邪神邪鬼。只有把这些凶神恶煞、灾星八难关押在深坑牢洞里，才能保证在祭祀中不受它们的干扰和破坏，使祭祀能清吉平安地顺利进行。

9. 关押邪师咒　Keub ghob houb ghunb dut

[汉字记音、苗文、意译]

产将禾哭麻冬，	Canb zhangb ghob khud max dob	千丈黑洞深潭，
吧将禾荣麻头。	Beat zhangb ghob rongd max doud	百丈黑牢深井。
禾哭麻乖，	Ghob khud max ghueb	黑洞黑牢，
禾荣麻布。	Ghob rongd max blud	黑牢黑井。
几没拢扣内浪，	Jid mex lol keub nex nangd	不关人的，
归先归得。	Guib xand guib deb	长命良魂。
几没苟扣内浪，	Jid mex geud koub nex nangd	不押人的，
归木归嘎。	Guib mongs guib ghad	长寿福分
列苟扣固，	Lies geud keub gub	要来关押，
列陇扣汉，	Lies lol keub hant	要来关那，
葵忙悄气，	Nguix mangl qob qib	邪师坏心，
录忙加写，	Nus mangl jad xed	邪法坏肚，
葵忙加鸟，	Nguix mangl jad niox	邪师坏口，
录忙加弄，	Wus mangl jad lot	邪法坏嘴，
加鸟悄松，	Jad niox qob songb	坏口坏话，
加弄悄萨，	Jad lot qob sat	坏嘴坏语，
葵忙悄豆，	Nguix mangl qob deut	邪师坏脚，
录忙悄斗，	Nus mangl qob doul	邪法坏手，
悄豆否抱空绒，	Qob deut woul beax kob rongx	坏手邪诀，
悄斗否出卡棍，	Qob doul woul chud kad ghunb	坏掌邪法，
几穷刚棍，	Jid nkongt gangs ghunb	破坏祭场，
吉话悄猛，	Jid huat xob mil	捣乱祭坛，
刚棍几虫，	Gangs ghunb jid zos	交钱不达，
削猛几拿，	Xob mil jid neas	度纸不到

阿谷呕苟葵忙悄气，	Ad gul oub goud nguix mangl gob qib	一十二路邪师，
阿谷补公录忙加写，	Ad gul bub gongb nus mangl jid xed	一十三道邪法，
几长刚棍，	Jid zhangd gangs ghunb	颠倒祭祖，
吉仇学猛，	Jid zhoux xob mil	颠覆祭祀，
告见几单，	Giox janx jid dand	主持不好，
送嘎几送。	Songt ghad jid songt	主祭不到。
扣闹禾哭度冬，	Keab lot ghob khud dou dob	关进深牢深洞，
全嘎禾荣麻头。	Njant ghad ghob rongd max doud	押进黑牢黑井。
扣闹禾哭麻乖，	Keab lot ghob khud max ghueb	关进黑穴，
全嘎禾荣麻牛。	Njant ghad ghob rongd max niongl	押入黑牢。
列太板首，	Lies ntet band soud	要盖铁板，
列扣扳闹。	Lies keub band hlot	要封铜板。
列太板柔，	Lies ntet bant roub	要盖岩板，
列阿板金。	Lies yab bant jid	要封岩石。
否休几单，	Woul xoud jid dand	它起不来，
否炯几送。	Wud jongt jid songt	它翻不上。
茶他猛久。	Nceab deas mil joux	平安无事。
弟然猛半。	Det ranx mil banx	祥和吉利。

[说明]传说中的邪师邪教、邪诀邪法、邪神邪鬼是非常可恶的，它们用邪术专门破坏和捣乱祭祀场地，或放阴火烧纸，或放入猪狗鸡在祭祀场中乱窜乱叫，等等。这样会使祭祀无法进行。即使进行下去了，也交不达、送不到，浪费了主家的钱米，损坏了巴代的名誉。

10. 关押灾难咒　Keub zead seid beax nanb dut

[汉字记音、苗文、意译]

产将禾哭麻冬，	Ganb zhangb ghob khud max dob	千丈的深洞，
吧将禾哭麻头。	Beat zhangb ghob khud max doud	百丈的深坑。

禾哭麻乖，	Ghob khud max ghueb	黑的深坑，
禾荣麻布。	Ghob rongd max blub	黑的深洞。
几没陇扣内浪，	Jid mex lol keub nex nangd	不关人的，
归先归得。	Guib xand guib deb	长命良魂
几没苟扣内浪，	Jid mex gead keub nex nangd	不关人的，
归木归嘎。	Guib mangs guib ghad	长寿福分。
列苟扣固，	Lies geud keub gub	要来关它，
列陇扣汉，	Lies lol keub hant	要来关闭，
绒忙悄气，	Rongx mangl qob qib	坏神坏肚，
棍忙加写，	Ghnb mangl jad xed	坏鬼坏肠，
奶绒竹豆，	Ned rongx zhul doub	母龙老堂，
骂棍康内，	Mat ghunb hangd nex	父鬼老殿，
绒悄猛起，	Rongx qob mil qib	龙坏痛肚，
棍悄猛写，	Ghunb qob mil xed	鬼坏痛肠，
吉古几如，	Jid gux jid rux	胀气肚肠，
几干吉革，	Jid zhanx jid geut	结扭肠内，
加绒猛鲁，	Jad rongx mil longb	坏龙作祟，
加棍嘎穷，	Jad ghunb ghad qind	坏鬼痫痢，
加鸟吉车，	Jad niox jid cheit	坏口相争，
加弄吉他，	Jad lot jid ndat	坏嘴相骂，
背斗冬豆，	Bid deul dongs doub	天火乱起，
背金冬内，	Bid jix dongs nex	地火乱烧，
声猛声达，	Shob mongb shob das	病声死号，
声昂声研，	Shob nieeab shob niand	声笑哭泣，
归嘎告豆，	Ghuoud ghad ghob doub	狗来送屎，
爬然比兵，	Nbeat ral bid bix	猪来送尿，
几穷堂内，	Jid nkongt ndangl nex	吵闹堂中，
吉话堂纵，	Jid huat ndangl zos	吼闹堂内，
吉章告见，	Jid zhangd giod janx	破坏交钱，
吉仇送嘎。	Jid zhoux songt ghad	捣乱度纸。

扣闹禾笑哭麻冬，	Keub lot ghob xob khub max dob	关到深坑之中，
全嘎禾荣麻头。	Njant ghad ghob rongd max doud	押到深洞之内。
押闹禾哭麻乖，	Keub lot ghob khud max ghueb	关到黑洞之中，
全嘎禾荣麻布。	Njant ghad ghob rongd max blud	押到黑洞之内。
几奶几扛兵比，	Jib hneb jid gangs blongl bleid	百天不许出头，
告忙几扛兵缪。	Ghob hmangt jid gangs blongl mloux	晚上不准现身。
列太板首，	Lies ntet band soub	要盖铜板，
列阿板闹。	Lies yab band hlot	要压铁板。
列太板柔，	Lies ntet bant roub	要盖岩板，
列阿板金。	Lies yab bant gid	要压岩石。
否休几单堂内，	Woul xoud jid dand ndangl nex	它站不到堂中，
出炯几送堂纵。	Wul jongt jid sot ndangl zos	它坐不到堂内。
茶他猛久，	Nceab deas mis joux	清吉平安，
弟然猛半。	Det ranx mil banx	吉祥如意。

[说明] 为了使祭祀场中不出现肚痛等各种疾病以及是非争吵、火灾等事，巴代法师事先就要把不良因素排除干净，将其封入牢井之中，以保证祭祀场内平安吉利。

图2-63　在敬家祖的仪式中，摆在火炉后的簸箕、粑块、酒和肉等

11. 封堂咒一　Xoud ndangx dut

[汉字记音、苗文、意译]

补产葵忙照篓，	Bub canb nguix mangl zhos neul	三千祖师在前，
补吧录忙照追。	Bub beat nus mangl zhos zheit	三百宗师在后。
葵忙照抓，	Nguix mangl zhos zheax	祖师在左，
录忙照尼。	Nus mangl zhos nis	宗师在右。
斗你打纵扛棍，	Doub nib dal zongx gangs ghunb	居在敬神堂中，
斗炯吉秋学猛。	Doub jongt jib qeut xob mil	坐在敬祖堂内。
几篓喂封补产千缪，	Jib neul wel hongd bub canb qand mloul	前方我封三千鱼刺，
吉追喂封补吧千昂。	Jib zheit wel hongd bub beat qand nieax	后面我封三百肉刺。
几篓喂封补产冬腊，	Jid neul wel hongd bub canb dongs las	前方我封三千光刺，
吉追喂封补吧冬嘎。	Jib zheit wel hongd bub beat dongs ghad	后面我封三百利刺。
加绒几扛单途，	Jad rongx jid gangs dand nend	坏龙不让到堂，
加棍几扛单洋。	Jad ghunb jid gangs dand yangs	坏鬼不送到殿。
几篓喂封背苟麻穷，	Jib neul wel hongd bid gheul max ncongb	前方我安大岭陡岭，
吉追喂封窝绒麻兰。	Jib zheit wel hongd ghob reix max lanl	后面我安大山陡山。
几篓喂封周柔柔告，	Jib neul wel hongd zheud roub roub ghot	前方我封大岩大板，
吉追喂封周柔柔金。	Jib zheit wel hongd zheud roub roub gid	后面我封大板大岩。
加绒几扛单途，	Jad rongx jid gangs dand nend	坏龙不让到堂，

加棍几扛单洋。

几篓喂封炯格，
吉追喂封炯昂。

几篓喂封炯干，
吉追喂封炯穷。

加绒几扛单途，
加棍几扛单洋。

几篓喂封纠八纠麻，
吉追喂封纠苟纠够。

几篓喂立猛干猛将，
吉追喂立猛吹猛穷。

加绒几扛单途，
加棍几扛单洋。

几篓吉就产嘎板首，
吉追吉卡吧嘎板闹。

几篓几围产嘎板柔，
吉追吉利吧嘎板金。

加绒几扛单途，
加棍几扛单洋。

打豆围豆围柔，
打巴名风名度，
打豆出绒苟立，
打巴出松苟留。

Jad ghunb jid gangs dand yangs

Jib neul wel hongd jongs gied

Jib zheit wel hongd jongs ngangs

Jib neul wel hongd jongs ghanx

Jib zheit wel hongd jongs nqit

Jad rongx jid gangs dand nend

Jad ghunb jid gangs dand yangs

Jib neul wel hongd jox bad jox mangs

Jib zheit wel hongd jox goud jox gongb

Jib nenl wel lix mil ghanx mil njang

Jib zheit well ix mil cheid mil nqit

Jad rongx jid gangs dand nend

Jad ghunb jid gangs dand yangs

Jib nenl jid jous canb ghad bant roub

Jib zheit jid kat beat ghad bant hiot

Jib neul jib weix canb ghad bant roub

Jib zheit jid lix beat ghad bant gid

Jad rongx jid gangs dand nend

Jad ghunb jid gangs dand yangs

Dab doub weix doub weix roub

Dab blab zhob hob zhod dut

Dab doub chud rongs geud lix

Dab blab chud sob geud lious

坏鬼不送到殿。

前方我安七湖，
后面我安七海。

前方我安七泊，
后面我安七河。

坏龙不让到堂，
坏鬼不送到殿。

前方我封九层九墙，

后面我封九墙九幢。

前方我封厚墙大墙，

后面我封大笆大篱。

坏龙不让到堂，
坏鬼不送到殿。

前方竖起千块铜板，

后面围起百块铁板。

前方围起千块大岩，

后面围起百块大石。

坏龙不让到堂，
坏鬼不送到殿。

地下围土围岩，
天上云雾缭绕，
地下龙神护堂，
天上雷神护殿。

加绒几单告图,	Jad rongx jid dand ghob deut	坏龙不到堂中,
加棍几送告洋。	Jad ghunb jid dand ghob yangs	坏鬼不到堂内。
你到充白,	Nib dot qind bel	居得清吉,
炯到纵在。	Jongt dot zoub zeab	坐得自在。

[说明]这是将手诀和咒语两者配合, 把祭祀场地封好, 不让魑魅魍魉进入场内。

12. 封堂咒二 Xoud ndangx dut

[汉字记音、苗文、意译]

葵忙照篓,	Nguix mangl zhos neul	祖师在前,
录忙照追。	Nus mangl zhos zheit	宗师在后。
棍空照抓,	Ghunb kob zhos zheax	祖师在左,
棍得照尼,	Ghunb del zhos nis	本师在右,
列封打纵扛棍,	Lies hangd dal zongx gangs ghunb	要封祭祀场中,
候洽吉秋学猛。	Heat qad jid qeut xob mil	要盖祭祖堂内。
告见斗你打纵扛棍,	Giod janx doub nib dal zongx gangs ghunb	交钱在堂,
列封苟洽打纵扛棍。	Lies hongd goud qad dal zongx gangs ghunb	要封付钱在堂。
送嘎斗炯吉秋学猛,	Songt ghad doub jongt jib qeut xob mil	度纸在殿,
列封苟洽吉秋学猛。	Lies hongd goud qad jib qeut xob mil	要封度纸在殿。
打豆浓绒苟封,	Dab doub liongb rongx geud hongd	地下盘龙来封,
打巴浓松苟留。	Dab blab liongb sob geud lioux	天上盘雷来守。
打豆浓绒苟立,	Dab doub liongb rongx geud lix	地下盘龙来护,
打巴浓松苟卡。	Dab blab liongb sob geud kat	天上盘雷来卫。

汉字记音	苗文	意译
打豆喂封纠格猛吾,	Dab doub wel hongd jox gied mil ub	地下我安九湖之水,
打巴喂封谷则猛度。	Gab blab wel hongd gul joux mil dut	天上我立十层之云。
打豆喂禾背斗麻抓,	Dab duob wel ob bid deul max zheax	地下我烧大火,
打巴喂禾穷斗猛卡。	Dab blab wel ob nqot deul mil kad	天上我盖大烟。
加绒几扛单途,	Jad rongx jid gangs dand nend	坏龙不让进堂,
加棍几扛单洋。	Jad ghunb jid gangs dand yangs	坏鬼不让进殿。
几咱喂斗得寿告见,	Jid zead wel doul deb shoud giod sanx	不见我这弟子交钱,
几干剖弄告得送嘎。	Jid ghans poub nangd ghob del songt ghad	不明吾本师郎度纸。
打豆出连出滚,	Dab doub chud lianx chud ghuid	地上做鸟做莺,
打巴出封出度。	Dab blab chud hob chud ndut	天上做雾做云。
打豆出洽出千,	Dab doub chub qab chub qand	地下做笔做签,
打巴出录出西。	Dab blab chud nux chud xib	天上做叶做藤。
加绒几单告途,	Jad rongx jid dand ghob deut	坏龙不准进堂,
加棍几送告洋。	Jad ghunb jid songt ghob yangs	坏鬼不许进殿。
产内拿格几咱,	Canb nex nax nghed jid zead	千人也看不见,
吧母拿梦几干。	Beat mongs nax mux jid ghans	百鬼也看不明。
告见莎单,	Giox janx sat dand	交钱也达,
送嘎莎送。	Songt ghad sat songt	度纸也到。

[说明]这是用龙用雷、用云用雾、用叶用藤,用鸟用莺来封闭坛场的一种咒语。在中型祭祀时,加封此咒。

13. 封堂咒三　Xoud ndangx dut

[汉字记音、苗文、意译]

汉字记音	苗文	意译
补产葵忙告见,	Bub canb nguix mangl giod janx	三千祖师交钱,

补吧录忙送嘎。	Bub beat nus mangl songt ghad	三百宗师度纸。
葵汝埋列出突,	Nguix rut mex lies chud ntongl	祖师你要守堂,
录汝埋列出太	Nus rut mex lies chud nteat	宗师你要护殿。
棍空照篓,	Ghunb kob zhos neul	祖师在前,
棍得照追。	Ghunb del zhos zheit	宗师在后。
葵忙照抓,	Nguix mangl zhos zheax	祖师在左,
录忙照尼。	Nus mangl zhos nis	宗师在右。
列封打纵扛棍。	Lies hongd dal zongx gangs ghunb	要封祭场。
列封吉秋学猛。	Lies hongd jib qeut xob mil	要封神堂。
苟达喂封猛戎,	Goud zheax wel hongd mil mil	左安青龙,
苟尼喂立猛炯。	Goud nis well lix mil jod	右立白虎。
苟篓喂封猛苟,	Goud neul wel hongd mil gheul	前安朱雀,
吉追喂封猛绒。	Jib zheit wel hongd mil renx	后立玄武。
纠谷纠竹猛途,	Jox gul jox zhus mil ndongb	九十九根大木,
乙谷乙竹猛斗。	Yil gul yil zhus mil ndut	八十八根大树。
照谷照中猛到,	Zhot gul zhot zheib mil dot	六十六把大斧,
巴谷巴格猛昂。	Blab gul blab gied mil ngangs	五十五重大海。
喂封喂你打虫,	Wel hongd wel nib dab nzhongb	我封我在中央,
剖立剖炯吉浪。	Poub lix poub jongt jib nhangsb	我立我在里面。
你到汝先,	Nib dot rut xand	居得长命,
炯到汝木。	Jongt dot rut mongs	坐得长寿。
产棍拿格几咱,	Canb ghunb nax nkhed jid zead	千神也看不见,
吧母莎梦几干。	Beat mongs sat mongx jid ghans	百鬼也视不明。
告见莎单,	Giod janx sat dand	交钱也达,
送嘎莎送。	Songt ghad sat songt	度纸也到。

[说明]此为较大型祭祀时所用的封堂咒语,内容除了青龙、白虎、朱雀、玄武以外,还有用木、火、金、水来封堂的。

图 2-64　苗师在打扫屋仪式中赶鬼的装扮

14. 烧蜡香咒一　Aob jib dut

[汉字记音、苗文、意译]

喂斗得寿，	Wel doul deb sheub	我这弟子，
（阿标林休，）	Ad bloud linl xoud	（一家大小，）
产豆几没窝汝，	Canb doub jid mex ob rut	千年没有供这，
意记松斗陇林。	Ad jib sob deul lol dand	蜂蜡纸香来到。
剖弄告得，	Poub nangd giod deb	吾本师郎，
（阿竹共让，）	Ad zongx ghot rangt	（一家老幼，）
吧就几没窝汝，	Beat jut jid mex ob rut	百世没有供这，
依达穷炯陇送。	Ad deal nqot jib lol sot	黄蜡粗糠来临。
冬豆几休苟萨，	Dongs doub jid xoud goud sad	凡尘没有是非，
冬腊几休苟章。	Dongs las jid xoud geud zhangb	凡间没有争议。
冬豆你虫，	Dongs doub nib nceab	凡尘清吉，
冬腊炯拿。	Dongs las jongt neas	凡间平安。

他陇窝汝松斗，	Teat lol ob rut sob deul	今天烧这黄蜡宝香，
尼苟西吾笑斗。	Nis geud xid us xob deul	是来祭神祭祖。
他陇窝汝穷炯，	Teat lol ob rut nqot jib	今日烧这蜡糠宝烟，
尼苟西补笑冬。	Nis geud xid bul xob dongs	是来祭祖敬神。
扛棍莎虫，	Gangs ghunb sat zeix	祭的也准，
学猛莎拿。	Xob mil sat neas	敬的也灵。
西约莎单，	Xid jul sat dand	敬了也到，
笑约莎虫。	Xob jul sat zoux	祭了也达。
冬豆列扛久莎，	Dongs doub lies gangs jul sead	凡间要求清吉，
冬腊列扛久章，	Dongs las lies gangs jul zhangb	凡尘要求平安，
冬豆你虫，	Dongs doub nib nceab	凡间居稳，
冬腊炯拿。	Dongs las jongt neas	凡尘坐实。
查踏猛久，	Nceab deas mil joux	免难永久，
弟然猛半。	Det ranx mil banx	脱灾永远。
娘莎娘猛产豆，	Niangs sead niangs mil canb doub	清吉去得千年，
娘章娘猛吧就。	Niangs zhangb niangs mil beat jut	平安去得百载。
告见剖到先头，	Giod janx Poub dot xand doud	交钱我得长命，
送嘎剖到木汝。	Songt ghad Poub dot mongs rut	度纸我得长寿。

[说明]此为法坛烧香或者到户主家中烧香时所用的神咒之一。如在法坛烧香则云"喂斗得寿"，若是在户主家中祭祀烧香则云"阿标林休"，这是看情况而说的。届时边上香边默念此咒即可。

15. 烧蜡香咒二　　Aob jib dut

[汉字记音、苗文、意译]

| 窝汝意记松斗， | Ob rut ad jib sab deul | 烧好黄蜡糠香， |
| 窝汝依打穷炯。 | Ob rut ad deal nqot jib | 烧好黄蜡糠烟。 |

照搂猛休产乔名风，	Zhos nea mil xoud canb nggod zhod hob	前方升起千朵雾团，
照追猛休吧乔名度。	Zhos zheit mil xoud beat nggad zhod dut	后面升起百朵云团。
苟洽打纵刚棍，	Geud qad dal zongx gangs ghunb	来盖祭祀宝堂，
苟然吉秋学猛。	Geud rad jib qeut xob mil	来护祭祖宝殿。
苟洽喂斗得寿，	Geut qad wel doul deb sheub	来盖我这弟子，
苟然剖弄告得。	Geud rad Poub nangd ghob deb	来护吾本师郎。
意记松斗，	Adjib sab deul	黄蜡糠香，
依打穷炯。	Ad dal nqot jib	黄蜡糠烟。
苟岁补产加绒，	Geud seib bub canb jab rongx	来隔三千坏龙，
苟挡补吧加棍。	Geud tangt bub beat jad ghunb	来挡三百坏鬼。
苟岁奶绒考鸟，	Geud seib ned rongx kod niox	来隔母龙歪嘴，
苟岁骂棍锐先。	Geud seib mat ghunb reil xand	来隔父鬼歪牙，
苟岁莎空，	Geud seib sead kongs	来隔是非，
苟挡壮虐。	Geud tangt jangb lot	来挡口嘴。
苟岁见苟猛豆，	Geud seib janx goad mil doub	来隔病痛
苟挡见公猛炯。	Geud tangt janx gongb mil jongb	来挡病灾。
岁猛竹豆，	Seib mil zhux doub	隔去竹豆，
挡闹康内。	Tangt lot hangd nex	挡去康内。
告见拿到弟然，	Giod janx nax dot det ranx	交钱也得清吉，
送嘎莎到查他。	Songt ghad sat dot nceab deas	度纸也得平安。
冬豆列扛娘莎，	Dongs doub lies gangs niangs sead	凡间了断是非，
冬腊列扛娘章。	Dongs las lies gangs niangs zhangb	凡尘了断灾难。

[说明]此段为在屋外祭祀时烧香所用的神咒之一。若是在屋内祭祀则可不用此咒，但用也无妨。在野外祭祀若逢一些异常现象，则对着香碗念咒，然后端起香碗出游，则怪异自消散矣。

16. 藏身咒一 Rad xoub dut

[汉字记音、苗文、意译]

得寿没到碰休，	Deb sheub meb dot pot xoud	弟子取得宝华，
弄得梅到特得。	Lot deb meb dot ntet del	师郎取得宝盖。
碰休休虫，	Pot xoud xoud zeix	宝华盖稳，
特得得拿。	Ntet del del neas	宝盖盖实
苟洽喂斗得寿，	Gaud qad wel doul deb sheub	来盖我吾弟子，
苟特剖弄岩得。	Geud ntet poub lot yand del	来盖吾本师郎。
内格几咱，	Nex nkhed jid zead	人看不见，
根梦几干。	Ghunb mongs jid ghans	鬼看不明。
得寿告见，	Deb sheub giod janx	弟子交钱，
莎到先头。	Sat dot xand doud	也得长命。
弄得送嘎，	Lot deb songt ghad	师郎度纸，
莎到木汝。	Sat dot mongs rut	也得长寿。

[说明]此为藏身神咒之一。做此法诀时要掐盖天诀来护住头。苗师的藏身诀咒和客师的藏身诀咒一样多，其最基本的共有36道，由于篇幅的关系，以下只是选载一些代表性的诀咒。从这些藏身诀咒的内容与做法中，我们可以窥视到苗族先民在涿鹿之战后不断的迁徙逃亡的漫长历史中所形成的封闭保守的民族习性。

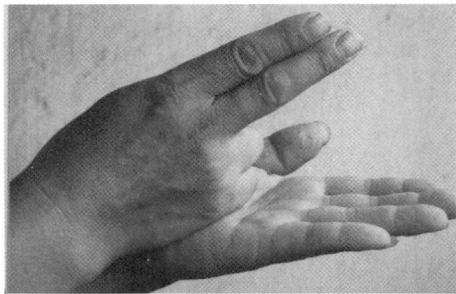

图 2-65　苗师巴代雄在祭祀中所掐的"窝蒙同"即大金刀手诀

17. 藏身咒二　Rad xou dut

[汉字记音、苗文、意译]

几篓喂窝补记孺明，	Jib neal wel ob bub jib rut mlens	前方我烧三堆明火，
求单雷绒。	Njout dand leis rongx	上到神堂。
交比穷兄，	Giod bix nqot xangd	挡隔在前，
几瓦几达当岁加绒。	Jid was jid dal dangt seib jad rongx	专挡专隔山神。
吉追喂窝补乔孺牛，	Jib zheit wel ob bub nggod rut nqot	后面我烧三堆明烟，
求单雷苟。	Njout dand leis geul	上到天界。
交比穷兄，	Giod bix nqot xangd	挡隔在前，
几瓦几达当岁加棍。	Jid was jid dal dangt seib jad ghunb	专挡专隔恶鬼。
几篓喂封补产千缪，	Jib neul wel hongd bub canb qand mloul	前头我封三千竹签，
就内梅林打秀。	Jul hneb mex lol ndad xout	拿挡拿护本身。
吉追喂封补吧千昂，	Jib zheit wel hongd bub beat qand nieax	后面我封三百竹刺，
就那梅照打得。	Jul hlat mex zhos ndad del	拿挡拿护本体。
闹达周日柔告，	Hlob dal zheud roul roub ghot	脚踏大岩，
比图周日柔金。	Bleid ndut zheud roul roub gid	头戴大板。
闹达补产冬腊，	Hlob dal bub canb dongs las	脚踏三千护脚，
比图补吧冬嘎。	Bleid duet bub beat dongs ghad	头戴三百护头。
闹照笑洞笑恩，	Hlob zhot xot dongx xot ngongx	脚穿银鞋铜鞋，
比图格绒格棍。	Bleid ndut gieb rongx gieb ghunb	头戴鬼角神角。
闹达猛昂猛洽，	Hlob dal mil ngangx mil nqab	脚踏大船大筏，
比图猛固猛色。	Bleid ndut mil gud mil sed	头戴大伞大盖。
吾汝照吾几台，	Wub rut zhot ub jib ndeb	水好水泼不洒，
斗汝照斗几格。	Deul rut zhos deul jid geb	火好火烧不熄。

[说明]此也为藏身咒。念此神咒的时候，要用手做出相应的诀法：先掐神堂诀，于一手中指指尖上做封盖之势，以示盖住自身；同时要心存观想、加以意念才行；再掐护头护脚诀，直到念完咒语为止。

图2-66 竖在苗家人门前的椎牛花柱，长1.58丈（5.26米），出土部分为1.28丈（4.26米），其上端有天圆地方、三才四象等形状的图案，椎牛时将其横架在屋檐底下的翘首木上

18. 藏身咒三 Rad xoub dut

[汉字记音、苗文、意译]

剖怕拿脏猛羊，	Poub peab nangd zhangb mil yangs	我劈此处来藏，
喂怕拿卡猛他。	Wel peab nangd kat mil ndad	吾劈此地来收。
号陇你羊喂斗得寿，	Geal nend nib yangl wel doub ded sheub	这里可居我这弟子，

号炯炯羊剖弄岩得。	Dex jongt jongt yangl Poub nangd lot deb	此间可坐吾本师郎。
迷首你羊喂斗得寿，	Mil soub nib yangl wel doul deb sheub	铜牙可居我这弟子，
迷闹炯羊剖弄告得。	Mil hlot jongt yangl Poub namgd lot deb	铁牙可坐吾本师郎。
召首你羊喂斗得寿，	Zhod soub nib yangl wel doul deb sheub	铜围可居我这弟子，
召闹炯羊剖弄告得。	Zhod hlot jongt yangl Poub nangd lot deb	铁围可坐吾本师郎。
矮首你羊喂斗得寿，	Anb soub nib yangl wel doul deb sheub	铜罐可居我这弟子，
矮闹炯羊剖弄告得。	Anb hlot jongt yangl Poub mangd lot deb	铁罐可坐吾本师郎。
热首你羊喂斗得寿，	Rel soub nib yangl wel doul deb sheub	铜仓可居我这弟子，
热闹炯羊剖弄告得。	Rel hlot jongt yangl Poub nangd lot deb	铁仓可坐吾本师郎。
标首你羊喂斗得寿，	Bloud soub nib yangl wel doul deb sheub	铜屋可居我这弟子，
标闹炯羊剖弄告得。	Bloud hlot jongt yangl Poub nangd lot deb	铁屋可坐吾本师郎。
苟首你羊喂斗得寿，	Gheul soub nib yangl wel doul deb sheub	铜山可居我这弟子，
苟闹炯羊剖弄告得。	Gheul hlot jongt yangl Poub mangd lot deb	铁山可坐吾本师郎。
照吾陇剖阿昂，	Zhos ub lol Poub ab nangx	水中与我一船，
照补陇剖阿苟。	Zhos bul lol Poub ab gongb	旱路和我一道。
照吾陇剖出那，	Zhos ub lol Poub chud rab	水中与我为兄，
照补陇剖出苟。	Zhos bul lol Poub chub goud	旱路和我为弟。

[说明]念此咒时，要做相关手诀。先伸出右手，掌心朝左，以右手掌小面之小指根部反复置于右手食指根部和手腕处，又以右手握空拳如此反复，之后掐船诀收尾即可。

19. 藏身诀四　Rad xoub dut

[汉字记音、苗文、意译]

几长窝汝意记松斗，	Jid nzhangd ob rut ad jib sob deul	转手又烧蜡香，
告讨呕偶绒奶，	Giod dot oub ngongl rongx hneb	飞转两条阳龙，
立为照苟康吾，	Lix weil zhot goud kangt ub	阳龙飞来挡水
几长窝汝意穷烔，	Jid nzhangd ob rut ad jib nqot jib	转手又烧蜡烟，
告讨呕偶绒那，	Giod dot oub ngongl rongx hlat	飞转两条阴龙
良王照公康斗。	Ljangl wangl zhot gongb kangt deul	阴龙飞来挡火。
内客几咱，	Nex nkhed jid nzead	人看不见，
棍梦几干。	Ghunb mongs jid ghans	鬼看不明。
内客拿咱补层召风，	Nex nkhed nax zead bub nzenl zhod hob	人看只见三团浓云，
棍梦拿咱补桥召度。	Ghunb mongs nax zead bub nggod zhod dut	鬼看只见三层浓雾。

　[说明]念上段咒语时，可掐相应的祖师诀以配合。

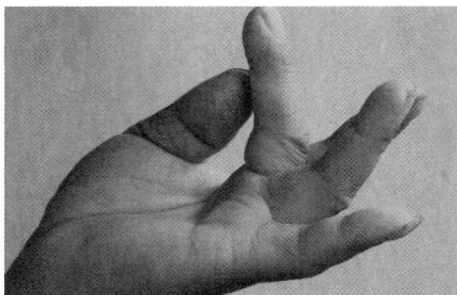

图 2-67　巴代教法中的祖师诀，本是要掐十二宫位部分的，即本位祖师是什么时辰出生的便要掐什么宫位才对，但祖师众多，难以一一记忆，于是便掐中指的中节部位，以此囊括十二宫位。故而巴代在仪式中一旦用到祖师诀时，便以大拇指抵住中指中节，其余三指任其自由伸展

20. 藏身决五　Rad xoub dut

[汉字记音、苗文、意译]

几长窝汝意记松斗，	Jid nzhangd ob rub yib jib sob doul	又来烧起蜡香，
炯那棍柔。	Jongt neas ghunb roub	坐在神堂。
抽力阿谷呕周嘎首	Jous lix ad gul oub zhoud ghad soub	立起一十二块铜板，
摧力喂不纵豆，	Cheid lix wel bul zongx doub	隔去邪神，
摧力喂不纵斗，	Cheid lix wel bul zongx deul	隔去恶鬼，
莎见嘎底。	Sat janx ghad tet	隔得干净。
几长窝汝依打穷炯，	Jid nzhangd ob rut yid deal nqot jib	又来烧起蜡烟，
炯那棍太。	Jongt neas ghunb nteat	坐在神殿。
抽力阿谷呕周嘎闹，	Jous lix ad gul oub zhoud ghad nqot	立起一十二板铁块，
摧力喂不纵豆，	Gheid lix wel bul zongx doub	隔去邪神，
摧力喂不纵斗。	Gheid lix wel bul zongx deul	隔去恶鬼。
莎见嘎然，	Sat janx ghad ramx	隔得彻底，
内客几咱，	Nex nghed jid zead	人看不见，
棍梦几干。	Ghunb monga jid ghans	鬼看不明。

　　[说明]先掐祖师诀，然后将两手之四指相互交叉，掌心朝向自己，以两手大拇指之指甲相扣即可。

21. 隔漏落咒　Ud ral dut

[汉字记音、苗文、意译]

休陇竹洞，	Xoud lol zhux dongb	堵起大门，

苟岗纠录苟达。	Geud gangs jox nhongx goud das	去挡九条漏坊。
共陇竹纵，	Gongb lol zhux zongx	挡起小门，
苟洽洽图苟松。	Geud qad gul ndut goud sot	专塞十条漏道。
竹洞岗娘关关，	Zhux dongb gangs niangs guand guand	大门塞得严严，
竹纵洽娘埋慢。	Zhux zongx qad niangs mand mant	小门塞得实实。
岗约阿谷呕苟，	Gangs jul ad gul oub goud	塞了一十二路，
苟白苟热。	Goud bex goud res	路漏路散。
洽约阿学计图，	Qad jul ad xob gul ndut	塞了一十三道，
苟洽苟松。	Goud qad goud songt	路散路落。

[说明]此咒是在给祖神奉送供品的时候，恐怕供品漏落而念的咒语。以右手的大拇指抵中指顶端置于左手根部，稍微旋转，之后两手相合，再掐神堂诀，即可送去供品物件。

22. 启师护咒　Ceit shoud hud dut

[汉字记音、苗文、意译]

葵汝候喂吉学，	Nguix rut heut wel jid xob	祖师帮我，
西包达鸟去弄扛虫。	Xid beux dad niox jid longs gangs zos	拿好护甲。
录汝候喂吉学，	Nus rut heut wel jid xob	宗师帮我，
即嘎达梅去弄扛拿。	Hleat ghad dad mes jid longs gangs neas	系好护带。
葵汝几抓，	Nguix rut jib zheax	祖师在左，
候喂吧龙。	Heut wel bat longd	帮我拿刀。
录汝吉尼，	Nus rut jib nis	宗师在右，
候喂吧同。	Heut wel bat ndeid	为我拿剑。
葵汝休单告图，	Nguix rut xoud dand ghob deut	祖师站在这里，
录汝炯送告浪。	Nus rut jongt songt ghob yangs	宗师坐到此间。
葵汝你喂苟篓，	Nguix rut nib wel goud neul	祖师在我前面，
录汝你剖苟追。	Nus rut nib poub goud zheit	宗师在我后面。

斗抓埋你，	Doul zheax manx nib	左边你护，
斗尼埋炯。	Doul nis mex jongt	右边你佑。
葵汝候苟，	Nguix rut heut nghet	祖师帮拿，
录汝候共。	Nus rut heut nghet	宗师帮抬。

［说明］念此咒时要做祖师诀来配合才行。

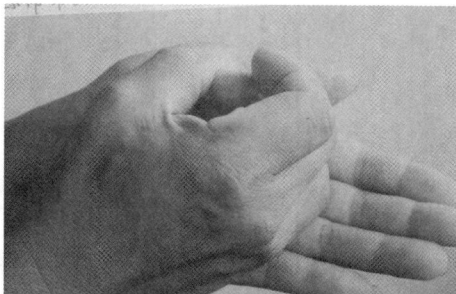

图2-68　苗师巴代雄在祭祀中所常用的香炉水碗诀

23. 请法咒　Ceit kob dut

［汉字记音、苗文、意译］

然鸟补产葵忙土冬，	Reax niox bub canb nguix mang tul dongs	奉请三千祖师大法，
补吧录忙叉留。	Bub beat nus mangl chad lioul	三百宗师大诀。
补产藏力，	Bub canb nzangt lix	三千骑驴，
补吧藏梅。	Bub beat nzangt mel	三百骑马。
补产共急，	Bub canb nghet gix	三千抬旗，
补吧共色。	Bub beat nghet sed	三百抬枪。
补产良龙，	Bub cand ngangd nenx	三千舞剑，
锐锐照篓。	Reld reld zhos neul	雄赳赳在前，
补吧良同，	Bub beat nangd ndeid	三百舞刀，

让让照追。	Rangd rangs zhos zheit	气昂昂在后。
补产不包陇嘎，	Bub canb bul nbol nhangs ghad	三千披袍穿甲，
补吧不嘎图闹。	Bub beat bul ghad deut hlot	三百披甲戴盔。
埋你纵寿吉标，	Mex nib zongx sheub jib bloud	在那家中祖坛，
照休纵寿吉标。	Zhos zeud zongx sheub jib bloud	出离家中祖坛。
埋炯秋得吉竹，	Mex jongt qeut del jib zhux	坐在家内祖殿，
照休秋得吉竹。	Zhos xoud qeut del jib zhux	出离家内祖殿。
然鸟埋拿，	Reax niox mex nangx	奉传你的，
锐锐陇单告图。	Reid reid lol dand ghob deut	急急来到堂中。
弄奈埋拿，	Lol hnant mex nangx	奉敬你的，
让让陇送告洋。	Rangd rangd lol sot ghob yangs	忙忙来临堂内。
照篓照追，	Zhos neul zhos zheit	在前在后，
照抓照尼。	Zhos zeax zhos nis	在左在右。
告见扛单，	Giod janx gangs songt	交钱送到，
送嘎扛送。	Songt ghad gangs songt	度纸送达。
喂告莎单，	Wel giod sat dand	我交也达，
剖送莎送。	Poub songt sat songt	我送也到。
出单拿见，	Chud dand nax janx	做到就成，
送送拿尼。	Songt songt nax nis	送到就灵。
内绒列扛几白吧苟，	Ned rongx lies gangs jid bex bad goud	邪神分散五路，
骂棍列扛吉瓦照公。	Mat ghunb lies gangs jid was zhos gongb	恶鬼远逃六道。
加绒几白，	Jad rongx jid bex	坏龙清除，
加棍吉瓦。	Jad ghunb jid was	坏鬼消散。
汝苟猛豆，	Rut goud mil doub	好病好痛，
汝公猛炯。	Rut gongb mil jongb	健康痊愈。

[说明]此段请法咒是在做打扫屋、赶猖等带有打斗性法事中传祖师法术时所用的一种咒语。

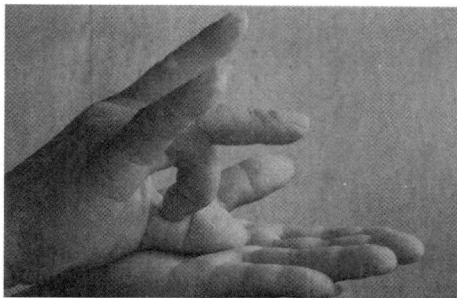

图 2-69　巴代在驱鬼除煞的仪式中所用的手弹诀之一

24. 招猖驱赶咒　Gol ghunb xangb qob dut

[汉字记音、苗文、意译]

产豆几没书记，	Canb doub jid mex shod git	千年没打口哨，
三牙够斗。	Sand yal ghoub deub	在门外坪场。
吧就几没沙记，	Beat jous jid mex shat git	百岁没打口哨，
送龙比丙。	Songt lot bid bix	在门外坪地。
他陇书记，	Teat lol shod git	今打口哨，
三牙够斗，	Sand yal goud deul	门外坪场，
几没然鸟产棍。	Jid mex reax niox canb ghunb	没有奉请千神。
他陇沙记，	Teat lol shat git	今打口哨，
送龙比丙，	Songt lot bid bix	门外坪地，
几没弄奈吧猛。	Jid mex lol hnant beat mongs	没有叫来百鬼。
列陇然鸟，	Lies lol reax niox	要来传那，
葵忙达巧，	Nguix mangl das qob	猖鬼死丑，
录忙达加。	Nus mangl das jad	伤亡死坏。
葵忙照色，	Nguix mangl zhos sed	猖鬼中枪，

录忙照炮。	Nus mangl zhos pot	伤亡中弹。
葵忙绍公，	Nguix mangl shot nghongd	猎鬼吊颈，
录忙绍缪。	Nus mangl shot mlal	伤亡自缢。
葵忙抓绒，	Nguix mangl zhad rongd	猎鬼落岩，
录忙抓并。	Nus mangl zhad bleat	伤亡掉崖。
葵忙加哭，	Nguix mangl jad khub	猎鬼难生，
录忙加首。	Nus mangl jad soud	伤亡难产。
葵忙抓吾，	Nguix mangl zhad ub	猎鬼溺水，
录忙抓斗。	Nus mangl zhad deul	伤亡溺河。
葵忙照龙，	Nguix mangl zhos nenx	猎鬼斧砍，
录忙照同。	Nus mangl zhos ndeid	伤亡刀伤。
葵忙照豆，	Nguix mangl zhos doux	猎鬼打死，
录忙照大。	Nus mangl zhos dat	伤亡杀亡。
葵忙告白，	Nguix mangl ghos nbed	猎鬼滚倒，
录忙告袍。	Nus mangl ghos nbut	伤亡滚死。
葵忙达苟，	Nguix mangl das goud	猎鬼道路，
录忙达公。	Nus mangl das gongb	伤亡路途。
纵补吾棍，	Zongx bul ub ghunb	猎鬼死鬼，
纵朝吾猛。	Zongx nqod ub mil	死亡死魂。
纵补几没内扛，	Zongx bul jid mex nex gangd	猎鬼没有人理，
纵朝几没内土。	Zongx nqod jid mex nex ntoud	伤亡没有人情。
埋你告得达巧，	Mex nib ghob deb das qob	在那伤死之处，
照休告得达巧。	Zhos xeud ghob deb das qob	从伤死之处来。
埋炯告秋达加，	Mex jongt ghob qeut das jad	在那伤亡之所，
照休告秋达加。	Zhos xoud ghob qeut das jad	从伤亡之所来。
然鸟埋陇告图，	Reax niox mex lol ghob deut	奉请你的来此，
弄奈埋闹告洋。	Lol hnant mex lot ghob yangs	奉敬你的来到。
然鸟几尼然空，	Reax niox jid nis reax khongb	奉请不是空请，
弄奈几尼奈卡。	Lol hnant jid nis hnant khead	奉敬不是干敬。
内没猛嘎报告牛书，	Nex mex mil ghad bad ghot niex shud	这里有大公鸡

内没猛嘎报告牛水，	Nex mex mil ghad bad ghot niex sheit	此间有大雄鸡，
内没列楼崩瓦，	Nex mex liet ghueub mongl was	这里有米饭，
内汝列弄崩岗。	Nex rut hliet nongt mongl gangs	此间有美食。
扛埋葵忙达巧，	Gangs mex ghunb mangl das qob	拿来敬你猖鬼，
扛埋灵忙达加。	Gangs mex nus mangl das jad	拿敬你等伤亡。
陇豆陇豆，	Lol deub lol deub	快来快来，
吉上陇豆。	Jid shangt lol deub	赶快就来。
水——	Sheib sheib	水——①

注：①拟打口哨的声音。

[说明] 在做赶猖鬼法事时在门外挖一小坑，坑边插上三炷香。巴代倒背蓑衣，手执长刀，于坛边打口哨召集猖鬼时所念的一段咒语。一打口哨便会起风，一旦起风轻则吹亮香火，重则明显风动吹走香灰。此时巴代便写上"刀砍笼罩，捉拿猖鬼"，旁边一人则迅速用刀，宰断鸡头埋入坑中，示意为已把猖鬼捉住，关进深潭古井（天牢地井）之内了。此咒念诵之前，先要打口哨。念完之后，同样要打口哨。湘西民间习俗认为，夜晚打口哨即请猖鬼。

图2-70　右边为一堆粗糠，左下角为两块蜂蜡，左上角为纸钱包蜂蜡所揉成的纸坨。纸坨与粗糠同烧，即为"蜂蜡纸团糠香"，传说此香烟能降食人魔"己嘎"

25. 隔猖咒　Qad xangb dut

[汉字记音、苗文、意译]

几篓喂封补产千缪，	Jib neul wel hongd bub canb qand mloul	前封三千竹签，
吉追喂封补吧千昂。	Jid zheit wel hongd bub beat qand nieax	后封三百竹削。
几没苟岁内浪，	Jid mex geud seib nex nangd	没有隔人的，
归先归得。	Guib xand guib del	长命良魂。
几没苟岁内浪，	Jid mex geud seib nex nangd	没有隔人的，
归木归嘎。	Guib mongs guib ghad	长寿福分。
苟岁葵忙达巧，	Geud seib nguix mangl das jad	专隔猖鬼，
苟岁录忙达加。	Geud seib nus rut das jad	专隔伤亡。
产豆几扛长勾，	Beat jut jid gangs nzhangd gongb	百岁不准回道，
几篓喂立炯格，	Jib neul well lix jongs gied	前立七河，
吉追喂立炯昂。	Jib zheit well lix jongs ngangs	后立七海。
几没苟岁内浪，	Jib mex geud seib nex nangd	不隔人的，
归先归得。	Guib xand guib deb	长命良魂。
几没苟岁内浪，	Jid mex geud seib nex nagd	不隔人的，
归木归嘎。	Guib mongs guib ghad	长寿福分。
苟岁葵达加，	Geud seib nguix das jodb	专隔猖鬼，
苟岁录忙达加。	Geud seib nus mangl das jadb	专隔伤亡。
产豆几扛长苟，	Canb doul jid gangs zhangd goud	千年不许回路，
吧就几扛长公。	Beat jut jid gangs zhangd gongb	百年不准回道。
几篓喂窝补记汝明，	Jib neul wel ob bub jib rut mlens	前烧三堆大火，
吉追喂窝补乔汝牛。	Jib zheit wel ob bub nggod rut nqot	后发三堆大烟。
几篓喂封补产冬腊，	Jib neul wel hongd bub canb dongs las	前封篱笆，
吉追喂封补吧冬卡。	Jib zheit wel hongd bub beat dongs ghod	后立篱园。
几篓喂封苟柔，	Jib neul wel hongd gheul roub	前立岩山，

吉追喂封苟闹。	Jib zheit wel hongd gheul hlot	后立铁岭。
几篓喂安苟母,	Jib neul wel ngangd ghoud mus	前安神鸟,
吉追喂安苟处。	Jib zheit wel ngand ghoud chut	后立神莺。
几篓喂安苟归,	Jib neul wel ngand ghuoud guix	前安黄犬,
吉追喂安苟穷。	Jib zheit wel ngand ghuoud nqit	后立凶狗。
几没苟岁内浪,	Jib mex geud seib nex nangx	不隔人的,
归先归得。	Guib xand guib deb	长命良魂。
几没苟岁内浪,	Jib mex geud seib nex nangd	不隔人的,
归木归嘎。	Guib mongs guib ghad	长寿福分。
苟岁葵忙达巧,	Geud seib nguix mangl das qob	专隔猖鬼,
苟岁录忙达加。	Geud seib nus nangl das jad	专隔伤亡。
产豆几扛长苟,	Cand doub jid gangs nzhangd goud	千年不准回路,
吧就几扛长公。	Beat jut jid gangs nzhangd gongb	百岁不许回道。
西达明松嘎从,	Xib deat mlens senb ghad nzod	明天早晨,
柔日拿柔,	Rol roub nax rol	推磨也推,
葵忙达巧。	Nguix mangl das qob	磨那猖鬼。
料炯拿料,	Liob jol nax liob	捣臼也捣,
录忙达加。	Nus mangl das jad	捣那伤亡。
会苟拿达,	Huet goud nax dal	走路也踩,
葵忙达巧。	Nguix mangl das qob	踩那猖鬼。
会公拿抓,	Huet gongb nax hlad	行道也踏,
录忙达加。	Nus mangl das jad	踏那伤亡。
拿锐拿拿,	Hlad reib nax hlad	切菜也切,
葵忙达巧。	Nguix mangl das qob	切那猖鬼。
扣斗拿扣,	Kheut deul nax kheut	砍柴也砍,
录忙达加。	Nus mangl das jad	砍那伤亡。
底斗拿窝,	Deid deul nax ob	烧水也烧,
葵忙达巧。	Nguix mangl das qob	烧那猖鬼。
打标拿窝,	Deat blot nax ob	火把也烧,
录忙达加。	Nus mangl das jad	烧那伤亡。

[说明]此为咒猸鬼的话语。赶猸鬼后巴代要在门内向外念诵此段咒语，末尾还可随意加上一些咒鬼隔鬼的话语。

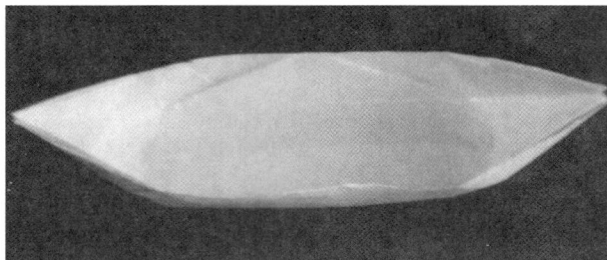

图 2-71　送瘟神和押猸鬼的纸船

26. 打扫咒　Jid nceab dut

[汉字记音、苗文、意译]

斗欺嘎你，	Deus qib ghad nib	恶鬼莫在，
陇标陇斗。	Lol bloud lol deul	屋边屋角。
弄力嘎炯，	Lot lix ghad jongt	灾难莫坐，
陇纵陇秋。	Lot zingx lol qeut	宅中房内。
嘎你千曼，	Ghad nib qand mlanb	莫坐屋排，
嘎炯千乖。	Ghad jongt qand gued	莫坐屋梁。
嘎你千图，	Ghad nib qand ndut	莫坐穿木，
嘎炯千陇。	Ghad jongt qand lol	莫坐穿枋。
嘎你禾突，	Ghad nib ghob tud	莫坐桶中，
潮弄麻果。	Nzot ningt max giod	糯米之中。
嘎炯禾痛，	Ghad jongt ghob tongt	莫坐桶内，
潮弄麻明。	Nzot nongt max mlens	粘米之内。
嘎你窝矮昂肖，	Ghad nib ghob anb nieax xob	莫在酸肉罐中，

嘎炯窝纵酒共。	Ghad jongt ghob tongs joud ghot	莫在酸菜罐内。
几猛走比麻巴,	Jid mil mloux bib meax beas	不走抓发打脸,
斗冲蒙嘎半弟。	Doul qongb mongl ghad beax deis	手推你到门外。
斗尼锐蒙吉仰,	Doul nis reil mongl jid ninangs	右手冲你翻天,
扛蒙照半。	Gangs moux zhos banb	送你滚去。
搂腊搂嘎,	Leux las leux ghad	烂皮烂肉,
照共搂猛搂浓。	Zhos gongb leux songd leux blot	滚出烂骨烂筋。
扛蒙猛闹,	Gangs moux mil lot	送你去到,
得忙告交。	Deb mangl ghob god	冤家仇人。
服酒几岔得松,	Hud joud jid chat deb songb	喝酒说那小话,
龙昂吉岔得莎。	Nongx nieax jid chat deb sead	吃肉讲那是非。
服酒吉岔,	Hud joud jid chat	喝酒说那,
得松得莎。	Deb songb deb sead	是非小语。
龙昂吉岔,	Nongx nieax jid chat	吃肉讲那,
得度得树。	Deb dut deb shut	小话是非。
扛内录同大那,	Gangs nex hlud ndeid dat nab	送他抽刀杀兄,
录色大苟。	Hlud sed dat goud	抽枪杀弟。
大那见热,	Dat nab janx res	杀兄像落,
录标录明。	Nux blol nux hlod	秋天落叶。
大苟见热,	Dat goud janx res	杀弟像落,
录图录陇。	Nux ndut nux lol	树叶竹叶。
你见呕奶补猛,	Nib janx oub hneb bub mil	只居两天三日,
自浪声猛单补。	Doub hnangd shob mil dand bul	就闻哭丧到家。
炯娘呕大补乙,	Jongt niangs oub deat bub yis	坐得三朝两日,
自浪声达单冬。	Doub hnangd shob das dand dongs	就闻哀号到宅。

[说明]此段为打归屋时所念的咒语,把灾星祸害打扫出去并送到冤家仇人家里,以求达到清吉平安之目的。

27. 关门咒　Keub zhub dut

扣竹见先，	Koub zhux jant xand	关门藏魂，
扣吹见木。	Koub cheid jant mongs	关窗收福。
意苟喂安够母，	Yib goud wel ngand ghoud mus	大路我安神鸟，
产内大长，	Canb nex dad zhangs	千人把守，
够母候喂寿松。	Ghoud mus heut wel sheub seib	神鸟传来佳音。
图公喂将几他，	Deut gongb wel jangt jid tad	大道我安神犬，
吧内大长，	Beat nex dad zhangs	百人把住，
几他候喂寿莎。	Jid tad heut wel sheub sead	神犬传来好信。
意苟喂安几豆，	Yib goud wel ngangs jib doub	大路我安神兵，
产内大长，	Canb nex dad zhangs	千人把守，
几豆达吾，	Jib tad dad wus	灾难马上，
不猛竹豆。	Bul mongl zhux doub	退去天涯。
图公喂将几他，	Deut gongb wel jangt jid tad	大道我安神犬，
吧内大长，	Beat nex dad zhangs	百人把住，
几他达吾，	Jid tad dad wus	灾祸马上，
不猛竹豆坛内。	Bul mil zhux doub kangt nex	退去天涯海角。
阿标林休，	Ad bloud linl xoud	一家大小，
鸟豆内拿，	Niox doub nex nax	屋外安那，
就纵几岁。	Jud zongx jid seib	大山来隔。
阿竹共让，	Ad zhux ghot rangt	一屋老幼，
追标内拿，	Zheit bloud nex nax	屋后安那，
就便吉洽。	Jud bleat jid qad	大崖来挡。
扣竹内拿见先，	Keub zhux nex nax janx xand	关门人便藏魂，
扣吹内拿贝木。	Keub zheid nex nax bad mongs	闭户人便收福。

娘莎娘猛产豆，	Niangs sead niangs mongs canb doub	清吉去得千年，
娘章娘猛吧就。	Niangs jangb niangs mangs beat jut	平安坐得百岁。
冬豆久莎，	Dongs doub jul sead	凡间天争，
冬腊久梅。	Dongs las jul mes	凡尘天论。
查他猛久，	Nceab dees mil joux	平安永久，
弟然猛串。	Det ranx mil cuand	清吉永远。
你娘产豆，	Nib niangs canb doub	活得千年，
炯汝吧就。	Jongt rut beat jut	坐过百岁。

　　[说明]此段神咒是巴代雄为信士家打扫屋之后，关门时所念的一段咒语，以关门留福，隔灾免祸。

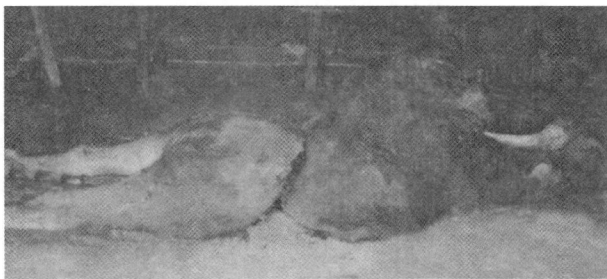

图2-72　在苗师所主持的椎牛祭祀大祖神的仪式中，合死牛送牛魂的场景

28. 隔死鬼咒　Kieab ghunb das dut

[汉字记音、苗文、意译]

喂斗得寿，	Wel doul deb sheub	我这弟子，
斗抓冲到香录。	Doul zheax chot dot xangb nongb	左手拿菖蒲水。
剖弄告得，	Poub nangd ghob del	吾本师郎，
斗尼冲到香瓜。	Doul nis chot dot xangb ghueax	右手拿菖蒲叶。
阿散休单，	Ad sanb xoud dand	一份来到，

达告竹鲁。	Dal ghot zhux nus	门外屋檐。
阿牛休送，	Ad nius xoud sot	一份来临，
达告竹寸。	Dal ghot zhux cheid	门外阶边。
几没陇岁，	Jid mex lol seib	没有来隔，
内浪归先归得。	Nex nangd guib xand guib deb	人的长命良魂。
几没苟岁，	Jid mex geud seib	没有来隔，
内浪归木归嘎。	Nex nangd guib mongs guib ghad	人的长寿福气。
苟岁棍梦，	Geud seib ghunb mongb	要隔病灾，
几扛长苟。	Jid gangs zhangd goud	不准回路。
苟岁棍达，	Geud seib mil zhux	要隔死鬼，
几扛长公。	Jid gangs zhangd gongb	不准回道。
苟岁猛竹，	Zhot seib mil zhux	拿隔大门，
苟卡猛吹。	Geud cadb mil cheid	拿隔楼门。
召吾香录，	Zhot ub xangb nongb	着菖蒲水，
棍猛几白便苟。	Ghunb mil jid bex blab goud	病灾分散五路。
召吾香瓜，	Zhot ub xangb ghueax	着菖蒲水，
棍达吉瓦照公。	Ghunb das jid was zhot gongb	死鬼分散六道。
召目目连，	Zhos mux mux lianb	着眼眼瞎，
召梅梅斗。	Zhos mes mes dues	着脸脸破。
召劳共劳，	Zhos hlob git hlob	着脚烂脚，
召叫共叫。	Zhos jos git jos	着腿烂腿。
召豆共豆，	Zhos deut git deut	着臂烂臂，
召斗共斗。	Zhos doul git doul	着手烂手。
棍陇哭内，	Ghunb lol khud hneb	鬼来天涯，
长猛哭内。	Zhangd mongl khud hneb	回去天涯。
棍陇哭那，	Ghunb lol khud hlat	鬼来海角，
长猛哭那，	Zhangd mil khud hlat	回去海角，
香录香瓜，	Xangb nongb xangb ghueax	菖蒲法水，
岁照猛竹，	Sieb zhos mil zhux	隔在大门，
立照猛吹。	Lix zhos mil cheid	立在楼门。

棍陇几抓，	Ghunb lol jid zhax	鬼来跨过，
共劳共叫。	Git hlob git jos	烂脚烂腿。
棍陇吉仲，	Ghunb lol jid nchab	鬼来跨越，
共豆共斗。	Git deut git doul	烂臂烂手。
内陇几抓，	Nex lol jid zhax	人来跨过，
内到先头。	Nex dot xand doud	人得长命。
内陇吉仲，	Nex lol jid nchab	人来跨越，
内到目汝。	Nex dot mongs rut	人得长寿。
棍猛几白便苟，	Ghunb mil jid bex blab goud	病灾分散五路，
棍达吉瓦照公。	Ghunb das jid was zhos gongb	死鬼分散六道。
棍陇苟达，	Ghunb lol goud dal	鬼来左路，
长猛苟达。	Zhangd mil goud jos	回去左路。
棍陇苟炯，	Ghunb lol goud jos	鬼来右道，
长猛苟炯。	Zhangd mil goud jos	回去右道。
棍陇哭内，	Ghunb lol khud hneb	鬼来天涯，
长猛哭内。	Zhangd mil khud hneb	回去天涯。
棍陇哭那，	Ghunb lol khud hlat	鬼来海角，
长猛哭那。	Zhangd mil khud hlat	回去海角。
窝产苟补，	Ghob canb goub bul	千人百客，
窝吧内卡。	Ghob beat nex kheat	千尊百众。
阿标林休，	Ad bloud linl xoud	一家大小，
阿竹共让。	Ad zongx ghot rangt	一屋老幼。
你到果比，	Nib dot ghueub bib	居得白发，
炯到穷先。	Jongt dot nqit xand	坐得红唇。
你去冬林夯公，	Nib qit dongs linl hangd gangb	居如大山大川，
炯去仁善夯他。	Jongt qit reix shanb hangd dal	坐如大山大谷。
喂斗得寿，	Wel doul deb sheub	我这弟子，
莎到先头。	Sat dot xand doud	也得长寿。
剖弄告得，	Poub nangd lot deb	吾本师郎，
拿到木汝。	Nax dot mongs rut	也得长命。

[说明]此咒用在埋人上山之后，巴代左手拿竹筒一节，内装清水，右手拿两匹菖蒲叶，把菖蒲根插进竹筒内沾水出来，朝门外方向喷水示意为用菖蒲水来隔除死鬼不准回屋。

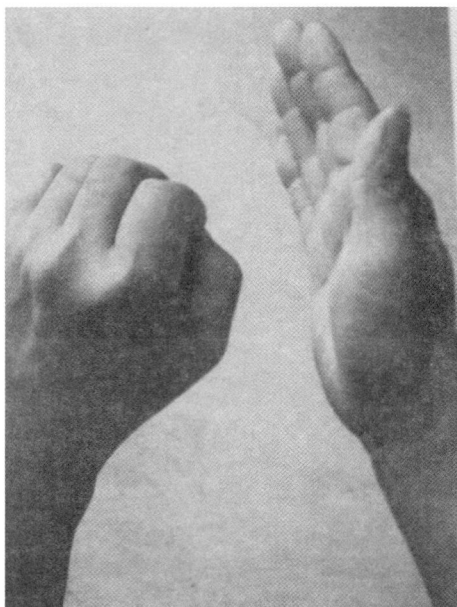

图 2-73　巴代送神之后所掐的封门诀

29. 洗手水咒　Chud ub nzead doul dut

[汉字记音、苗文、意译]

借特尚尼几，	Jeb teb shangb leat jind	借太上老君，
量花几，	Liand huad jind	莲华金，
量花尼，	Liand huad nil	莲华银，
量花剖归剖灭，	Liand huad bot gul bot mit	莲华保谷保米，
剖申剖张天。	Bot send bot zhangd mib	保身保长命。

内浪斗抓，	Nex nangd doul zheax	人的左手，
冲照内达，	Chot zhos nex das	摸着死人，
斗尼冲照内松。	Doul nis chot zhos nex seib	右手触着死尸。
标楼洽拿几见，	Blob noux nqeat nax jid janx	播种怕也不发，
便弄拿洽几单。	Blas nongt nax nqeat jid dand	撒种怕也不生。
召吾相录相瓜，	Zhos ub xangb nongb xangd ghueax	今用菖蒲之水，
苟茶斗抓，	Geud nzead doul zheax	拿洗左手，
苟茶斗尼。	Geud nzead doul nis	拿洗右手。
标楼长见，	Blob noux zhangd janx	播种也发，
便弄长单。	Blas nongt zhangd dand	撒种也生。
标猛打豆，	Blob mil dab doub	播去地中，
猛单产谷产够。	Mil dand canb gul canb ghoub	去发千丛万丛。
便猛浪路，	Blas mil nhangs lut	撒去土内，
猛单吧谷吧竹。	Mil dand beat gul beat zhus	去育百千万对。
喂出莎见，	Wel chud sat janx	我做就成，
剖补莎尼。	Poub qul sat nis	我讲就灵。

[说明]按苗家说法，人若是双手接触死尸之后，要用菖蒲水洗手才能播种。若不用菖蒲水洗手，播去的种子会不发芽。即使发了芽，也是白苗，如同戴孝一般的。如没有菖蒲水，就得去铁匠铺用冷水来洗。化菖蒲水的时候，巴代雄要念上段咒语。每念完一段，掐三片菖蒲叶弄在水盆中，共做三次掐九节。洗手后把水倒去天星眼内即可。

30. 化引亡火把咒 Deat hot bat rad xoub dut

[汉字记音、苗文、意译]

阿斗夫吧，	Ad doul hut bad	一支火把，
阿炯标明。	Ad jongb blot mlens	一支火明。

图陇抓抓，	Ndud lol zheax zheax	烧得旺旺，
明陇如汝。	Mlens lol rud rut	燃得亮亮。
苟窝产棍，	Geud ob canb ghunb	要烧千鬼，
几扛吉交。	Jex gangs jid bex	不送捣乱。
苟窝吧母，	Geud ob beat mongs	要烧百邪，
几扛吉袍。	Jex gangs jid giod	不送侵扰。
苟窝苟洽，	Geud ob goud qab	烧去野刺，
苟窝公千。	Geud ob gongb qand	烧去路刺。
苟炯阿奶向先，	Geud jongb ab leb xangb xanb	拿引一个新亡，
会猛补层，	Huet mil bul nzenl	好去村处，
孺明追补。	Rut mlens zheit bul	龙堂之地。
苟炯阿图向两，	Geud jongb ad ndut xangb xid	拿引一个新故，
会闹补齐，	Heut lot bul nggol	去那山野，
孺牛追绒。	Rut nius zheit reix	龙穴之所。
剖炯剖到先头，	Boub jongb poub dot xand dpud	我引我得长命，
喂炯喂到木汝。	Wel jongb wel dot mongs rut	吾引吾得长寿。
你到产豆，	Nib dot canb doub	居得千年，
炯娘吧就。	Jongt niangs beat jut	坐过百岁。

[说明]苗家习俗，埋人上山时，要舅爷拿一支火把在棺木前引路。火把燃烧时，要念此段咒语才不会伤人。

31. 盖棺盖咒　　Yad ghob band dut

[汉字记音、苗文、意译]

标达标包，	Bleux das bleux beut	死魂魂卧，
标牛标休。	Bleux niul bleux xoud	生魂魂起。
标达标包，	Bleux das bleux beut	死魂便卧，

标牛标休。　　　　　　Bleux niul bleux xoud　　　　　　生魂便起。

　　[说明]盖棺盖时，若不念咒，恐把活人的魂魄盖进棺木中，因此要念此咒。此咒只有两句。每念完一次，便站在棺头，双手揭盖一下，揭三下后盖好便再也不能揭了。

32. 打碗发丧咒　　Beux zhet jud band dut

[汉字记音、苗文、意译]

产豆几没，	Canb doub jid mex	千年没有，
包达虫丙。	Beux deal zongx bleid	打盘屋中。
吧就几没，	Beat jut jid mex	百载没有，
包这虫标。	Beux zhet zongx bleux	打碗屋内。
他陇包达虫丙，	Teat lol beux deal zongx bleid	今天打盘屋中，
列包棍猛，	Lies beux ghunb mil	要打病鬼，
几扛长标。	Jid gangs zhangd bleux	不送回屋。
他陇包这虫标，	Teat lol beux ghunb das	今日打碗屋内，
列包棍达，	Lies beux ghunb das	要打死鬼，
几扛长竹。	Jid gangs zhangd zhux	不送回宅。
他陇包达，	Teat lol beux zhet	今日打盘，
列包棍猛兵苟。	Lies beux ghunb mil blongl goud	要打病灾出去。
他陇包这，	Teat lol beux zhet	今天打碗，
列包棍达兵竹。	Lies beux ghunb das blongl zhux	要打死鬼出门。
包达几白，	Beux deal jid beb	打盘分开，
棍猛几白。	Ghunb mil jid beb	病灾离去。
包这吉瓦，	Beut zhet jid was	打碗分散，
棍达吉瓦。	Ghunb das jid was	死鬼分散。
剖包剖到先头，	Boub beux poub dot xand doud	我打我得长命，
喂包喂到木汝。	Wel beux wel dot mongs rit	我打我得长寿。

| 茶他猛久， | Nceab deas mil joux | 清吉永久， |
| 弟然猛半。 | Det ranx mil banx | 平安永远。 |

[说明]出柩发丧时，先要把烧地狱灯(烧在棺木下的灯)的碗摆在棺盖头部，拿一根柴火棍。念完咒语后，用柴火棍将此碗一棍打烂，众人用手将棺木用力抬起。

33. 雷神咒　Reax sob rongb dut

[汉字记音、苗文、意译]

绒你召风，	Rongx nib zhod hob	龙居雾里，
松炯召度。	Sob jongt zhod dut	雷坐云朵。
埋藏嘎果把果，	Manx nzangt ghad ghueub bad ghueub	你骑白云白马，
埋炯嘎乖把乖。	Mex jongt ghad ghueb bad ghueb	你坐黑云黑马。
斗抓埋共猛尖，	Doul zheax manx nghet mil janl	左手你拿大凿，
斗尼埋共猛记。	Doul nis mex nghet mil jis	右手你拿大钻。
埋陇几竹冬豆，	Manx lol jid zhul dongs doub	你来大地震抖，
埋送吉话冬腊。	Mex sot jid huat dongs las	你到大地震动。
炯奶汝内，	Jongs leb rut nex	七个好人，
炯图汝嘎。	Jongs ndut rut ghad	七位好众。
炯奶汝乖，	Jongs leb rut gueb	七个好官，
炯图汝度。	Jongs ndut rut dud	七位好员。
候喂陇剖。	Heut wel longs poub	帮吾护吾。

[说明]雷神咒又叫七雷咒。传说雷神有七兄弟，专为人间主持公道，维护道德良心。客教信奉五雷，苗教信奉七雷。

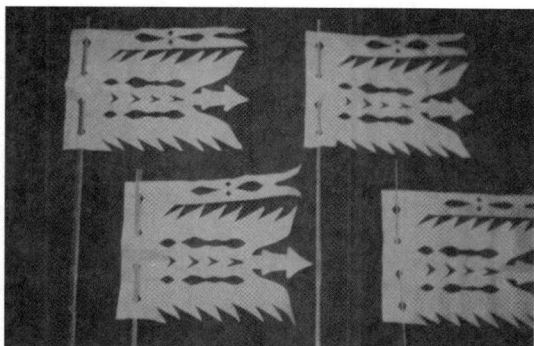

图 2-74 祭雷神时巴代所剪的雷旗式样之一

34. 请龙咒　Ceit dab rongz dut

[汉字记音、苗文、意译]

然鸟苟达浪绒，	Reax niox goud dal nangd rongx	奉请左边龙神，
苟炯浪潮，	Goud jos nangd nceut	右边麒麟，
苟篓浪绒，	Goud neul nangd rongx	前方龙神，
苟追浪潮，	Goud zheit nangd nceut	后方麒麟，
打虫浪绒浪潮，	Dab nzhangb nangd rongx nangd nceut	中央龙神麒麟，
便洽绒剖绒也，	Blab ngongl rongx poub rongx niangx	五位龙祖龙婆，
绒内绒骂，	Rongx ned rongx mat	龙母龙父，
绒得绒嘎。	Rongx deb rongx ghad	龙子龙孙。
冬内浪绒，	Dongs nex nangd rongx	人间的龙，
王记浪潮。	Wangt jit nangd nceut	皇帝的麟。
便格浪绒，	Blab gied nangd rongx	五湖的龙，
比昂浪潮。	Bleib ngangs nangd nceut	四海的麟。
内乖浪绒，	Nex gueb nangd rongx	官家的龙，

内岭浪潮。	Nex liot nangd nceut	富贵麒麟。
几瓦几达,	Jid was jid dad	齐聚齐会,
陇单几图。	Lol dand jib deut	来到这里。
吉无吉吾,	Jid wus jid wud	齐聚齐会,
陇送吉浪。	Lol songt jib nhangs	来临此间。
内没绒标绒斗,	Nex mex rongx bloud rongx deul	人有龙屋龙宅,
内没绒纵绒秋。	Nex mex rongx zongx rongx qeut	人有龙堂龙殿。
内没猛嘎苟然,	Nex mex mil ghad geud reax	人有花鸡来敬,
内汝猛爬苟充。	Nex rut mil nbeat geud ceit	人好花猪来奉。
内没见恩苟然,	Nex mex janx ngongx geud reax	人有银钱来敬,
内没见汝苟充。	Nex mex ngat nggieb geud ceit	人有好钱来奉。
充埋闹陇吉图,	Ceit manx lot lol jib deut	奉请你们到此,
然埋闹送吉浪。	Reax mex lot sot jid nhangs	奉迎你们来临。

[说明]此为接龙时在水井边、堂屋中反复念诵的请龙咒。

35. 安龙咒　Lox rongx dut

[汉字记音、苗文、意译]

便偶绒剖绒乜,	Blab ngongl rongx poub rongx niangx	五位龙祖龙婆,
绒内绒骂,	Rongx ned rongx mat	龙母龙父,
绒乖绒度,	Rongx gueb rongx dud	龙官龙员,
绒没绒岭,	Rongx mex rongx liot	龙贵龙富,
绒得绒嘎,	Rongx deb rongx ghad	龙子龙孙,
绒见绒嘎,	Rongx janx rongx ghad	龙钱龙财,
记吾浪绒,	Jib ub nangd rongx	水中的龙,
几补浪潮。	Jib bul nangd nceut	旱地麒麟。
他陇充埋苟你,	Teat lol ceit mex geud nib	今天奉请你们,

虫标虫斗。
他陇然埋苟炯，
虫纵虫秋。
几共吉标扛虫，
吉留柔纵扛拿。
你陇出排，
炯陇出然。
齐夫阿标林休，
阿竹共让。
就达几扛白见，
就挂几扛袍嘎。
见陇几迷包标，
嘎陇吉麻包竹。
见陇拿尼见空，
嘎陇拿尼嘎岭。
苟达送见几粗，
苟炯送嘎吉仰。
首尼拿林，
首油拿状。
首嘎见如，
首肥见柔。
得恩陇毕陇包，
嘎格陇搂陇归。
出乖产斗，
出岭产就。
阿标林休，
会苟抓闹抓叫，
扑度抓声抓逃。
埋浪埋列嘎崩，
埋炯埋列嘎含。

Zongx bloud zongx deul
Teat lol reax mex geud jongt
Zongx zongb zongx qeut
Jid nkhed jib bloud gangs zeix
Jid lious rous zongx gangs neas
Nib lol chud nbeal
Jongt lol chud ral
Jid wud ad bloud linl xoud
Ad zhux ghot rangt
Jut das jid gangs bex janx
Jut guat jid gangs pot ghad
Janx lol jid mleux bos bloud
Ggad lol jid mlangx bos zhux
Janx lol nax nis janx khongb
Ggad lol nax nis ghad liot
Goud dal songt janx jid cub
Goud jos songt ghad jid niangs
Soud niex nax linl
Soud yul nax zhangl
Soud ghad janx rut
Soud nbeat janx roul
Deb ngongx lol nous lol ghuis
Ghad nggieb lol nous lol ghuis
Chud gueb canb doub
Chud liot canb jut
Ad bloud linl xoud
Heut goud zheax hlob zheax jos
Pul dut zheax shob zheax ndot
Manx nangd manx lies ghad beil
Mex jongt mex lies ghad nqeat

来坐中堂中屋。
今日奉请你们，
来坐中堂中殿。
要守中堂送稳，
要守中殿送实。
居来成堆，
坐来成群。
保佑一家大小，
一门老幼。
年中不许失财，
岁内不要破财。
钱来成串进家，
财来成路进屋。
钱来也是白钱，
财来也是横财。
左也进财来加，
右也进钱来添。
水牯也大，
黄牛也肥。
养鸡成群，
养猪成帮。
银儿来养来育，
金孙来生来抱。
做官千年，
富贵百岁。
一家大小，
走路怕也脚重，
讲话恐也大声。
你们不要惊恐，
你们不要惊骇。

几共吉标，	Jid nkhed jib bloud	守住家中，
吉留几竹。	Jid lious jib zongx	把住宅内。
扛埋见恩嘎格，	Gangs mex janx ngongx ghad nggieb	送你金银钱财，
扛埋见头嘎抗。	Gangs mex janx ndeud ghad kangt	送你钱银财富。
话才求泻。	Fad nzeal njout xet	发财兴旺。

[说明]此为接龙仪式之后在户主家堂屋安龙时念的咒语，要安五方五位龙公龙母龙娘龙爷龙子龙孙。

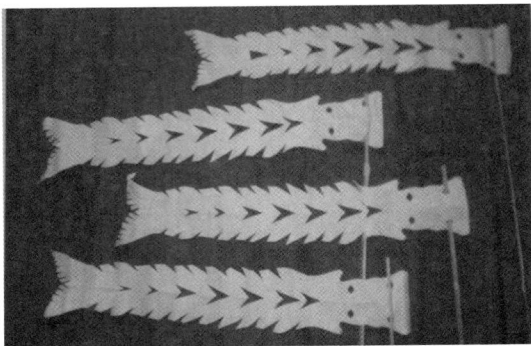

图2-75 在接龙仪式中，巴代所剪的龙旗式样之一

36. 吃血赌咒一 Hud nqid jid det dut

[汉字记音、苗文、意译]

得寿休陇纠录乙勾，	Deb sheub xoud lol jox nhongb yib goud	弟子站在十条路头，
弄得休送谷叉图公。	Lot deb xoud sot gul chad ndut gongb	师郎站到十岔路尾。
产豆几没，	Canb doub jid mex	千年没有，
拢奈内浪斗补。	Lol nex nangd doub bul	来请山川。

吧就几没陇然，	Beat jut jid mex lol reax	百载没有来迎，
骂娘斗冬。	Mat nangd doub dongs	来迎大地。
他陇莎尼，	Teat lol sat nis	今日是为，
呕标林休吉总然补，	Oub bloud linl xoud jid zeid ranx bul	两家大小相争场地，
吉大然冬，	Jid dat ranx dongs	相骂地界，
吉总加才，	Jid zeid giad nzeal	相争家财，
吉大动用。	Jid dat dongb yangb	相骂器物。
他陇达起出见，	Teat lol chad keit chud janx	今天在此得到，
阿达蒙古，	Ad deal mil ghuoud	一盘赌血，
阿这蒙穷。	Ad zhet mil nqid	一碗咒血。
阿偶虐书，	Ad ngongl niul shud	一只公鸡，
苟陇吉赌。	Geud lol jid dut	拿来赌咒。
阿偶报告，	Ad ngongl bad ghot	一只雄鸡，
苟陇吉弟。	Geud lol jid det	拿来毒咒。
扑久列仇，	Pul jui lies jangt	讲了要斩，
寿久列大。	Sheut jul lies xangd	说了要来。
达尼几奶吉标，	Hat nib jid nangd bioud	若是哪家，
几横内浪然补，	Jid henb nex nangd yanx bul	真正的理亏，
吉章内浪然冬，	Jid zhangd nex nangd ranx dongs	真正的冤枉，
他陇你篓斗补，	Teat lol nib neul doub bul	今天在神之前，
休篓然冬，	Xoud lol ranx dongs	当神之面，
服久阿达蒙古，	Hud jul ad deal mil ghuoud	吃这一盘赌血，
龙久阿这蒙穷。	Nongx jul ad deal mil nqid	吃这一碗咒血。
尼召冤枉服发服旺，	Nis zhos yand wangs hud fad hud wangs	若被冤枉吃发吃旺，
冤枉内浪弟鲁弟求。	Yand wangs nex nangd det nhub det nqoub	冤枉人者断子绝孙。
再斗产见头果，	Zeab doul canb janx ndeud ghueb	再有钱纸，
吧见头浪。	Beat janx ndeud nangd	还有钱财。

汉字记音	苗文	意译
几窝尼头尼抗，	Jid ob nis ndeud nis xangd	不烧是纸，
窝陇尼见尼嘎。	Ob lol nis janx nis ghad	烧了是钱。
到久埋猛几白，	Dot jul mex mil jid beb	得多拿去共分，
到汝埋猛吉将。	Dot rut mex mil jid zhab	得好拿去共用。

[说明]过去苗族若两家相争，官司不断，互不服气，便有杀鸡宰猫、喝血赌咒之习俗。多在岔路口或村边坪地举行。念此咒后，烧纸钱、吃鸡血。

37．吃血赌咒二　Hud nqid jid det dut

[汉字记音、苗文、意译]

汉字记音	苗文	意译
呕标林林，	Oub bloud linl linl	两家大小，
产豆几没窝头，	Canb doub jib mex ob ndeud	千年没有烧纸，
纠录乙苟。	Jox nhongb yib goud	九条路头。
呕竹共让，	Oub zongx ghot rongt	两门老幼，
吧就几没窝抗，	Beat jut jid mex ob ndeud	百岁没有烧帛，
谷叉图公。	Gul chad ndut gongb	十岔路尾。
尼味呕标吉争，	Nis weib oub bloud jid zeid	只为两家相争，
呕告吉他。	Oub ghot jid tad	两方相骂。
吉争窝得，	Jid zeid ghob dex	相争地方，
吉他窝达。	Jid tad ghob deas	相骂地界。
吉争告见，	Jid zeid ghob janx	相争为钱，
吉他窝嘎。	Jid ndat ghob ghad	相骂为财。
否扑否见，	Wud pul wud janx	他讲他是，
否寿否尼。	Wud sheut wud nis	他说他真。
冬豆拿扑几充，	Dongs doub nax pul jid cend	凡间也讲不清，
冬腊莎开几到。	Dongs las sat kead jid dot	凡尘也道不明。
他陇然鸟，	Teat lol reax niox	今日奉请，

便告斗补，	Blab ghot doub bul	五方土地，
照告然冬，	Zhot ghot reax dongs	六方龙神，
斗补告补，	Doub bul ghob bul	山岭沟谷，
斗冬告绒，	Doub dongs ghob reix	山川大地，
背苟麻情，	Bid gheul max ncongb	高山陡岭，
窝绒麻兰，	Ghob reix max lans	高坡尖岭，
打豆打吧，	Dab doub dab blab	天上地下，
窝内窝那，	Ghob hneb ghob hlat	日月星辰，
打绒打松，	Dab rongx dab sob	龙神雷神，
打棍打绒，	Dab ghunb dab rongx	神灵龙灵，
猛格猛昂，	Mil gied mil ngangs	大湖大海，
猛吾猛斗。	Mil ub mil deul	大水大地。
陇嘎窝图，	Lol ghad ghob deut	来到这里，
炯送吉浪。	Jongt sot jib yangs	坐临此间。
照够吉秋，	Zhos jongx jid qeud	从始来审，
照便吉兵。	Zhos blab jid bleix	从终来察。
召内因往服发服求，	Zhos nex yand wangs hud fad hud njout	被人冤枉喝发喝旺，
因往内浪走巧走加。	Yand wangs nex yangs zoux qob zoux nqad	冤枉人者遇灾受祸。
再斗窝头苟转，窝抗苟奈。	Zeab doul ob ndeul geud zhanx Ob kangt geud hnant	再有烧纸为凭，烧帛为证。
窝头苟走，	Ob ndeud geud zout	烧纸来交，
窝抗苟送。	Ob kangt geud songt	烧帛来送。

[说明]若两家纠纷不断，便有杀鸡宰猫，以吃血赌咒。取血咒后，双方喝下。过去苗族多有此俗，现已无存。

38. 解血咒　Nzead nqid dut

[汉字记音、苗文、意译]

否浪剖乜吉标，	Woul nangd poub niangx jid bloud	他的祖先，
内骂记竹。	Ned mat jib zongx	家内父母。
牛西窝昂，	Nius xib ghob ngangx	过去时代，
牛夏窝虐。	Nius manl ghob nius	古代之时。
吉赌背斗，	Jid dout bid deul	赌在火中，
吉弟嘎特。	Jid det ghad tet	咒在火内。
吉赌扛内，	Jid dout gangs hneb	赌在日光下，
吉弟扛那。	Jid det gangs hlat	咒在月光下。
他陇列陇候否，	Teat lol lies lol heut woul	今天要来帮他，
他古他穷，	Ntad ghuoud ntad nqid	解咒解赌，
他嘎他猫。	Ntad ghad ntad mangb	解鸡血猫血。
候否几瓜苟扛，	Heut woul jid ntat geud gangs	把他解下要送，
纵闹纵叫。	Zongx hlob zongx jos	脱脚脱腿。
候否吉热苟扛，	Heut woul jid res geud gangs	帮他解脱要送，
纵豆纵斗。	Zongx deut zongx doul	脱臂脱手。
几瓜列扛莎齐，	Jid was lies gangs sat nqib	解去要完，
吉热列扛莎半。	Jid res lies gangs sat bans	脱走要尽。
吧奈——	Beat hnant—	奉请——
背苟麻穷，	Bid gheul max ncongb	险坡陡岭，
告绒麻兰，	Ghob reix max lans	大山尖岭，
苟太苟照，	Gheul teab gheul nzhot	山川沟谷，
绒善夯他，	Reix shanb had tad	山谷大地，
斗补告补，	Doub bul ghob bul	山神土地，
斗冬告绒，	Doub dongs ghob reix	土地山神，

猛吾猛斗，	Mil ub mil deul	大水大地，
猛格猛昂，	Mil gied mil ngangs	大湖大海，
告奶告那，	Ghob hneb ghob hlat	日月星辰，
打豆打吧。	Dab doub dab blab	天上地下。
他穷热穷，	Ntad nqid res nqid	解血脱血，
他嘎热嘎，	Ntad ghad res ghad	解鸡脱鸡，
他猫热猫。	Ntad mangb res mangb	解猫脱猫。
他猛竹豆，	Ntad mongl zhux doub	解去天涯，
热猛竹豆。	Xangd mongl zhux doub	散去天涯。
他闹炕内，	Ntad lot kangt nex	解去海角，
热猛抗内。	Xangd mil kangt nex	散去海角。
阿标林休，	Ad bloud linl xoud	一家大小，
阿竹共让，	Ad zongx ghot rangt	一门老幼，
出笔出包，	Chud bix chud beul	大发大旺，
出话出求。	Chud fad chud njout	大兴大盛。
出乖出岭，	Chud gueb chud liot	做官富贵，
出斗出他。	Chud deul chud ntat	做长做大。

[说明]家中出了怪异、有了灾难，疑是过去祖宗与人吃过赌咒的鸡猫之血所伤，因而用此咒语来解血咒，以求平安吉利。此咒往往在敬祖神的时候一起做。

图2-76　苗师巴代雄家中所安的祖师坛神屋

39. 修路咒　　Xoud goud dut

[汉字记音、苗文、意译]

然鸟便告斗补，	Reax niox blab ghot doub bul	奉请五方土地，
照告然冬，	Zhot ghot ranx dongs	六方龙神，
棍缪棍昂，	Ghunb mloul ghunb nieax	鱼神肉神，
得寿产娥棍空，	Deb sheub canb ngongl ghunb kob	弟子的千位祖师，
录汝吧图棍得。	Nus rut beat deut ghunb deb	师郎的百位宗师。
修苟列走猛狗，	Xoud goud lies zoub mil ghuoud	修路要交大狗，
修公列送猛爬。	Xoud gongb lies songt mil nbeat	修道要送大猪。
修苟列走猛尼，	Xoud goud lies zoub mil niex	修路要交水牯，
修公列送猛油。	Xoud gongb lies songt mil yul	修道要交黄牛。
阿热声棍，	Ad reix shob ghunb	一声神韵，
修单几纵棍缪。	Xoub dand jib zongx ghunb mloul	修到鱼神堂中。
阿然弄猛，	Ad ral nongs mil	一声神腔，
修送吉秋棍昂。	Xoud sot jib qeut ghunb nieax	修到肉神堂内。
猛苟列修补起，	Mil goud lies xoud bub nqix	大路要修三尺，
得苟列修补丈。	Deb goud lies xoud bub jangb	小路要修三丈。
列修麻录头湧，	Lies xoud max ngul ndoud yongx	要收死人同路，
列油麻湧头够。	Lies youx max yangx ndoud goud	要隔死鬼同场。
牛西挂从，	Nius xib guat nzod	过去死后，
几没内土。	Jid mex nex tud	没有人理。
牛夏挂上，	Nius manl guat shangt	古时死后，
几没内岔。	Jid mex nex chat	没有人敬。
猛苟几扛几转，	Mil goud jid gangs jid zhanx	大路不准阻挠，
得公几扛吉奈。	Deb goud jid gangs jid hnant	小路不许阻拦。

呕热声棍，	Oub ral nongs mangl	两声神韵，
修单依留西向。	Xoud dandy id lioul xib xangb	修到家亡堂中。
呕然弄猛，	Oub ral nngs mil	两声神腔，
修送意苟几补。	Xoud sot yib goud jib bul	修到光祖堂内。
补热声棍，	Bub reix shob ghunb	三声神韵，
修单（某某地方）。	Xoud dand	修到（具体敬神之地）。
补然弄猛，	Bub ral nongs mil	三声神腔，
修送（某某地方）。	Xoud sot	修到（具体敬神之地）。
修苟莎单，	Xoud goud sat dand	修路也达，
修公莎送。	Xoud gongb satsongt	修道也到。
吧奈吧告斗补，	Beat hnant blab ghot doub bul	奉传五方土地，
照告然冬，	Zhot ghot ranx dongs	六方龙神，
棍缪棍昂，	Ghunb mloul ghunb nieax	鱼神肉神，
得寿产娥棍空，	Deb sheub canb ngongl ghunb kob	弟子的千位祖师，
录汝吧图棍得。	Nus rut beat deut ghunb deb	师郎的百位宗师。
浪喂声然，	Hnangd wel shob reax	闻我声请，
几最布告松斗。	Jid zeaix bub god sob deul	齐聚在这香烟。
洞剖弄奈，	Dongt poub lol hnant	听我声奉，
吉麻布陇穷炯。	Jid mlax bub lol nqot jib	聚齐在这香雾。
得寿巴为，	Deb sheub bat weit	弟子把紧，
归先归得。	Guib xand guib deb	长命良魂。
弄得巴牙，	Lot deb bat yad	师郎把住，
归木归嘎。	Guib mings guib ghad	长寿福气。
补热声棍，	Bub reix shob ghunb	三声神韵，
纵豆陇久。	Zongx doub lol jul	下到凡间。
补然弄猛，	Bub ral nongs mil	三声神腔，
纵腊陇半。	Zongx las lol bans	下到凡尘。
喂猛喂豆，	Wel mil wel doub	我去我到，

喂长喂单。	Wel zhangd weldand	我回我达。
纵豆归先归得,	Zongx doub guib xand guib deb	下到凡间长命,
喂不白久。	Wel bul bed joud	我负满体。
纵腊归木归嘎,	Zongx las guib mongs guib ghad	下到凡尘长寿,
喂先喂研,	Wel xand wel nianl	福气好气,
喂不白得。	Wel bul bed del	我背满身。

[说明]祭祀中凡是交牲给祖神之前,都要先修路,才能交送得到。

40. 倒堂霉水咒　**Bleat ub lix ndangb dut**

[汉字记音、苗文、意译]

列吧吾内,	Lies bleat ub nex	要倒霉水,
列炮吾西。	Lies pot ub xid	要泼灰水。
列走加绒,	Lies zoub jad rongx	要遣坏龙,
列岁加棍。	Lies seib jad ghunb	要隔坏鬼。
吾内吧猛竹豆,	Wub nex beat mil zhux doub	霉水倒去天涯,
加绒长猛竹豆。	Jad rongx zhangd mil zhux doub	凶神遣去天涯。
吾西炮猛抗内,	Wub xid pot mil kangt hneb	灰水倒去海角,
加棍长猛抗内。	Jad ghunb zhangd mil kangt hneb	恶鬼隔去海角。

[说明]在打扫屋或送瘟神、猖鬼时,一般都要用一碗堂霉水来隔路。在倒堂霉水时,要念此咒语,凶神恶鬼、灾难祸害才送得走。

图 2-77　苗师巴代雄家中所安的祖师神坛全貌

41. 椎牛封纸束咒一　Nongx niex kiead ndeud dut

[汉字记音、苗文、意译]

呕秋见乖头奶，	Oub qeut janx gueb ndeud nex	两束长钱长纸，
呕秋牙羊头浪。	Oub qeut yab yangs ndoud nax	两束长纸长钱。
江林吉弄陇恩，	Jangt gheat jib lot lol ngongx	摆在银鼓之上，
江照吉弄猛炯。	Jangt zhos jib lol mil jid	插在大锣之上。
苟洽林豆浪，	Geud qad linl doub nangd	要盖祖神的，
补产苟补，	Bub canb goub bul	三千嘉宾，
苟洽林且浪，	Geud qad linl qet nangd	要盖祖神的，

补吧内卡。	Bub beat nex kheat	三百贵客。
苟洽纵葵纵最，	Geud qad zongx nguix zongx nceid	要盖青年男女，
苟洽纵拔纵浓。	Geud qad zongx npad zongx nint	要盖姑娘小伙。
林豆浪补产苟补，	Lil doub nangd bub canb goub bul	祖神的三千嘉宾，
龙昂拿炯拿兄。	Nongx nieax nangs jod nangs xit	吃肉如虎似狼。
林且浪补吧内卡，	Lil qet nangd bub beat nex kheat	祖神的三百贵客，
服酒拿绒拿潮。	Hud joud nangs rongx nangs nceut	喝酒如龙似蛟。
你娘呕奶补奶，	Nib niangs oub hneb bub hneb	居得两天三日，
炯娘呕大补乙。	Jongt niangs oub deat bub yis	坐得两早三夜。

[说明]在椎牛时，大门外的锣鼓上面插有两束纸钱，在插这两束纸钱时念此神咒。

42. 椎牛封纸束咒二　Nongx niex kiead ndeud dut

（天灵灵，地灵灵，吾奉太上老君急急如律令。）

[汉字记音、苗文、意译]

喂斗得寿，	Wel doul deb sheub	我本弟子，
剖弄告得。	Poub nangd ghob deb	吾本师郎。
出苟见苟，	Chud gheul janx gheul	化山成山，
出吾见吾。	Chud ub janx ub	化水成水。
呕秋见乖头奶，	Oub qeut janx gueb ndeud nex	两束长钱长纸，
呕秋牙洋头浪。	Oub qeut yab yangs ndeud nangx	两束长纸长钱。
产内陇窝几格，	Canb nex lol ob jid gieb	千人来烧不熄，
吧内陇窝几柔。	Beat nex lol ob jid rul	百众来烧不灭。
江照吉弄陇恩，	Jangt zhos jib lot lol ngangx	插在银鼓之上，
江照纵乖吉弄猛炯，	Jangx zhos zongx ghueb jib lot mil jid	摆在神坛大锣之上，

苟洽林豆浪，	Geud qad linl doub nangd	要盖祖神，
补产苟补。	Bub canb goub bul	三千嘉宾。
苟洽林且浪，	Geud qad linl qet nangd	要盖祖神，
补吧内卡。	Bub beat nex kheat	三百贵客。
苟洽纵葵纵最，	Geud qad zongx nguix zongx nceid	要盖众姐众哥，
苟洽纵拔纵浓。	Geud qad zongx npad zongx nint	要盖众女众男。
林豆浪补产苟补，	Linl doub nangd bub canb goub bul	祖神的三千嘉宾，
几叟棍目。	Jib seub ghunb mongb	喜在脸目。
林且浪补吧内卡，	Linl qet nangd bub beat nex kheat	祖神的三百贵客，
吉研明梅。	Jid nkand mil mes	笑在脸面。
龙昂拿炯拿兄，	Nongx nieax nangs jod nangs xit	吃肉如虎似狼，
服酒拿绒拿潮。	Hud joud nangs rongx nangs nceut	喝酒如蛟似龙。
你娘呕奶补奶，	Nib niangs oub hneb bub hneb	居得两天三天，
炯娘呕大补乙。	Jongt niangs oub deat bub yis	坐得两天三日。

[说明]念此段咒语时要喷水，将水朝纸钱束上轻喷三口，念咒三次。

43. 捆牛咒 Chob niex dut

[汉字记音、苗文、意译]

阿偶巴林打豆，	Ad ngongl bad linl dab doub	一头供祖水牯，
阿偶巴术达仰。	Ad ngangl bad sud dab niex	一头敬神水牛。
就目吉格，	Jud mux jid nkhed	抬眼去看，
阿得牛崩牛睡，	Ad del nioux beux nioux sheit	一根牛柱花柱，
莎江打起。	Sat jangx dab qib	也喜在心。
就梅吉格，	Jud mes jid nkhed	举目来看，
阿得牛牙牛洋，	Ad del nioux yab nioux yangs	一根花柱牛柱，
莎久达善。	Sat jangt dab sanb	也爱在肠。

告格嘎忙几玩，	Ghob gieb ghad mangs jid web	牛角不要乱舞，
到比嘎忙吉洽。	Dob bleid ghad mangs jid qat	牛头不要乱动。
嘎忙洽缪洽格，	Ghad mangs qat mloux qat gieb	不要舞耳舞角，
嘎忙洽公洽洞。	Ghad manhs qat nghangd qat mlangl	不要舞颈舞头。

[说明]这是在椎牛柱边捆牛时所念的咒语，要念三次。念完后将右手掌盖在牛头上示意不要乱动挣扎，唯恐水牛乱踏乱奔而挣断绳索伤人。有的坛班还在此咒语的后面加上"吾奉太上老君急急如律令"的句子。

图 2-78　椎牛场上的情景

44. 洗堂咒　Nzead ndangx dut

[汉字记音、苗文、意译]

共到吾充，	Nghet dot ub nceib	抬得清水，
照几留吾比格。	Zhos jid lieux ub bleid gied	从那源头上讲。
共到吾明，	Nghet dot ub mlens	担得清泉，
照几留斗比昂。	Zhos jid lieux deul bleid ngangs	从那井头之源。
苟茶打纵扛棍，	Geud nzead dal zongx gangs ghunb	要洗祭祀之场，

苟茶吉秋学猛。	Geud nzead jid qeut xob mil	要洗敬神之地。
苟茶几得月吾，	Geud nzead jib del yel ub	要洗屋檐之坪，
苟茶吉秋送龙。	Geud nzead jib qeut sut nus	要洗滴水之处。
茶齐光光，	Nzead ceib njand njand	洗得清清，
漂明忙忙。	Pleut mlens wangs wangs	漂得净净。
茶齐列陇，	Nzead ceib lies lol	洗清要来，
然鸟汝乖。	Reax niox rut gueb	奉请好官。
漂明列陇，	Pleut mlens lies lol	洗净要来，
然鸟汝度。	Reax niox rut dud	敬奉好神。

　　[说明]敬雷神时要先用一桶水浇在门外坪场上，以示洗净场地，方能设坛敬请雷神。边浇水边念如上神咒。

45. 封车纸咒一　Chud ndeud sat xand dut

[汉字记音、苗文、意译]

列封阿秋，	Lies hongd ad qut	要封一束，
见乖头奶，	Janx gueb ndeud nex	长钱长纸，
牙洋头浪。	Yab yangs ndeud nax	长纸长钱。
苟封内浪，	Geud hongd nex nangd	要封人的，
归先归得，	Guib xand guib deb	长命良魂，
归木归嘎，	Guib mongs guib ghad	长寿福气，
见恩嘎格，	Janx ngongx ghad nggieb	银钱百财，
见空嘎岭，	Janx khongb ghad liot	白财横财，
龙尼忙油，	Longs niex mangs yul	群牛群牯，
龙狗忙爬，	Longs ghuoud mans nbeat	群狗群猪，
归楼归弄，	Guib noux guib nongt	谷神米神，
归录归咱，	Guib nongl guib zeat	糯神粘神，

公固公节，	Gib zhoux gib jel	蚕幼蚕虫，
公数公然，	Gib shut gib rad	蚕娘蚕姑，
苟得公同。	Goud deb gib ndongb	蜂蜜蜂群。
修照见乖头奶，	Xoud zhos janx gueb ndead nex	收在长纸钱中，
封照牙洋头浪。	Hongd zhos yab yangs ndeud nangx	封在长纸钱内。

[说明]在敬日月车祖神的仪式中，有两束纸钱，一束插在堂屋内，用来守护家中福气；一束插在门外，用来阻隔凶鬼恶灾的。此咒语的最后两句是隔灾咒语，其余均为收福咒语。

46. 封车纸咒二 Chud ndeud sat xand dut

[汉字记音、苗文、意译]

列封阿秋，	Lies hongd ad qut	要封一束，
见乖头奶，	Janx gueb ndeud nex	长钱长纸，
牙洋头浪。	Yab yangs ndeud nangx	长纸长钱。
苟休内浪，	Geud xoud nex nangd	要收人的，
加绒吉标，	Jad rongx jib bloud	家中恶煞，
加棍吉竹，	Jad ghunb jib zhux	宅内坏鬼，
加皮吉纵苟翁，	Jad nbeit jib zongx geud ongd	噩梦床头，
穷斗吉翁，	Nqot deul jid ongd	浓烟乱起，
吉标见风，	Jid bloud janx hob	家中成朵，
弄恶极标，	Nenb ngoub bos bloud	恶蛇进家，
棍忙足吾补土。	Ghunb mangl jid wus bos zhux	死鬼恶灾。

[说明]此咒语为收灾咒语。

图 2-79　在敬奉日月车祖神的仪式中，要有两束长纸钱、一束布条片，先在封纸束的仪式中请师加持，然后用相应的诀法封纸束

47. 挡风咒　Qad git dut

[汉字记音、苗文、意译]

吉就产嘎板首，	Jid jous canb ghad bant soub	竖起千块铜板，
吉就吧块板闹。	Jid jous beat gal bant hlot	立起百块铁板。
苟岁补谷加绒，	Geud seib bub gul jad rongx	拿隔三十恶煞，
苟档补吧加棍。	Geud tangt bub beat jad ghunb	拿挡三百恶鬼。
记棍几扛陇片，	Git ghunb jid gangs lol panb	恶风不许来吹，

记绒几扛陇当。	Git rongx jid gangs lol dangt	台风不准来临。
岁猛竹豆,	Seib mil zhux doub	隔去天涯,
当求抗内。	Tangt jout hangd nex	挡去海角。
加记几扛陇片,	Jad git jid gangs lol panb	恶风不许乱吹,
加风几扛陇当。	Jad hob jid gangs lol dangt	台风不准来进。
片猛竹豆,	Panb mongl zhux doub	吹去天涯,
当闹抗内。	Tangt lol hangd nex	飞去每角。
冬豆你茶,	Dongs doub nib nceab	凡间清吉,
冬腊炯汝。	Dongs las jongt rut	凡尘平安。

[说明]若起恶风，用此咒挡之。用左右手掌反复隔挡，恶风可止。

48. 杀邪咒　Dat ghoub dut

[汉字记音、苗文、意译]

吧嘎产竹奶绒,	Beat ghad canb zhux ned rongx	借来千张神弓,
吧让吧中同棍。	Beat rangl beat zheib ndeid ghunb	借来百把神刀。
列大葵忙巧起,	Lies dat ghunb mangl qob qib	要杀邪师坏肚,
列大录忙加写。	Lies dat nus mangl jad xed	要杀邪教坏心。
扣否到比,	Kheut woul dob bleid	砍它脑袋,
都否到缪,	Dud boul dob mloux	斩它头耳,
拿否松公,	Hlad woul sangd nghangd	割它颈喉,
怕否窝起。	Peat boul ghob qib	剖它肚皮。
扛否斩先久记,	Gangs woul zanl xand jul kib	送它鼻中断气,
扛否达巧达加。	Gangs boul das qob das jad	送它死亡了命。

[说明]若有怪异、反常现象，多半是有邪师在一边捉弄、斗法。念此咒怪异可除。念咒时须用剑诀对空做斩杀之状。

49. 杀鬼咒　Dat ghunb qob dut

[汉字记音、苗文、意译]

吧嘎猛龙查首，	Beat ghad mil lol ncangb soub	要借大刀快刀，
猛同茶闹，	Mil ndend ncangb hlot	大斩铁斩，
产竹猛色，	Canb zhux mil sed	千张大弓，
吧斗猛炮，	Beat doul mil pot	百把大枪，
便偶汝绒，	Blab ngongl rut rongx	五条好龙，
炯图汝耸，	Jongs nsut rut sob	七位好雷，
豆首豆闹，	Doux soub doux hlot	铜棒铁锤，
尖松尖绒。	Janl sob janl rongx	雷凿龙钎。
照篓列大加绒，	Zhos neul lies dat jad rongx	往前要杀凶神，
照追列大加棍。	Zhos zheit lies dat jad ghunb	在后要杀恶鬼。
扣否到比，	Kheut woul dob bleid	砍它脑壳，
都否到缪，	Dud boul dob mloux	斩它耳头，
产否松公，	Cand woul songd nghongd	杀它颈喉，
怕否窝起。	Peat wul ghob qib	剖它肚肠。
列都加绒，	Lies ded jad rongx	要斩凶神，
列大加棍。	Lies dat jad ghunb	要杀恶鬼。
都比拿公，	Dud bleid hlad nghonhd	砍头杀颈，
扣闹都叫。	Kheut hlob kheut jos	斩脚砍腿。
扛否斩先久记，	Gangs woul zanl xand jul kib	送他口中断气，
扛否达巧达加。	Gangs boul das jib das jad	送他断根了命。

[说明]若有怪异、灾祸、病痛，恐是鬼魅所为，用此咒可斩杀之。

50. 镇痛咒　　Qot mongb dut

[汉字记音、苗文、意译]

内猛吉久，	Nex mil jib joud	人痛在身，
肚猛几得。	Dot mil jib del	人痛在体。
猛里猛产，	Mil lib mil cand	疼痛不已，
猛良猛朋。	Mil nqeat mil beil	疼痛难挨。
猛当猛迷，	Mil dangx mil mleil	痛身痛体，
猛豆达腊。	Mil doub nongb njant	痛病痛疾。
猛革猛斩，	Mil gieb mil zanl	痛热痛冷，
猛兄猛弄。	Mil xod mil nongt	痛烧痛寒。
将嘎列侯吉松，	Jangs ghad lies heut jid songd	药祖要帮化消，
将匠列到吉莎。	Jangs jangb lies heut jid seat	药神要帮化散。
葵汝列侯吉充，	Nguix rut lies heut jid nqib	祖师帮他化解，
录汝列侯吉巧。	Nus rut lies heut jid nqod	宗师把他化脱。
扛否汝苟猛豆，	Gangs woul rut goud mil doub	送他好病好疾，
扛否汝公猛炯。	Gangs woul rut gongb mil jongb	送他好疼好痛。
吉松吉莎，	Jid songd jid seat	帮消帮散，
吉充吉汝。	Jid nqit jid rut	帮好帮愈。

[说明]病痛时，用此咒镇之，可以缓解一时，再去上药医治。

51. 杀病咒　　Dat mongb dut

[汉字记音、苗文、意译]

没猛大猛，	Mex mil dat mil	有病杀病，

没豆大豆。	Mex doub dat doub	有痛杀痛。
大猛告白，	Dat mil gangs npet	杀病病消，
大豆告袍。	Dat doub gangs npot	杀痛痛住。
大约列扛汝猛，	Dat jul lies gangs rut mil	杀了要送好病，
大约列扛汝豆。	Dat jul lies gangs yut doub	杀了要让痊愈。
列松列莎，	Lies songd lies seat	要消要散，
列告列汝。	Lies sob lies rut	要好要愈。
汝苟猛豆，	Rut guod mil doub	好了疾病，
汝公猛炯。	Rut gongb mil jongb	好了疼痛。
夏约吉久，	Xeab jul jib jongd	轻了自身，
汝约几得。	Rut jul jib joud	好了自己。
棍梦记猛竹豆，	Ghunb mongb jit mil zhux doub	病鬼赶去天涯，
棍豆记闹康内。	Ghunb doub jit lot hangd nex	病灾赶去海角。

[说明] 若人得了疑难杂症，久治无效时会认为有病魔作祟。念此咒语三天，早晚各一次，并作剑诀、刀诀杀之，疾病可以减轻。再吃药治病，必然可好。

图 2-80 苗师巴代雄的祖坛有多种形式，有小木屋式样的，也有与客师同安式样的，等等。此图为在堂屋一角安放在敞门木柜上的祖坛式样。

52. 杀怪咒　Dat gueab dut

列都加急，	Lies dud jad jix	要斩怪异，
列大加怪。	Lies dat jad gueab	要杀凶怪。
列都加绒，	Lies dud jad rongx	要斩恶神，
列大加棍。	Lies dat jad ghunb	要杀凶鬼。
加绒出急，	Jad rongx chud gheix	恶神作祟，
加棍出怪。	Jad ghunb chud gueab	凶鬼作怪。
出急斗标，	Chud gheix jib bloud	作祟家中，
喂怪柔纵。	Wet gueab roul zongx	作怪家内。
出急都急，	Chud gheix dud gheix	作祟杀祟，
出怪大怪。	Chud gueab dat gueab	作怪杀怪。
内洽召都，	Nex qad nex qob	人怕人恶，
棍洽内大。	Ghunb nqeat nex dead	鬼怕人硬。
他陇喂列，	Teat lol wel lies	今天我要、
照闹麻斗，	Zhox hlob meax doul	踢脚打手，
批秋哈黑。	Peit qeub had het	大声恶骂。
吧嘎冬内浪，	Beat ghad dongs nex nangd	要借人间的、
补产猛能，	Bub canb mil nenx	三千大斧，
吧让王记浪，	Beat rangs wangx jit nangd	要借皇帝的、
补吧猛同。	Bub beat mil ndeid	三百大刀。
苟猛都绒都棍，	Geud mil dud rongx dut ghunb	要去斩鬼斩神，
大急大怪。	Dat gheix dat gueab	斩祟斩怪。
吉记苟闹竹豆，	Jid jit geud lot zhux doub	赶去天涯，
列岁否闹康内。	Lies seib woul lot hangd nex	隔去海角。

冬豆你查，	Dongs doub nib nceab	凡间清吉，
冬腊炯汝。	Dongs las jongt rut	凡尘平安。
查他猛久，	Nceab deas mil joud	清吉永久，
弟然猛半。	Det ranx mil banx	平安永远。

[说明]家中若有怪异，用此咒杀之，踢脚拍手，做斩杀驱赶之状，其怪自散。

53. 去噩梦咒　Ghueb jad nbeit dut

[汉字记音、苗文、意译]

| 汝皮打奶苟， | Rut nbeit zhad nex geud | 好梦好自己， |
| 加皮窝玩召。 | Jid nbeit ghod web zhol | 噩梦要去掉。 |

[说明]夜做噩梦，早晨起来，朝外吐口水，再念此咒三遍、吐口水，转身走回屋内，不要回头，即平安吉利。

后 记

    笔者在本家 32 代祖传的丰厚资料的基础上，通过 50 多年来对湖南、贵州、四川、湖北、重庆等五省市及周边各地苗族巴代文化资料挖掘、搜集、整理和译注，最终完成了这套《湘西苗族民间传统文化丛书》。

    本套丛书共 7 大类 76 本 2500 多万字及 4000 余幅仪式彩图，这在学术界可谓鸿篇巨制。如此成就的取得，除了本宗本祖、本家本人、本师本徒、本亲本眷之人力、财力、物力的投入外，还离不开政界、学术界以及其他社会各界热爱苗族文化的仁人志士的大力支持。首先，要感谢湖南省民族宗教事务委员会、湘西州政府、湘西州人大、湘西州政协、湘西州文化旅游广电局、花垣县委、花垣县民族宗教事务和旅游文化广电新闻出版局、吉首大学历史文化学院、吉首大学音乐舞蹈学院、湖南省社科联等各级领导和有关工作人员的大力支持；其次，要感谢中南大学出版社积极申报国家出版基金，使本套丛书顺利出版；再次，要感谢整套丛书的苗文录入者石国慧、石国福先生以及龙银兰、王小丽、龙春燕、石金津女士；最后，还要感谢苗族文化研究者、爱好者的大力推崇。他们的支持与鼓励，将为苗族巴代文化迈入新时代打下牢固的基础、搭建良好的平台；他们的功绩，将铭刻于苗族文化发展的里程碑，将载入史册。《湘西苗族民间传统文化丛书》会记住他们，苗族文化阵营会记住他们，苗族的文明史会记住他们，苗族的子子孙孙也会永远记住他们。

浩浩宇宙，莽莽苍穹，茫茫大地，悠悠岁月，古往今来，曾有我者，一闪而过，何失何得？我们匆匆忙忙地从苍穹走来，还将促促急急地回到碧落去，当下只不过是到人世间这个驿站小驻一下。人生虽然只是一闪而过，但我们总该为这个驿站做点什么或留点什么，瞬间的灵光，留下这一丝丝印记，那是供人们记忆的，最后还是得从容地走，而且要走得自然、安详、果断和干脆，消失得无影无踪……

编　者

2020 年 11 月

图书在版编目(CIP)数据

巴代法水／石寿贵编. —长沙：中南大学出版社，
2020.12

（湘西苗族民间传统文化丛书. 二）

ISBN 978-7-5487-4245-6

Ⅰ.①巴… Ⅱ.①石… Ⅲ.①苗族－宗教信仰－介绍
－湘西土家族苗族自治州 Ⅳ.①B933

中国版本图书馆 CIP 数据核字(2020)第 261916 号

巴代法水
BADAI FASHUI

石寿贵　编

□**责任编辑**　陈应征
□**责任印制**　易红卫
□**出版发行**　中南大学出版社
　　　　　　社址：长沙市麓山南路　　　邮编：410083
　　　　　　发行科电话：0731-88876770　　传真：0731-88710482
□**印　　装**　湖南省众鑫印务有限公司

□**开　　本**　710 mm×1000 mm 1/16　□**印张** 28.25　□**字数** 520 千字
□**版　　次**　2020 年 12 月第 1 版　□2020 年 12 月第 1 次印刷
□**书　　号**　ISBN 978-7-5487-4245-6
□**定　　价**　280.00 元